결혼이주여성의 주체적 삶에 관한 생애담 연구

사회통합 총서 5

결혼이주여성의 주체적 삶에 관한 생애담 연구

2019년 12월 25일 초판 인쇄
2019년 12월 30일 초판 발행

지은이 | 김영순 · 최승은 · 황해영 · 정경희 · 김기화
교정교열 | 정난진
펴낸이 | 이찬규
펴낸곳 | 북코리아
등록번호 | 제03-01240호
주소 | 13209 경기도 성남시 중원구 사기막골로 45번길 14
우림2차 A동 1007호
전화 | 02-704-7840
팩스 | 02-704-7848
이메일 | sunhaksa@korea.com
홈페이지 | www.북코리아.kr
ISBN | 978-89-6324-683-3(94300)
978-89-6324-636-9(세트)

값 20,000원

* 이 저서는 2017년 정부(교육부)의 재원으로 한국연구재단의 지원을 받아 수행된 연구임(NRF-2017S1A5B4055802).

사회통합 총서 5

결혼이주여성의 주체적 삶에 관한 생애담 연구

김영순 · 최승은 · 황해영 · 정경희 · 김기화

북코리아

서문:
결혼이주여성의 이야기

이 책은 2017년 한국연구재단의 「인문사회토대연구지원사업」에 선정된 연구과제인 '글로벌 시대 에스노그래피를 활용한 다문화가정 구성원의 디지털 아카이브 구축 및 지속 가능한 다문화 사회를 위한 사회통합에 관한 연구'의 일환으로, 2차 연도 연구수행의 결과를 토대로 집필된 것이다.

글로컬(glocal) 다문화 시대를 살아가고 있는 한국 사회의 사회통합을 위해 이 연구과제는 문화적으로 다양한 구성원의 생활세계에 나타나는 문화적응과 이에 따른 정체성 협상 현상들을 수집하여 분석하고, 이를 바탕으로 다문화 생활세계 디지털 아카이브를 구축하고자 했다. 또한 아카이브를 구축하는 과정에서 수집된 자료들을 바탕으로 이주민의 문화적응 및 이주의 삶을 연구하기 위한 총서 발간으로 기획되었다.

총서 5권은 다문화 사회의 이주민 중에서 결혼이주여성에 주목하여 그들의 생애담을 통해 그들의 삶을 이해하고, 그들을 대하는 우리의 인식을 제고하기 위해 집필이 기획되었다. 결혼이주여성을 연민의 관점으로 바라보는 것을 넘어 그들의 목소리에 담긴 주체적 삶을 통해 온전한 인격체로 마주하고자 한다. 이러한 다문화 사회에 대한 관점의 전환이 우리 사회를 진정한 사회통합의 길로 들어서게 해줄 것으로 기대한다. 이는 다문화 구성원이 만들어나가고 있는 생활세계가 이주에 의해 만들어지는 문화 다양성으로부터 파생되기 때문이다. 그러므로 사회통합정책은 상호문화적 의사소통 공간의 형성이 바탕이 되어야 한다.

이 책은 주류 사회로부터 각종 사회제도에서 소외되고 타자화되어 있는 이주민의 삶과 고통을 이해하고, 다양한 사회 구성원들이 평화롭게 공존하는 지속 가능한 사회를 위한 새로운 패러다임으로 사회통합을 구축하는 데 기여하고자 했다. 이주민의 내러티브는 자신의 삶의 경험을 연구자와 이야기하고, 이야기한 것을 토대로 실천적 삶을 살며, 실천 경험을 또 이야기하고 다시 살아가는 '말과 삶'의 연속적인 과정을 통해 형성된다. 따라서 이 책은 한국 사회에서 생활세계를 형성한 그들의 내러티브를 통해 이주민의 실천적 경험과 이에 대한 이주민 자신의 이야기 사이의 순환적 관계에 주목했다.

연구자들은 결혼이주여성의 생애담을 탐색하기 위해 이 연구에 적합한 이야기 혹은 삶의 경험을 들려줄 수 있는 연구참여자를 선정했다. 자료 수집은 연구참여자의 생활세계 형성 경험에 대한 심층 인터뷰로 이루어졌다. 심층 인터뷰는 1시간 30분~2시간 동안 진행되었으며, 모든 인터뷰 내용은 녹음한 후 전사 작업을 거쳐 문서화했다. 또한 심층 인터뷰 중에는 자료의 체계적인 정리를 위해 현장 노트를 작성했으며, 이야기의 맥락에 관한 정보를 수집했다. 연구자들은 자료 분석 단계에서 이주민이 다문화 생활세계를 형성해가면서 경험한 이야기 구조를 파악하기 위해 전사 자료와 연구자가 제공한 문서 자료를 반복해서 읽으며 그들이 경험한 것의 의미와 내면의 변화 과정 등에 주목했다. 특히 이주민의 이야기에 등장한 주요 인물과의 관계에서 발생한 사건 등을 엮어가는 과정에서 생애에 나타나는 핵심적인 주제를 발견하여 이주민의 내러티브에서 전체적이며 총체적인 줄거리를 구성하는 데 집중했다. 이와 같이 도출된 연구 텍스트들은 연구참여자의 내러티브를 통해 연구자의 목소리로 다시 이야기했다. 그리고 연구의 적절성과 신뢰성을 확보하기 위해 심층 인터뷰 내용의 전사 자료와 현장 노트를 반복하여 비교했으며, 자료에 대한 분석과 해석, 그리고 그 결과를 담은 이 글의 초고 및 수정 원고를 연구참여자와 공유하여 확인하는 과정을 거쳤다.

총서 5권 『결혼이주여성의 주체적 삶에 관한 생애담 연구』는 이러한 오랜 과정 끝에 집필을 마치고 출간하게 되었다. 이 책은 총 4장의 생애담으로 구성되어 있다. 1장은 초국적 이주와 여성, 2장은 결혼이주여성의 주체적인 삶과 사랑, 3장은 결혼이주여성의 어머니로서의 삶, 그리고 4장은 결혼이주여성의 이혼과 홀로서기를 담고 있다. 이러한 결혼이주여성의 생애담 연구가 결혼이주여성에 대한 이해를 돕기 위한 안내자로서의 역할을 했으면 한다. 이야기로 이루어진 이 연구가 우리 사회의 타자를 이해하고, 상호문화적 인식의 전환에 토대가 되기를 희망한다.

이 '사회통합 총서 5권'의 집필을 위해 우리 연구팀의 최승은 박사, 황해영 박사, 정경희 박사, 김기화 박사가 수고해주었다. 또한 연구팀 안팎으로 이 책을 위해 힘써준 동료 연구원들에게 감사한 마음을 전한다. 이 책은 본 연구과제를 수주한 인하대학교 다문화융합연구소의 협동적인 팀워크로 수행된 만큼 참여한 모든 연구진의 책임감 또한 크다고 생각한다. 그리고 이 책임감이 결혼이주여성 연구를 넘어 우리 사회의 모든 이주민을 연구할 수 있는 계기가 되었으면 한다.

2019년 여름 인하대 교정에서

연구책임자 김영순

CONTENTS

서문: 결혼이주여성의 이야기 5
연구개요 11

1장 초국적 이주와 여성 17
1. 현대사회의 이주 19
2. 국제결혼과 여성 34
3. 결혼이주여성의 현황과 정책 43
4. 결혼이주여성을 둘러싼 이론적 논의 70

2장 결혼이주여성의 주체적인 관계 맺기 91
1. 결혼이주여성의 주체적 삶과 인정투쟁 93
2. 사례연구 방법 103
3. 개인 영역에서의 주체적 삶 115
4. 지역사회 영역에서의 주체적 삶 142
5. 사회적 영역에서의 주체적 삶 154
6. 주체적 삶과 사랑을 꿈꾸며 166

CONTENTS

3장 결혼이주여성의 모성과 어머니 되기 171

1. 결혼이주여성과 모성 173
2. 내러티브 연구방법 197
3. 투쟁하는 주체자로서의 어머니 되기 208
4. 이주해온 타자로서의 어머니 되기 218
5. 일반화된 모성으로서의 어머니 되기 228
6. 주체적 어머니로 거듭나기 237

4장 결혼이주여성의 이혼과 홀로서기 245

1. 결혼이주여성의 사랑과 전쟁 247
2. 이주여성의 이혼 생애담 요약 265
3. 국제결혼과 한국으로의 이주: 꿈과 기대의 결혼 282
4. 짧은 결혼생활: 기억하고 싶지 않은 시간 294
5. 이혼과 자립의 과정: 홀로서기 이야기 309
6. 한부모 이주여성의 도전과 미래 330

맺음말 335
참고문헌 341
찾아보기 363

연구개요

1) 연구의 필요성 및 목적

국제이주는 전 세계의 사회와 정치를 재편하는 초국적 움직임의 중요한 부분 중 하나다. 특정 국가를 이주자 송출국과 유입국으로 나누던 예전의 이분법은 이제 더 이상 의미가 없어졌다. 전 지구적으로 오래된 이민 유형과 경제적 · 정치적 · 문화적 변화와 폭력적 갈등에 대한 대응으로 발달한 새로운 이민 흐름이 함께 지속되고 있다. 그럼에도 불구하고 이러한 다양성 속에서 발견되는 일반적인 경향은 이주의 전 지구화 · 가속화 · 차별화 · 여성화 · 정치화 등으로 나타난다. 특히 '이주의 여성화'란 모든 이주 지역에서, 그리고 모든 이주 유형에서 여성이 중요한 역할을 하고 있음을 나타낸다. 과거 대부분의 노동이주와 난민이동은 남성이 주도했고, 여성은 단지 가족 재결합의 범주에서 다루어졌을 뿐이다. 그러다가 1960년대 이후 여성은 노동이주에서 중요한 역할을 해왔다. 젠더

변수는 세계 이주 역사에서 중요한 이슈이며, 현대의 이주에서 여성의 특수성은 점점 더 부각되고 있다(Castle & Miller, 2013). 특히 이 책에서는 '이주의 여성화'를 대표하는 다양한 배경을 가진 결혼이주여성들을 연구하고자 한다.

한국 사회에서 다문화 구성원으로서 증가하고 있는 결혼이주여성에 대한 연구와 담론은 양적으로 증가하고 있지만, 이주여성과 그 가족을 대상으로 하는 정책 서비스에 관심이 편중되어 있다. 지원정책의 확산 자체를 부정적으로 볼 수는 없지만, 그 배경에는 부처 간 정책 헤게모니 경쟁이 있고(이혜경, 2008), 당사자의 필요에 따라 의견수렴 과정 없이 이주자를 무력한 수혜자로 대상화할 우려도 없지 않다. 또한 결혼이주여성에 대한 분석이 대부분 수용국 중심, 국민국가 중심의 시각이 두드러지는 것을 알 수 있다(황정미, 2009). 지금까지 결혼이주여성들에 대한 시혜적인 시선은 한국 사회에서 그들을 도구적으로 바라보고, 수동적인 여성의 이미지를 드리우게 했다. 따라서 이 책에서는 소수자로 간주되는 이주여성의 주체성에 주목하여 능동적이며 자주적인 삶을 살아가는 결혼이주여성에 대한 이야기를 기술하고자 한다.

국제결혼은 '국경을 넘는 사랑'을 실현한 것으로 이해된다. 전통적인 정략결혼과 구별되는 개인 사이의 '낭만적 사랑'에 대한 서구적 관념이 전 지구적으로 확산되면서 공간적 압축과 확장을 내포한 사랑은 동경의 대상이었다. 이런 관점에서 국제결혼은 이주의 일반화를 포함하는 '근대'의 실천양식이기도 했다. 그러나 한국전쟁 전후 늘어난 미군과 결혼한 한국 여성들에 대한 사회적 의심과 비난은 순혈주의, 인종차별주의, 남성 가부장제 등과 결합하여 이중 · 삼중의 사회적 낙인을 형성했다(박경태, 2009). 대중매체에서 다루어지는 소수의 상층 계급 혹은 서구에서의 국제결혼이 '낭만적 사랑'이 실현된 것이라면, 미군과 결혼한 한국 여성의 결혼은 반도덕적 · 잡종적인 것으로 질타의 대상이 되었다. 이들의 다수는 해외로 이주하는 등 한국 사회에서 잘 드러나지 않았다. 그러나 1990년대를 거치면서 한국 사회로의 결혼이주가 급증했고, 이는 늘어난 해외이주 및 이입 등과 관련된 새로운 사회현상 중 하나가 되었다. 중국, 베트남, 필리핀, 캄보디아 등의 여성들의 이주가 날로 증가하게 된 것이다. 이들은 2000년대에 들어와 일자리를 위해 이주한 노동자들과 달리 '결혼이주여성'으로서 한국 다문화정책의 주요 대상으로 조명되고 있다(최병두 외, 2017). 노동이주와 달리 '아내'의 자격으로 이주하는 것은 노동자로서의 이주와는 다른 복합적인 문제들을 내포한다. 결혼이주여성은 출신국과 수용국의 가부장적 결혼제도와 가족규범에 의해 이중적인 제한을 받고, 외국인 아내라는 인종적 · 성적 편견에 노출될 수 있다. 결혼이주여성들은 이러한 한국의 특수한 이주양상에서 나타나는 독특한 문화를 경험하고, '결혼'과 '이주' 그리고 '여성'이라는 삼중의 어려움을 안고 있다.

결혼이주여성들에 대한 거시적인 접근도 중요하지만, 미시적인 접근으로 각 개인의 이야기, 그들의 목소리에 귀를 기울일 필요가 있다. 전지구적인 차원의 거시적 체계 하에서 결혼이주여성을 논의하는 것은 그 안에 숨어 있는 다중성과 복합성으로 인해 이주의 여성화를 이해하기 어렵다. 우리가 주목하는 것은 결혼이주여성의 도구적 가치나 경제적 교환, 이윤 추구 등과는 다른 사회적 관계와 연관되어 있다. 결혼을 매개로 한 초국적 이주를 통해 새로운 가족관계를 형성하는 것은 단지 여성 노동력의 이동이라고만 설명할 수 없으며, 그 안에 얽혀 있는 다양한 역동성을 이해해야 한다.

2) 연구 내용

본 총서는 총 4장으로 구성되어 있으며, '초국적 이주와 여성'이라는 1장의 이론적 논의 이후 결혼이주여성의 주체적 삶에 대해 세 가지 주제 범주로 이주여성의 생애담을 기술했다. 생애담은 '결혼이주여성의 주체적인 관계 맺기', '결혼이주여성의 모성과 어머니 되기', '결혼이주여성의 이혼과 홀로서기'라는 세 가지 주제로 2장, 3장, 4장을 구성했다.

1장 '초국적 이주와 여성'에서는 현대사회의 이주와 국제결혼 및 여성 문제, 결혼이주여성의 현황과 정책, 그리고 결혼이주여성을 둘러싼 이론들에 대해 논의하고자 한다. 이러한 논의를 통해 결혼이주여성들의 생애에 대한 다양한 정치경제적 · 사회문화적 맥락을 이해하고, 그들이 전하는 삶에 대한 이야기를 더욱 깊이 있게 탐구할 수 있을 것이다.

2장 '결혼이주여성의 주체적인 관계 맺기'에서는 결혼이주여성의 생애과정에 따른 삶의 과업들이 사회적 환경과의 관계 속에서 어떻게 달성해나가며, '주체적'으로 자신의 삶을 인식하고 구성해가는지를 살펴보고자 한다. 결혼이주여성이 시공간적으로 이질적이고 다원적인 삶의 환경 속에서도 '주체적 인간'으로서 자신의 삶을 주도해가는 삶의 여정을 살펴보는 것은 의미 있는 작업일 것이다.

3장 '결혼이주여성의 모성과 어머니 되기'에서는 우리 사회에서 많은 여성들이 사회적으로 다양하게 요구되는 현실 앞에서 아이를 낳고 키우는 것을 어려운 과제로 받아들이는 현실을 살펴보고, 자신의 나라를 떠나 낯선 타국에서 자신의 삶도 적응하기 힘든 결혼이주여성들의 '어머니 되기'란 어떤 의미인지를 탐구하고자 한다.

4장 '결혼이주여성의 이혼과 홀로서기'에서는 결혼이주여성들의 국제결혼 동기, 결혼생활 과정에서 나타난 가정해체 원인, 그리고 이혼과 아울러 시작되는 자립과정에서 겪는 경험들을 살펴보고자 한다. 이혼은 한 여성의 생애 전환점을 만들기도 하고 절망의 질곡들을 형성하기도 한다. 또한 여성의 측면에서는 이혼과정에서 자기결정권을 행사하고 자립을 통해 주체적인 삶을 경험하기도 한다. 이러한 경험을 통해 여성의 주체적 삶에 대해 논의하고 이를 공적 담론으로 확산해나갈 것이다.

3) 연구 방법

생애담은 연구참여자 개인의 목소리와 경험을 반영하며, 연구자와의 만남 속에서 관계가 재정립되고, 자신이 속한 사회적 네트워크에서 선택과 협상을 해나간다. 결혼이주여성의 생애담을 통해 경험, 상호작용, 사회적 기대를 해석하여 그들의 삶을 이해할 수 있다. 본 총서에서는 이러한 결혼이주여성들의 생애담을 연구하기 위해 '사례연구'와 '내러티브 탐구'를 연구 방법으로 진행했다. 사례연구는 연구를 실행하는 데 특정하게 정해진 방법이나 절차가 없다는 것이 특징이다. 연구자는 본인이 연구하고자 하는 사례를 밝히기 위해 나름대로 정한 순서에 따라 다양한 방법을 이용하여 자료를 수집하고 분석한다. 내러티브 탐구는 내러티브적 접근을 활용하여 결혼이주여성들이 살아온 삶의 경험요소들이 현재의 역할과 태도에 영향을 주고 있는지, 또한 미래의 삶에 어떠한 영향을 주는지 등에 관한 초점을 가지고 이야기를 중심으로 분석하는 것이다. 또한 내러티브는 객관적으로 존재하는 인생 경험의 조직이 아니라, 한 개인의 일생을 어떻게 경험했는지를 보여주는 틀이 되므로 결혼이주여성 한 개인의 삶의 경험, 즉 그들의 이야기를 통해 낯선 타국에서 여성으로 살아가는 과정과 그 의미에 대해서도 이해하도록 한다. 결혼이주여성의 내러티브를 통해 그들과 가족관계, 나아가 이들의 경험을 통해 이주여성들에게 가해진 문화적 억압과 사회적 편견을 자연스럽게 파악할 수 있다. 그뿐만 아니라 내러티브 탐구에서는 이야기를 통해 개인의 의미 있는 경험을 사회문화적으로 공유할 수 있고, 그 경험을 분석하여 다양한 요인을 찾을 수 있으며, 경험에 대한 인식의 변화과정도 살펴볼 수 있다.

이 책에서 주목하는 '결혼이주여성'은 소수자 지위를 점하고 있는 사회적 범주에 있지만, 이 여성들은 각기 서로 다른 삶을 살아간다. 주체적인 한 개인의 경험에 바탕을 둔 목소리를 통해 그들의 삶을 이해할 때, 공존의 다문화 사회를 위한 사회통합의 토대가 마련될 것이다.

1장

초국적 이주와 여성

1. 현대사회의 이주
2. 국제결혼과 여성
3. 결혼이주여성의 현황과 정책
4. 결혼이주여성을 둘러싼 이론적 논의

1.
현대사회의 이주

1) 사회적 이동의 개념

사람은 누구나 더 높은 계층에 소속하고자 하는 욕망을 가지고 살아간다. 사회적 희소가치의 불평등한 분배로 인해 현재의 계층에 속하게 된 개인과 집단은 노력을 통해 상위 계층으로 올라가고자 한다. 물론 여러 가지 이유로 하위 계층으로 내려가는 경우도 있다. 이처럼 사회적 불평등 체계에서 개인이나 집단의 계층적 지위나 위치가 변화되는 현상을 '사회 계층 이동'이라 한다.

개인의 노력에 의해 계층 이동이 가능한 사회에서는 사회 계층 이동이 개인적 노력의 계기로 작용하고, 결국 사회 발전의 촉매제가 된다. 반면 사회 계층 이동이 제한될 경우 계층 간, 집단 간 갈등이 유발되고 사회적 혼란이 발생하기도 한다.

사회 계층 이동은 세 가지 측면에서 파악해볼 수 있다. 첫째, 이동 방향에 따라 수직 이동과 수평 이동으로 나눌 수 있다. 수직 이동은 계층적 위치가 위아래로 변하는 것으로, 하위 계층에서 상위 계층으로 올라가는 상승 이동과 그 반대인 하강 이동으로 나눌 수 있다. 예컨대 회사의 사원이 사장으로 승진했다면 수직 이동 중 상승 이동에 해당한다. 수평 이동은 동일한 계층 내에서의 위치 변화, 즉 계층적 위치의 높낮이는 바뀌지 않은 상태에서 비슷한 위치의 다른 직업이나 소속으로 옮겨가는 것을 말한다. 회사의 총무부장이 영업부장으로 자리를 옮겼다면 수평 이동에 해당한다.

둘째, 세대 범위 또는 이동 범위에 따라 세대 간 이동과 세대 내 이동으로 분류할 수 있다. 세대 간 이동이란 부모 세대와 자녀 세대 사이에서 나타나는 계층적 위치의 변화 혹은 한 세대와 그다음 세대 간에 걸쳐 일어나는 사회 이동을 말한다. 가난한 농부의 아들로 태어나 대통령이 된 링컨이 세대 간 이동의 대표적 예다. 세대 간 이동이 잘 이루어지지 않으면 계층적 지위의 세습이 이루어질 가능성이 높다. 세대 내 이동은 한 개인의 생애에 걸친 계층적 위치 변화를 일컫는 것으로, 평범한 회사원에서 열심히 노력하여 기업의 최고경영인이 되었다면 세대 내 이동이라고 할 수 있다.

셋째, 이동 원인에 따라 개인적 이동과 구조적 이동으로 나눌 수 있다. 개인적 이동이란 주어진 계층 체계 내에서 개인의 노력으로 계층적 위치가 변화되는 것을 말한다. 반면 구조적 이동은 전쟁, 혁명, 산업화 등의 급격한 사회 변동으로 인해 기존의 계층 구조 자체가 변하여 계층적 위치가 변화되거나 새로운 계층이 생겨남에 따라 기존의 계층적 위치가 변하는 것을 의미한다. 남북전쟁에 의한 노예제 철폐, 시민혁명에 의한 시민 계급의 부상, 산업화의 진전에 따른 직업별 취업자 구성비 변화, 정보화로 인한 골드칼라의 등장 등도 구조적 이동의 사례로 볼 수 있다.

사회 계층의 모습이 일정하게 정형화된 구조를 띠는 것을 '사회 계층 구조'라고 한다. 한 사회의 계층 구조를 보면 희소한 자원이 어떤 모습으로 분배되었는지를 알 수 있다. 일반적으로 사회 계층의 구조는 두 가지 측면에서 살펴볼 수 있다.

첫째, 사회 이동의 가능성에 따라 폐쇄적 계층 구조와 개방적 계층 구조로 구분한다. 폐쇄적 계층 구조란 계층 간의 사회 이동 가능성이 자유롭지 못한 구조로, 과거 신분 질서가 엄격했던 사회의 계층 구조를 말한다. 개방적 계층 구조란 세대 간 이동이나 수직 이동이 자유롭고, 개인적 능력이나 노력에 의해 사회 이동이 가능한 사회에서 주로 나타나는 계층 구조다.

둘째, 계층 구성원의 비율에 따라 피라미드형 계층 구조와 다이아몬드형 계층 구조, 장구형과 타원형 계층 구조로 나눈다. 피라미드형 계층 구조는 하류층의 비율이 가장 높고 상류층으로 갈수록 낮아지는 구조로, 사회 이동이 부자유스러운 전근대적 봉건제 사회나 신분제 사회에서 주로 나타난다. 소수의 상층이 다수의 하층을 지배하고 통제하는 형태를 띤다.

다이아몬드형 계층 구조는 중류층의 구성 비율이 가장 높아 안정된 사회 구조를 이루고 있는 것이 특징이다. 사회 이동 현상이 자유로운 개방 사회, 고도의 산업 사회, 현대 복지 사회에서 나타난다. 지속적인 복지 제도의 발달로 중산층이 성장하면서 보편화되었다.

장구형 계층 구조는 정보화 · 세계화의 영향으로 빈부 격차가 심화되고 중산층이 몰락할 것으로 보는 견해가 담긴 계층 구조다. 즉, 최상위 20% 계층과 나머지 하위 80% 계층으로 양분된 계층 구조가 나타날 것으로 본다. 정보화 사회를 비관적으로 바라보며 세계화를 반대하는 사람들의 견해가 담겨 있다.

타원형 계층 구조인 현대사회는 세계화와 정보화의 진전으로 시장이 하나로 통합되고 있으며, 사회 모든 분야에서 정보가 널리 활용되고 있다. 이에 따라 선진국과 후진국 간에 소득 격차가 축소됨은 물론 개별 국가 내에서도 중간층의 비율이 점차 높아질 것이라는 견해가 반영된 계층 구조다. 정보화 사회를 낙관적으로 바라보며 세계화를 옹호하는 사람들의 견해가 담겨 있다.

세계화는 우리 삶의 많은 부분을 변화시키고 있다. 우선 이전에 비해 발달한 정보통신기술로 인해 정보의 흐름 속도가 크게 증가했고, 정보의 확산 범위 역시 매우 넓어졌다. 따라서 세계화 시대에는 사회에 나타나는 문제를 자국의 문제로 한정 짓기보다는 전 지구적 차원의 문제로 인식하게 된다. 국민국가의 의미가 쇠퇴하는 현상은 그로 인해 야기되는 당연한 결과다. 현대사회 변동에서 가장 중요한 부분을 차지하는 경제적 통합 현상은 세계화의 등장을 야기함과 동시에 세계화로 인해 심화되는 상호적 성격을 지닌다. 자유무역의 확산과 함께 세계화 시대의 시장은 하나로 통합되는 경향을 보이며, 이는 국가경제의 상호 의존도를 증가시킨다.

세계화는 매체나 상품을 통해 문화의 확산 속도를 증가시키고 그 범위도 크게 확대시킨다. 과거에는 개인의 문화적 성향이 영토적 경계에 의해 결정되었다면, 세계화 시대의 개인은 다양한 문화를 접하면서 자신의 문화적 욕구를 충족시킬 수 있다. 이는 타 문화에 대한 관용을 가능하게 하고 개인의 선택권이 존중된다는 장점을 가지지만, 강력한 경제력을 바탕으로 한 선진 자본주의의 문화들이 상품을 통해 다른 문화를 약화시키고 궁극적으로 문화적 다양성을 저해할 수 있다는 우려를 낳기도 한다.

2) 국제이주의 변천

이주의 역사는 인류의 역사와 함께 시작되었다고 해도 과언이 아니다. 인류는 끊임없이 더 많은 기회와 더 나은 삶을 위해 이동해왔다. 이주 현상은 다양한 요인에 의해 발생하고 있지만 대부분의 이주자들은 더 높은 임금과 주거환경, 또는 가족과의 재결합 등으로 인한 삶의 질 향상과 그에 따른 더 행복한 삶을 위해 이동한다. 하지만 본인의 의지와 상관없이 이주를 강요당하는 경우도 있다. 예를 들어 정치적 탄압을 피해 이주한 난민들이나 내전이나 자연재해로 인해 살 곳을 잃은 이재민들, 그리고 휴먼 트래피킹(human trafficking)*의 피해자들은 비자발적인 이주자에 해당한다고 볼 수 있다.

《이주용어사전》의 정의에 따르면, 이주(migration)란 "국경을 넘었거나 혹은 특정 국가 내에서 사람이나 집단이 이동하는 것. 그 기간과 구성, 원

---

* 한국 역시 휴먼 트래피킹 범죄로부터 자유롭지 않다. 실제로 한국은 휴먼 트래피킹 피해자의 목적국일 뿐 아니라 경유국과 송출국이기도 하다. 매년 러시아와 중국, 그리고 대다수의 동남아 국가 출신 피해자들이 한국에 도착하고 있으며 한국 출신 피해자들도 미국, 캐나다, 호주, 일본 등에서 발견되고 있다. 한국 사회에서 휴먼 트래피킹은 흔히 '사람을 사고파는 행위'를 뜻하는 인신매매로 알려져 있지만, 인신매매라는 단어는 휴먼 트래피킹 범죄의 핵심 요소인 '착취'를 반영하지 못한다는 점에서 적합하지 않다고 볼 수 있다. 트래피킹 의정서 제3조에 따르면 휴먼 트래피킹은 '협박이나 무력의 사용 혹은 다른 형태의 강제, 유괴, 사기, 기만, 권력의 남용, 취약한 지위의 이용'처럼 온갖 방법으로 피해자를 착취하며 '타인에 대한 통제력을 가진 사람의 동의를 얻기 위한 대가나 이익의 제공 혹은 수락 행위를 통해 사람들을 모집, 운송, 이전, 은닉, 혹은 인계하는 것' 같은 다양한 수법을 사용한다. 한국 내 휴먼 트래피킹에는 외국 여성들이 한국에 유입되어 성산업으로 내몰리는 성 착취 목적의 트래피킹(Sex Trafficking)과 가출 청소년 등 미성년자와 금전적 성관계를 갖는 아동 성매매(Child Prostitution)가 있다. 휴먼 트래피킹과 관련된 한국 내 법령은 몇몇 개별법으로 분산되어 있어 체계적으로 통합될 필요가 있다. 또한, 현행법은 휴먼 트래피킹과 관련된 이슈들을 모두 다루지 않을 뿐 아니라 휴먼 트래피킹을 예방하고 피해자를 보호하며 가해자를 처벌하기에 충분하지 않다. 또한 휴먼 트래피킹에 대한 부정확한 이해로 인해 당국의 피해자 식별 및 가해자 처벌이 제대로 이루어지지 않아 시행에 난항을 겪고 있다(IOM, 2019).

인에 상관없이 어떤 형태의 인구이동이든 포괄하는 개념"으로 난민, 이재민, 경제적 이주자 그리고 가족 재결합 등의 목적을 위해 이동하는 사람들을 포함한다.

인간은 새로운 기회를 찾기 위해 또는 빈곤과 갈등, 환경재해에서 벗어나기 위해 이동해왔다. 그러다가 16세기 이후 유럽의 확장이 시작되면서 이주 현상은 크게 변했다. 이주의 규모가 가장 컸던 시기는 유럽에서 북아메리카로 대규모 이주가 이루어진 19세기 중반부터 제1차 세계대전 사이이다. 1850~1914년에는 주로 '대서양 횡단 이주(transatlantic migration)'가 이루진 반면, 1945년에 시작되어 1980년대 이후 급격히 확대된 최근의 이주 현상은 전 세계의 거의 모든 지역을 포괄한다. 새로운 교통수단과 통신기술의 발달은 물론, 최근의 정치적 · 문화적 변화의 결과로 국가 간 이동이 예전보다 훨씬 쉬워졌기 때문에 발생했다. 그 결과 국제이주는 전지구화(globalization)의 중요한 동력이 되고 있다(Castles & Miller, 2013).

20세기 이후 급속히 전개된 세계화와 다문화 환경, 교통과 통신의 급속한 발달과 대중화, 정보와 지식의 확산, 삶의 질 향상 욕구 등은 과거보다 훨씬 더 국제이주 수요를 만들고 확대 재생산한다. 전쟁, 내전 같은 분쟁으로 발생한 이주자와 난민도 국제이주 증가에 큰 영향을 끼친다.

국내외 이주를 포함한 전 세계 이주자 수는 현재 10억 명에 이르고, 이는 지구상에 살고 있는 7명 중 1명이 이주자라는 것을 의미한다. 실제로 이주는 2015년 9월 채택된 지속가능개발목표(Sustainable Development Goals, SDGs)에 포함되었으며, 이는 경제성장을 돕고 일자리를 창출하는 이주가 지속 가능한 개발에 미치는 막대한 기여를 인정받은 결과다(IOM, 2019).

이주의 원인은 크게 경제적 요인, 국가 행정적 요인, 인구학적 요인, 분쟁, 환경적 요인, 다국가적 네트워크로 나눌 수 있다. 이주의 성격 또한 다양한데, 이주의 지속기간, 범위, 크기, 주체, 권리 보호 정도, 계획 여부에 따라 정반대의 모습을 보이기도 한다.

첫째, 경제적 요인은 국가별로 점점 벌어져가는 삶의 질과 임금의 차이가 이주자들을 정착국으로 끌어들이는 자석 같은 역할(pull-factor)을 한다. 둘째, 국가 행정적 요인은 빈약한 정부, 부패, 그리고 좋은 교육체제와 건강 관련 시설의 부재로 인해 국제이주를 촉진하게 된다. 셋째, 인구학적 요인은 선진국의 저출산 · 고령화 현상에 따른 노동력 부족으로 개발도상국의 노동력 과밀과 맞물려 인구의 이동을 일으킨다. 넷째, 내전 또는 개인의 자유를 제한하는 분쟁이나 인종, 종교 등에 따른 차별로 인해 자유를 되찾고자 하는 소망에 따른 이주가 일어난다. 다섯째, 환경적 요인은 지진이나 산업재해, 홍수 및 가뭄 등으로 인한 이주다. 환경적 요인으로 인해 일어나는 이주는 주로 국내 이주가 많다. 여섯째, 다국가적 네트워크는 해외에 살고 있는 가족과 친지들의 이주과정을 용이하게 하는 촉매 역할을 하며 이주를 촉진한다.

특히 캐슬스와 밀러(Castles & Miller, 2013)는 우리가 살고 있는 이주의 시대에 주목해야 할 국제이주의 경향을 다음과 같이 분석했다. 첫째, 이주의 전 지구화로 점점 더 많은 국가들이 이주 흐름에 의해 동시에 결정적인 영향을 받고 있다. 나아가 이민 유입국들은 경제적 · 사회적 · 문화적 배경이 매우 다른 국가에서 온 다양한 이주자를 받아들이는 경향이 있다.

둘째, 이주의 가속화로 현재 거의 모든 주요 지역에서 국제이동의 규모가 커지고 있다. 이러한 이주의 양적 팽창은 정부 정책의 시급성과 어려움을 심화시켰다. 정부 정책은 국제이주를 막거나 감소시킬 수 있으며, 이주자를 송환할 수도 있다.

셋째, 이주의 차별화로 대부분의 국가는 노동이주, 난민이주, 영주이주 등과 같은 이주 유형 중 어느 하나에 치우치지 않고 여러 유형을 동시에 겪고 있다. 이주의 차별화는 국내 및 국제 정책 수립의 주요 장애물로 작용한다.

넷째, 이주의 여성화로 과거 대부분의 노동이주와 난민이동은 남성이 주도했고, 여성은 단지 가족 재결합의 범주에서 다루어졌을 뿐이다. 하지만 1960년대 이후 여성은 노동이주에서 중요한 역할을 해왔고, 다양한 이주 유형에서 여성이 다수를 차지하고 있다. 인신매매의 일부 연결망에서도, 그리고 일부 난민이동에서도 여성이 다수를 차지한다. 젠더 이슈는 현대의 이주에서 여성의 특수성이 점점 더 부각되고 있다.

다섯째, 이주의 정치화로 국내 정치, 양국관계, 지역관계, 전 세계 많은 국가의 안보정책이 국제이주의 영향을 점점 더 많이 받고 있다. 이주 정책 문제를 해결하기 위해 전 지구적 거버넌스(global governance)는 물론, 유입국과 경유국, 그리고 송출국의 협력이 필요하다는 인식이 더욱 높아지는 실정이다.

여섯째, 이주변천의 확산으로 전통적인 이민 송출국이 경유국이나 이민 유입국으로 전환되는 현상을 나타낸다. 폴란드, 스페인, 모로코, 멕시코, 도미니카공화국, 터키, 그리고 한국 등 다양한 국가들이 이주변천의 다양한 단계를 겪고 있다.

사람은 열악한 조건을 가진 장소를 떠나 더 살기 좋은 곳으로 이주하려는 경향이 있다. 즉, 환경적 요인은 이주와 밀접한 연관이 있다. 점진적인 환경 변화와 급작스러운 자연재해는 이주에 영향을 주는 대표적인 환경 요인이라 할 수 있다. 사막화, 토양 비옥도 감소, 해안 침식, 그리고 해수면 상승 등의 점진적인 환경 변화는 서서히 일어나지만 사람들의 생활 패턴과 생산 시스템에 영향을 주게 되어 급작스러운 자연재해보다 더 많은 이재민의 발생을 초래한다. 반면, 지진이나 화산 폭발 또는 열대성 폭풍이나 홍수 같은 자연재해는 이재민의 대량 이동을 초래하게 되지만 오랜 시간이 지나면 결국 원상태로 복귀하는 것이 가능하다는 특징을 가지고 있다. 최근 기후변화의 현실은 이 문제에 복잡성을 더하는 동시에 긴급성을 더욱 심화시켰다.

환경이 이주에 영향을 미치는 것처럼 이주 역시 환경에 영향을 준다. 사람들의 이동은 주변 생태계에 커다란 효과를 가져오기 때문이다. 특히 이주자의 대량 유입은 목적지의 환경에 큰 변화를 주게 되는데, 계획되지 않은 도시화나 캠프, 임시 숙소 등은 환경에 부정적인 영향을 끼친다. 반대로 이주자들의 출신지에서는 인구의 유출로 인해 인구 및 토지사용 압력이 완화되어 훼손되었던 지역의 생태계가 회복되기도 한다. 이외에도 이주와 환경 사이의 관계는 종종 인구 성장, 가난, 통치 방식, 안보, 분쟁 등의 다면적 요인에 의해 복잡해지므로 연구, 정책, 그리고 실행의 포괄적인 접근이 필요하다(IOM, 2019).

인류의 역사에서 이주의 변천과정을 살펴보면, 이동과 적응, 확산과 충돌, 국가의 관리와 통제, 네트워크 형성이라는 다음과 같은 네 단계로 변화해왔다(조일준, 2016). 첫째, 이동과 적응이다. 선사시대 수렵 · 채취인들의 이주는 순전히 개인과 집단의 생명을 보전하기 위한 행위였다. 이주를 결행하게 하는 결정적 요인은 주변의 생활환경이었다. 식량과 거처의 확보, 기후와 식생 등 자연 환경에 대한 적응, 포식자와 적들로부터의 안전이 최우선이었다. 이 시기의 이주는 소규모 집단이 애초에 살던 곳에서 다른 곳으로 옮겨가는 것뿐이었다. 적자생존의 이주생활에서 개인이나 가족 단위의 이주는 드물었다. 유목민들이 계절의 변화에 따라 일정한 지역 안에서 주기적인 순환 이동을 했지만, 이것도 집단 전체가 옮겨다니는 생활이었다. 적응하거나 이주하는 것에 성공하지 못하면 도태되었다.

둘째, 확산과 충돌이다. 농경문화가 일반화된 이후부터 인구가 증가하고 생활공동체의 규모가 커지기 시작했다. 인류의 이주가 집단 이동이 아니라 거주 지역의 확산 양상을 띠기 시작한 것이다. 이주자들의 출향은 언제든 다시 귀향할 여지를 남겨두었다. 떠난 이들의 공간에는 여전히 거기에 뿌리 내린 사람들이 살았고, 떠난 이들이 도착한 땅에는 새로운 공동체가 만들어졌다. 힘이 더 강한 집단의 정복전쟁과 식민지 개척은 이러한 흐름을 부추겼다. 이 과정에서 정복자나 강한 자들에 의한 소수자 박해는 사회적 배제와 추방, 집단난민 사태로 이어졌다. 이렇게 쫓겨난 이들이 세계 곳곳에서 '디아스포라(diaspora)'로 불리는 이산공동체를 형성했다.

셋째, 국가의 이주 관리와 통제다. 지금처럼 국가 간 이동에서 신분을 확인하는 증명 서류와 엄격한 통관 절차를 요구하는 것이 보편화된 것은 인류 역사에서 불과 100여 년밖에 되지 않았다. 19세기 이후 유럽에서 철도가 보급되고 빠른 속도로 국경을 넘는 여행객이 급증하면서 사정이 바뀐 것이다. 또한 1914년 제1차 세계대전이 발발하면서 각국은 안보와 병력 확보를 포함한 인력 관리를 이유로 출입국 통제를 강화하기 시작했다. 사전에 외국 여행객의 입국과 체류 기간을 허락하는 비자(visa)가 일반화되기 시작한 것도 이때부터다. 여권이 자국민의 출국을 관리하는 수단이라면, 비자는 외국인의 입국을 통제하는 수단으로 자리 잡았다. 국가 간 여행과 이주를 위해서는 해당 국가가 정한 기준과 요건을 충족하고 통제에 순응하는 '국민 증명'을 해야 했다. 국적이 없거나 상실한 사람은 사실상 합법적인 외국 여행이 불가능한 시대가 되었다.

넷째, 네트워크 형성이다. 빠르고 대량 운송이 가능한 교통수단, 세계를 촘촘하게 잇는 통신망, 정보 접근성 향상과 지식의 보급 등으로 산업혁명 이후 국제이주는 이주자 네트워크를 형성하기 시작했다. 20세기 이후 항공여행의 보편화와 정보통신 기술혁명은 이주의 국제화를 더욱 가속화했다. 떠난 자는 남은 이들에게 새로운 지역에 대한 정보와 그곳에서의 삶을 이야기했고, 일부의 '성공 신화'는 동반 이주를 자극했다. 디아스포라는 고립이 아닌 고향과 타향을 연결하는 시너지 효과의 주요 집단으로 새롭게 자리 잡았다.

이러한 흐름 속에서 현대사회는 초국적 이주의 시대를 맞이했다. 초국적 이주는 일회적으로 이루어지는 일시적 결과가 아니라 연속적으로 진행되는 역동적 과정이다. 이와 같은 초국적 이주는 이주자들이 기존에 형성한 사회공간적 관계 또는 네트워크로부터 부분적인 단절과 새로운 관계의 구축을 전제로 한다(김렬, 2011). 초국적 이주자들이 이주하고 정착하는 과정에서 형성·재형성하는 이러한 사회공간적 관계는 국경을 가로질러 구축되는 초국적 장 또는 사이 공간(in-between space)을 만들었다(최병두, 2018).

3) 이주 체계에 관한 이론

이주 체계는 이주자들을 서로 교환하는 둘 또는 그 이상의 국가들로 구성된다. 이주 체계 이론은 지리학에 뿌리를 두고, 이주 체계의 접근은 이주 흐름의 양쪽 끝을 모두 검토하는 것이며, 관련된 장소들 간의 모든 연계를 연구한다는 것을 의미한다. 이주 체계 이론에 따르면(Castles & Miller, 2013), 이주의 흐름은 일반적으로 식민지배, 정치적 영향, 무역, 투자 또는 문화적 유대 등에 기초한 이민 송출국가와 이민 수용국가 간에 이전부터 존재하던 연계에서 비롯된다. 이주 체계 접근의 기본 원리는 모든 이민의 흐름은 거시적 구조와 미시적 구조가 상호작용한 결과로 볼 수 있다. 거시적 구조는 대규모의 제도적 요인들을 지칭하며, 미시적 구조는 이주자 자신들의 네트워크, 그리고 관행과 신념 등을 포괄한다.

거시적 구조는 세계시장이라는 정치경제, 국가 간의 관계, 그리고 이민 송출국가와 이민 수용국가가 이민을 통제하기 위한 법률, 구조, 관행 등을 포함한 개념으로, 이들은 역사 · 제도적 접근의 핵심 주제다. 세계경제 내의 생산, 분배 및 교환의 진화는 이주를 결정하는 주된 요인이다. 또한 사람의 이동을 조직하거나 촉진하는 과정에서 국제관계 및 국가들의 역할도 중요하다(Hollifield, 2004).

미시적 구조는 이주자 자신들이 이주 및 정주에 대처하는 과정에서 발전시킨 비공식적인 사회 네트워크들을 말한다. 초기의 연구자들은 이러한 맥락에서 이를 '연쇄이주(chain migration)'라고 했는데, 1970년대 멕시코 이주자들에 대한 연구를 살펴보면, 이주자의 90%가 가족 또는 연고관계를 통해 미국에서 적법한 체류허가를 획득했다는 것을 알 수 있다(Portes & Bauch, 1985). 반면 현대의 많은 연구들은 이주를 시작하고 유지하는 과정에서 문화자본(cultural capital)*의 역할을 강조한다. 비공식적 네트워크는 개인과 집단이 생존하는 데 필요한 중요한 자원을 제공하며, 이는 사회자본(social capital)으로 분석될 수 있다(Bourdieu & Wacquant, 1992). 개인적 관계, 가족과 가구의 유형, 친교 및 공동체 유대, 그리고 경제적 · 사회적 문제와

* 문화자본이란 문화 자체가 화폐나 재산처럼 사회 구성원 사이에서 교환 가치의 역할을 한다고 여기는 개념으로, 문화예술을 생산하고 소비하는 능력, 문화의 장에서 행사할 수 있는 상징적 권위, 공공 제도가 부여하는 권력의 행사, 교육과 계급에 따라 축적된 문화적 취향 따위를 모두 포함한다.

관련된 문제 등이 여기에 속한다. 비공식적 네트워크는 이주민과 비(非) 이주민 모두를 복잡한 사회적 역할과 상호적 인적 관계로 묶어준다(Boyd, 1989). 또한 이주 네트워크는 이민 지역의 정주 및 공동체 형성 과정을 촉진한다. 이주자 집단은 그들의 고유한 사회적 · 경제적 하부구조인 종교기관, 상점 등을 발전시키며, 이는 가족의 재결합과도 연계된다. 가족과 공동체는 이주 네트워크가 중요하다. 특히 아시아인의 이주에 관한 연구를 살펴보면, 이주 결정이 대부분 개인보다는 가족에 의해 이루어진다. 가족의 입장에서는 수입을 극대화하는 동시에 생존 가능성을 높이기 위해 1명이나 그 이상의 가족 구성원을 다른 지역이나 다른 나라에서 일하도록 보낼 수 있다. 젊은 여성을 도시나 해외로 보내면 집으로 송금할 가능성이 높다(Castles & Miller, 2013). 이러한 동기들은 국제적으로 여성 노동의 수요 증가와 상응하며 이주의 여성화를 더욱 촉진하는 데 기여하고 있다.

거시적 구조와 미시적 구조 사이의 중위 구조(meso-structures) 또한 주목해야 한다. 특정한 개인, 집단, 제도가 이주자와 정치적 · 경제적 제도 간의 조정 역할을 하게 되었다. 에이전트, 변호사, 중개자 등 이주와 관련된 '이주 산업'이 등장하기 시작한 것이다. 이주 산업 종사자들은 이주자들에게 도움을 줄 수도 있고 이들을 착취할 수도 있다. 이주의 지속과 강력한 이해관계를 가진 이주 산업의 등장은 이주를 통제하거나 중지시키려는 정부의 노력을 종종 좌절시켰다(Castles, 2004). 이러한 '이주의 민영화(privatization of migration)'는 전 지구적 경제에서 자유화와 규제 철폐라는 지배적인 경향과 전적으로 부합한다(King, 2002).

거시적 구조, 중위 구조, 미시적 구조는 이주 과정 안에 복합적으로 얽혀 있으며, 이러한 구조들은 명확하게 나눠지지 않는다. 이주자들이 왜 자신의 나라를 떠나서 다른 나라로 정주하는지는 한 가지 이유만으로 설명할 수 없다. 다양한 원인과 그에 따른 복잡한 과정을 다층적인 측면에서 이해하고자 하는 노력이 필요하다.

이와 함께 이주와 관련하여 초국가주의와 초국적 공동체에 관한 일련의 새로운 이론들이 등장했다. 전 지구화의 측면에서 이주자들은 더 수월하게 출신지역과 긴밀한 관계를 유지할 수 있게 되었다. 이는 순환적 또는 일시적 이동성의 증가를 촉진하며, 사람들은 자신들이 경제적 · 사회적 · 문화적으로 연계된 두 군데 이상의 장소들 사이를 반복적으로 이동하게 된다. 포르테스(Portes, 1999)에 의하면 초국적 행위는 국가의 경계를 넘어 지속적으로 발생하는 것으로, 이에 참여하는 사람들에게 정기적이면서 상당한 시간의 투입을 요구하는 행위이며, 이러한 행위는 경제적 기획에만 국한되지 않고 정치적 · 문화적 · 종교적 시도를 포함한다.

초국적 공동체의 개념은 인간이라는 행위자를 강조한다. 초국적 공동체를 의미하는 좀 더 오래된 용어는 디아스포라다. 이 개념은 고대 그리스로 거슬러 올라간다. 원래 의미는 '이산(離散)'으로, 도시국가의 식민 관행을 지칭했다. 또한 디아스포라는 강제로 이주되거나 이산된 사람들을 가리킬 때 사용되었다. 따라서 '디아스포라'라는 용어는 좀 더 중립적이라 할 수 있는 '초국적 공동체'라는 용어와는 대조적으로 매우 강력한 감정적인 의미를 가지고 있다(Castles & Miller, 2013).

초국가주의에 대한 논의를 살펴보면, 탈영토화된 국민국가들의 등장으로 국민 정체성과 국제 정치에 영향을 준다(Basch et al., 1994)는 주장이 있는 반면, 초국적인 정치적 행동은 탈영토화되거나 국민국가의 토대를 잠식하는 것과는 상관이 없으며, 초국적 행동과 이민자들이 이민 수용국의 정치 제도로 통합되는 현상은 모순적이지 않다(Guarnizo et al., 2003)는 주장이 있다. 즉, 이주자가 모국과 연결되고 2개 이상 국가의 경계를 넘나들며 초국적인 사회적 네트워크를 형성하여 초국적 삶을 실행하는 것에 대한 다양한 논의가 진행되고 있다. 그러나 초국적 이론은 여성 이주자들의 독특한 경험을 간과했다는 이유로 비판을 받는다(Pessar & Mahler, 2003). 결혼이주자들의 이주와 정착 과정은 이러한 초국적 이주의 사회적 특성을 잘 반영한다. 결혼이주자들은 다양한 행위자들로서 새로운 사회공간을 형성한다. 따라서 다음 장에서는 여성의 이주에 대해 더욱 심층적으로 다루고자 한다.

2.
국제결혼과 여성

1) 이주의 여성화

국제이주시대 초기부터 고국에서 가족을 유지하고 노동자를 재생산하는 여성의 역할은 노동이주의 경제적 편익에 결정적인 요소였다. 게다가 이주노동자의 상당수는 여성이었다. 여성 이주노동자는 열등한 존재로 간주되는 경우가 많은데, 이는 가부장적 사회에서 여성의 일차적 역할이 남성 생계부양자에게 의존하는 아내이자 어머니로 정의되기 때문이다. 이러한 이유로 여성은 더 낮은 임금을 받았고, 남성보다 더 쉽게 통제되었다(Phizacklea, 1983). 이주여성들은 반복적인 공장 노동이나 서비스 부문의 미숙련 작업, 가사노동, 전통적 돌봄 역할과 관련된 직종에 집중되는 경향이 있다. 물론 화이트칼라 직업으로 이동하는 여성들도 증가하기 시작했다.

젠더는 차별에 대한 이주여성들의 저항을 살펴보는 중요한 이슈가 될 수 있다(Vasta, 1993). 이에 따라 여성 이주에 대한 전환적(transformatory) 해석(Phizacklea, 1998)이 제안되기 시작했다. 여성 이주는 여성에 대한 착취를 강화할 수도 있지만, 다른 한편으로는 가부장적 사회 출신 여성들이 자신들의 삶에 대한 통제권을 갖도록 도와줄 수도 있다. 이러한 이유로 여성들은 자신들의 출신국으로 돌아가기를 원치 않게 된다. 왜냐하면 새롭게 획득한 자유를 상실하고 싶어 하지 않기 때문이다(King et al., 2006).

종족적 폐쇄에서 젠더의 역할은 아직도 남성들을 주요 이민자로 취급하는 동시에 여성과 아이들을 단순한 '피부양자'로 취급하는 이민 규정들에서 나타난다. 오늘날 많은 국가에서 피부양자 자격으로 입국하는 여성들은 독자적인 거주의 권리가 없으며, 만일 이혼할 경우에는 본국으로 퇴거당할 수 있다(Castles & Miller, 2013).

그러나 더 이상 남성들이 이주의 중심에 있지 않다. 점점 더 많은 여성들이 아버지나 남편을 따라서가 아니라 독립적인 노동자로 이주하고 있다. 많은 여성들이 생계부양자로서 가족을 책임지고자 스스로의 힘으로 이주하고 있다. 경제의 지구적 재구조화는 많은 방식에서 주된 역할을 했는데, 이는 다음과 같다(Oishi, 2018). 첫째, 경제의 지구적 재구조화는 부유한 국가의 중산층 여성들의 노동시장 진출을 촉진하고, 이들을 대신해 돌봄 노동을 제공할 이주여성에 대한 수요를 증가시킨다. 둘째, 직장인들은 업무량이 증가하고 이에 대한 압박감이 커지면서 초과근무가 많아졌다. 이에 외국인 보모나 가사노동자에게 자녀와 집안일에 대한 관리를 의존하게 된다. 셋째, 지구적 경제는 개발국뿐 아니라 준개발국 및 개발도상국에서 '신흥 부유층'을 배출하고 있다. 이들은 집안 관리와 자녀 양육을 위한 이주 가사노동자나 보모를 찾고 있다. 넷째, 많은 산업 국가에서 인구 고령화가 진행되면서 노인들을 위한 간호사나 다양한 돌봄 노동자에 대한 수요가 증가하고 있다. 남성 간호사나 돌봄 노동자가 없는 것은 아니지만, 아시아에서 아직 이 직업군에 종사하는 사람은 대개 여성이다.

이러한 현상은 국가가 제공하는 복지 서비스와 맞벌이가정에 필요한 실제 돌봄 수요 사이에 간극이 있음(Anderson, 2000)을 보여준다. 복지국가가 제공하는 돌봄 서비스는 노령화 인구 속도를 따라잡지 못하고, 수준 높은 자녀 양육 서비스 욕구를 충족하지 못한다. 많은 국가에서 여성 이주노동이 이와 같은 돌봄 부족 현상의 해결책이 되고 있다. '지구적 돌봄 사슬(Hochschild, 2000)', '재생산 노동의 국제 분업(Parreñas, 2001)' 같은 용어가 보여주듯이, 지구적 경제 재구조화는 보모나 가사도우미로 일하는 이주노동자에 대한 수요를 전 세계적으로 증가시켰다. 그리고 제조업 분야에서도 이주여성에 대한 수요가 높다. 지구적 경쟁은 이주여성 노동력이라는 막강한 틈새시장을 열었다. 특히 해외로 이전하거나 외주를 줄 여력이 없는 다수의 기업들은 이주여성들을 가장 적합한 노동자로 여기게 되었다.

그뿐만 아니라 국제적 범죄 조직을 통한 전 지구적 '성 산업(sexual industry)'도 이주여성에 대한 수요를 발생시키고 있다. 일부 여성들은 합법적인 '연예인 비자'로 입국하지만, 불법적인 경로로 들어오는 경우도 많다. 이러한 상황은 개발국에만 한정된 것이 아니다. 아시아의 많은 개발도상국에서 이주여성들이 성 산업에 고용된다. 이러한 여성 중 상당수가 인신매매와 불법 이민의 피해자이기도 하다(Oishi, 2018).

반면, 결혼을 통한 여성의 이주가 원격 모성 또는 초국적 모성 같은 어머니 노릇의 실천을 만들어낸다면, 결혼이주는 종족 혹은 인종, 국민국가, 그리고 모성의 문화적 차이 등과 복합적으로 연결되어 있다. 국제결혼은 국적과 국민국가 정체성이 서로 다른 두 사람의 결합이며, 종족 간 혹은 인종 간 결합일 뿐 아니라 문화적 차이를 지닌 개인의 결합이다. 또한 국제결혼이 국가 간 혹은 종족 간 결합이라는 점에서 결혼이주여성의 모성은 다문화가족의 모성 측면에서 이해된다. 이러한 결혼은 사회, 정치 정책 수준에서뿐 아니라 개인적 삶에서 젠더, 인종, 문화 개념을 만들고 재구성하는 것을 포함한다(이은아, 2012). 소수집단으로 이민자이자 혼종적인 자녀의 어머니로서 갈등을 겪고 있는 결혼이주여성들은 모국의 문화와 새로운 문화를 절충하는 방식으로 자녀를 교육하게 되지만, 의사소통의 어려움, 모국 문화에 대한 차별 등으로 다양한 문제를 경험하게 된다(Koniak-Griffin et al., 2006).

특히 아시아 내에서 발견되는 이주의 여성화 현상은 선진국 여성의 지위향상과 사회진출로 인해 생겨난 사회적 재생산 영역의 공백을 메워주는 '이주노동자', 그리고 국내 결혼시장의 수급 불균형으로 부족해진 신부(bride)의 자리를 대체하기 위한 '결혼이주여성'이라는 유형으로 크게 나눌 수 있다. 노동이주와 결혼이주의 경계가 분명하지 않음에도 불구하고 국민국가의 입장에서 한국으로 온 결혼이주여성은 노동이주여성과 법제도적으로 차별된 영역으로 편입된다는 점에서 특수한 존재들로 여겨진다. 결혼이주여성은 더 이상 제한된 사회서비스를 제공받는 단기 노동자가 아니라 한국인의 아내이자 어머니의 신분으로 한국에 장기간 거주하게 될 존재이기 때문이다.

2) 결혼과 가족

18세기 후반부터 나타나기 시작한 '낭만적 사랑(romantic love)'의 이상은 친밀성의 발달과 맞물리며 현재까지 확산되어왔다. 기든스(Giddens, 2009)에 의하면, 낭만적 사랑이란 다른 사람과의 관계 그 자체의 내재적인 성격에 근거해 감정적 관계를 지속하는 것을 전제로 하는 사랑이다. 이에 따라 결혼관계는 친족관계로부터 분리되고 결혼과 부부관계 자체가 특별한 의미를 지니게 되었다. 이러한 변화는 가족의 형태와 성격도 변화시켰다.

가족은 대체로 결혼을 통해 구성된다. 결혼은 일반적으로 남녀가 성적 · 심리적 · 경제적 결합을 통해 부부관계를 맺는 것을 의미한다. 그러나 동성 간의 결혼을 허용하는 곳이 생기기 시작하면서 결혼을 남녀 간의 부부관계로만 정의하기 어려워졌다. 또한 유럽에서는 법적인 제약을 피하기 위해 혼인신고를 하지 않고 자연적 동거 형태로 살아가는 부부들도 늘어나고 있어 국가가 법으로 동거부부를 인정하기도 한다(비판사회학회, 2014).

오늘날 전 세계에서 나타나는 가족에는 다양성이 존재한다. 가족 유형 또한 많은 변화가 진행 중이다. 이러한 변화의 원인은 복합적 요인으로 일어나지만, 텔레비전, 영화, 인터넷 같은 대중매체를 통한 문화 보급의 영향이 급증했다. 낭만적 사랑이라는 서구적 개념이 이전에는 알려진 바 없는 사회로 침투하게 되었다. 또한 이전에는 자율적 소규모 사회로 구성되었던 지역에서 중앙집권적 정부가 발달하게 되면서 사람들의 삶이 국가적 정치 체계의 영향을 받게 되었고, 정부는 전통적 삶의 방식을 바꾸는 데 적극적으로 개입하고자 했다(Giddens. 2013).

한국 사회는 서구 사회와 비슷한 결혼과 가족형태의 변화를 겪고 있으며, 이에 따라 가족위기와 가족문제들이 발생하고 있다. 어떤 측면에서 한국 사회의 가족은 전통적 가족이 지니고 있던 가부장적 · 억압적 성격이 가족형태와 가족관계의 급속한 변화 속에서 서구보다 더 심각한 혼란과 위기를 겪고 있기도 하다. 이는 한국 가족의 위기가 공업화, 개인화 등으로 인한 현대사회의 보편적인 위기에 한국적인 특수한 조건들이 중첩된 결과다. 또한 저출산과 고령화 현상이 겹치면서 국가적 차원에서 사회재생산의 위기에 처해 있다(비판사회학회, 2014). 전통사회에서 대부분 결혼과 출산, 가족 형성을 당연시했다면, 현대사회는 점차 결혼과 가족을 선택의 문제로 생각하며 가족 내의 친밀한 관계를 중요시한다.

이러한 맥락에서 결혼생활에서 금기시되었던 이혼은 점점 일상화되어가고 있다. 이와 관련된 포괄적인 사회적 요인을 살펴보면(Giddens, 2013), 오늘날 결혼은 세대 간 재산을 세습하거나 지위를 대물림하려는 욕구와 상관없는 상태에서 이루어진다. 또한 여성들이 경제적으로 독립적인 성향을 지니면서 과거에 결혼이 담당했던 물질적 궁핍의 해결책으로서의 기능이 감소되었다. 그리고 이혼율이 점점 증가하고 있는 것은 결혼제도에 엄청난 불만을 품고 있는 현실을 반영한다기보다는 오히려 이혼을 통해 결혼이란 보상을 받고 만족을 주는 관계여야 함을 확인하려는 성향이 강해지고 있음을 보여준다.

가족이라는 개념을 정의하기는 어렵지만, 다양하고 이질적인 형태의 가족 유형이 존재하고 있음은 분명하다. 다양한 가족 유형 중 한부모가족은 1970년대 이후부터 점차 증가했다. 피부양자녀를 거느린 한부모가족의 성별 구성은 압도적으로 여성이 많으며, 평균적으로 이들 가구는 현대사회에서 최저 빈곤층에 놓여 있다. 이들은 실제 혼인 여부와 무관하게 경제적으로 불안정할 뿐만 아니라 사회적 멸시의 대상이 되고 있다. 이러한 한부모가족의 증가라는 현실로 인해 '아버지 부재(absent father)'*에 대한 담론이 새롭게 변화했다. 아버지 부재가 별거 혹은 이혼의 산물로 자녀들과 빈번하지 않은 접촉 혹은 부권을 접할 기회를 잃어버린 경우를 일컫게 된 것이다(Giddens, 2013). 고이혼율 사회에서는 단지 아버지만을 잃은 것이 아니라, 부친 개념도 존재하지 않게 된다(Blankenhorn, 1995). 그러나 아버지의 존재 여부 자체가 중요한 것이 아니라, 아버지가 가족생활과 자녀 양육에 어떤 역할을 하는가가 중요하다. 자녀가 가족 구성원으로부터 양질의 보살핌을 받는다면, 함께 사는 것과 관계없이 아버지 역할을 하는 인물은 존재할 수 있다.

3) 결혼, 이주, 여성

노동이주와 결혼이주의 경계가 분명하지 않음에도 불구하고 국민국가의 입장에서 결혼이주여성은 노동이주여성과 법제도적으로 차별된 영역으로 편입된다는 점에서 특수한 존재들로 여겨진다. 결혼이주여성은 더 이상 제한된 사회서비스를 제공받는 단기 노동자가 아니라 한국인의 아내이자 어머니라는 신분으로 한국에 장기간 거주하게 될 존재이기 때

* 부성 역할을 둘러싼 정치적 담론들은 1930년대 후반부터 '아버지 부재'론을 중심으로 전개되어 왔다. 특히 제2차 세계대전 동안 아버지들은 전쟁터에 있어서 집에서 자녀들을 돌볼 기회가 거의 없었다. 전쟁이 끝난 후에는 아버지들이 경제적 역할을 수행하여 하루 종일 일터에 나가 있다가 저녁이나 주말에만 자녀들과 만날 수 있었다. 그러나 1970년대 이후에는 높아진 이혼율로 인해 한부모가족에서 아버지의 부재는 다른 의미가 되었다.

문이다. 또한 이주여성 본인 역시 국가로부터 한국인으로서 마땅한 의무와 혜택을 부여받는다는 점에서 결혼이주는 법제도적 · 사회문화적으로 '민족'과 '국민'의 범주와 밀접한 연관을 맺고 있다. 이렇게 결혼이주가 결혼이주여성 자신과 그 자녀를 포함하여 새로운 '국민'의 생산과 직결되어 있다는 점에서 결혼이주여성은 국가의 규제와 관리가 필요한 대상으로 인식되었고, 국가는 '양질의 국민'을 책임진다는 명목으로 직접적인 규제와 관리의 당위성을 옹호하게 되었다(김지은, 2007).

실제 결혼이주여성이 경험하는 현실은 해당 국가의 정치경제적 및 사회문화적 맥락에 따라 매우 복잡하고 다양한 양상으로 나타나며, 제3세계 여성과 선진국 남성의 이미지를 단순히 이분법적으로 나누어 이들의 권력관계를 분석하는 것은 옳지 않다(Constable, 2005). 결혼이주여성에게 '이주'라는 선택은 불평등과 착취, 차별의 경험보다는 가부장적인 사회와 전통적인 관습에서 벗어나 자발적 선택을 통해 자신의 삶에 대한 통제권을 획득하고, 경제적으로 더 나은 삶을 살거나 사회적 위치의 향상을 약속하는 유일한 기회로 다가올 수도 있다(Pessar & Mahler, 2003; King & Christou, 2011). 또한 국경을 넘어 이동하는 이주라는 행위 자체가 본국의 가부장적 결혼 체계에 대한 거부이자 반항적 실천이 되기도 한다.

유럽에 정착한 결혼이주여성의 경우에도 다른 유형의 이민자들에 비해 자녀의 주된 양육자인 어머니의 역할을 강조하며 자녀교육에 더 많은 비중을 두었다. 경제적인 측면에서는 안정적이었으나 사회적으로 고립된 상태로 전통적인 젠더 사회화를 강화하는 가족 내에 머물며 특정한 젠더 역할을 수행하고 있었다. 결혼이주여성들은 자녀가 어느 정도 성장한 다음에 구직을 위한 교육을 받거나 직업을 구하면서 사회에 적극적으로 참여했다(Wall & José, 2004). 또한 미국의 경우, 남미 출신 이민가정 어머니들은 정부의 제한된 지원과 낮은 소득수준, 부모의 교육수준과 언어장벽 등으로 인해 자녀를 질 높은 보육시설에 보내기 어려웠다. 또한 주류 사회로부터의 고립은 자녀 양육의 책임을 전적으로 떠안고 있는 이주여성들의 어려움을 가중시켰다(Polakow, 2005).

결혼이주여성은 '결혼-이주-여성'이라는 다층적인 차원에서 생활세계를 경험하고 있으며, 각 개인을 둘러싸고 있는 현상은 특수하고도 개별적으로 나타난다. 이러한 이주의 여성화 현상 속에서 한국 정부는 결혼이주여성의 사회적 · 문화적 적응을 위해 한국어교육을 지원해오고 있다. 예컨대, 각 지역의 다문화가족지원센터들은 다양한 프로그램을 운영하고 있으며, 이러한 지원은 한국에서의 기초적인 생활을 위해 필요한 정책이다. 그러나 외국인으로서 배운 한국어를 모국어(mother tongue)만큼 유창하게 사용하는 것은 쉽지 않다. 특히 어머니로서 모국어가 아닌 외국어로 자녀들과 소통해야 하는 결혼이주여성은 현실적인 어려움에 처할 수밖에 없다. 따라서 결혼이주여성을 직접 만나 다양한 이야기를 들어보는 것이 필요하다. 이러한 개인의 삶을 살펴보고, 그들의 목소리에 귀를 기울이는 것은 타자에 대한 윤리적 실천의 첫걸음일 것이다.

3.
결혼이주여성의 현황과 정책

1) 한국 사회의 결혼이주여성

1990년대 이후 농어촌지역을 중심으로 '결혼이주여성' 등 외국인 여성을 아내로 맞아들이는 다문화가족이 지속적으로 늘어나 2010년에는 농어촌지역 혼인의 절반가량이 결혼이주여성과 한국 남성의 결합으로 이루어지고 있다. 현재는 농어촌지역뿐만 아니라 도시지역에서도 다문화가족이 많이 늘어났으며, 통계청(2018)에 따르면, 국내 전체 결혼에서 외국인 배우자와 결혼하는 국제결혼의 비율은 2000년 3.5%에서 2005년 13.5%로 급증했다가 2010년에는 10.5%로 증가세가 조금씩 둔화되는 경향을 보이고 있다.

저출산과 고령화에 대한 해결책으로 결혼이주의 필요성이 제기된 것은 한국 남성의 결혼 문제가 내부적으로 해결할 수 없는 구조적 한계에 다다랐기 때문이다(박재규, 2009). 한국의 경제성장에 따른 산업화는 인구의 도시집중화라는 결과를 초래했으며, 경제력을 갖춘 독신 여성과 농촌 생활을 원치 않는 여성의 증가로 인해 농촌에는 만혼 총각이 늘어나게 되었다(이삼식, 2006). 이에 정부는 결혼인구의 지역적 불균형을 해결하기 위해 국제결혼을 장려했다. 이러한 정부 주도의 이민정책으로 결혼이주여성은 한국 최초의 정착형 이주자가 되었다.

한국 사회에서 이주민과 이주여성에 대한 관심이 크게 확대되면서 특히 결혼이주여성과 그 자녀들은 이주민을 지원하는 정부의 정책과 서비스에서 핵심적인 수혜 집단으로 인식되고 있다. 그러나 다른 한편 국제결혼과 다문화가족에 대한 지원은 한국인의 시각에서 일방적으로 이주여성을 대상화 · 타자화하는 정책이라는 비판이 지속적으로 제기되기도 한다(김현미, 2010). 미시적인 정책 차원에서는 이른바 다문화가족의 출산과 양육 행위에 많은 관심을 기울이고 있는 것처럼 보이지만, 이주여성이 한국 가족에 소속되어 기존의 가족 규범을 받아들일 것이라고 전제함으로써 이주 어머니의 역할은 부계가족의 틀 안으로 국한시켜 인식되고 있다. 또한 많은 연구에서 이주여성의 모성은 한국의 저출산 · 고령화 현상을 해결하기 위한 일종의 인구학적 대안으로서 간주되는 경향이 나타난다. 이러한 시각은 결혼이주가 동반하는 새로운 문화적 복합성과 생물학적 출산으로 환원될 수 없는 이주 어머니의 주체성과 시민성을 간과함으로써 그동안 여성학적 모성 연구들이 축적한 대안적 개념과 시각들을 반영하지 못하고 있다(황정미, 2012).

한국에서 결혼이주여성을 대상으로 하는 정책의 주요 목적은 가족의 형성 및 유지에 있다. 결혼이주자의 경우 단순 취업을 위한 외국인 노동자나 교육을 목적으로 한국에 입국하는 유학생과는 달리 혼인을 통해 한국 사회의 구성원이라는 법적 지위를 획득한다(이용재, 2012). 결혼이주여성은 배우자를 구하지 못한 농어촌 총각들과 결혼하여 출산함으로써 산업화에 따른 농어촌의 붕괴와 심각한 저출산 문제를 동시에 해결해줄 수 있는 대상이었다. 이러한 이유로 결혼이주여성들은 한국 사회의 저출산 문제를 해결할 수 있는 '가족 만들기'의 도구로 여겨진다. 이에 따라 한국의 다문화정책과 서비스도 자녀 양육자와 돌봄 부양자로서의 결혼이주여성을 중점적으로 지원한다. 이들은 가부장적 가족 질서를 유지하는 도구인 동시에 이에 순응해야 하는 존재로 여겨진다. 이들은 '이주민'이어서만이 아니라 자녀를 출산하는 '재생산의 몸'임과 동시에 어머니 노릇을 수행해야 하는 모성적 존재라는 점에서 지원받는 것이다(이은아, 2013). 결혼이주여성은 출산과 양육을 통해 가족 구성원을 재생산하는 수단으로 여겨지므로 개인적인 권리는 제대로 보장받기 쉽지 않다. 이러한 상황에서 이들은 시민으로서의 당연한 권리를 누리지 못한다.

결혼이주여성들의 한국 내 지위는 이들이 출산과 양육 등의 역할을 얼마나 성취했는가에 의존한다. 결혼이주자와 관련된 현행 법령은 결혼이민자를 한국인의 '배우자'이자 한국인 자녀의 '어머니'라는 지위에 근거하여 법적으로 보호하며, 한국인 배우자 남편과 남편 가족의 권력과 규율을 매개로 한 동화 과정을 거쳐 국민 개인으로서와 독립된 법적 주체로서의 지위를 획득하는 체제를 가지고 있다(안진, 2013). 국적법에 의하면, 결혼이주자는 2년 동안 국내에 거주하는 요건을 충족해야만 귀화 신청 자격이 부여되며, 신청 후 허가 통지를 받기까지 통상 1년 반에서 2년여의 기간이 소요된다. 국적 취득 전의 결혼이주여성은 체류비자 연장이나 국적 취득 시 한국인 배우자와 동행하여 신원 보증을 받아야 한다. 이들은 체류 자격, 귀화 등 거주의 권리를 획득하기 위해, 나아가 복지 지원 등의 사회권을 얻기 위해 기대되는 역할을 수행해야 한다.

〈다문화가족지원법〉에서도 결혼이주여성들의 재생산 역할을 강조하는 것을 볼 수 있다. 대한민국 국적을 가진 자녀를 출산한 결혼이주여성의 산전 · 산후 건강관리에 대한 지원을 국가와 지방자치단체로부터 받을 수 있다. 결혼이주여성의 정체성을 국민의 자녀를 생산하는 존재로 보기 때문에 노동이주여성과는 달리 모성권과 재생산권을 보호하려는 노력을 보인다(안진, 2013). 즉, 〈다문화가족지원법〉은 결혼이주여성을 인권을 갖는 개인으로서 보호하는 것이 아니라 국민의 재생산을 위한 존재로서 보호한다는 것을 알 수 있다. 한편, 한국 다문화정책의 주요 대상임에도 불구하고 그 정책의 편향성으로 인해 이동적이고 의존적인 지위에 머무르는 결혼이주여성은 사회적 약자이자, 사회를 위협하는 잠재자로서 간주되기도 한다(구본규, 2015).

특히 결혼이주여성과 자녀들이 주요 가족 구성원인 '다문화가족'에 대한 정부의 지원 정책은 결혼이주여성이 한국 가족에 소속될 것을 바탕에 둔다. 그래서 결혼이주여성은 이주 어머니(migrant mother)로서 한국 사회의 저출산 · 고령화 현상을 해결하기 위한 일종의 인구학적 대안으로 나타난다. 결혼이주여성 개인의 삶을 둘러싼 복합적이면서 다층적인 그들의 '이야기'는 배제(최승은, 2019)되면서 일방통행식의 정책 시행으로 이어지고 있는 것이다.

2) 결혼이주여성을 위한 정부 정책

2006년 '결혼이민자 가족 및 혼혈인 · 이주자 사회통합 지원방안'이 발표되면서 한국 사회에는 다문화 담론이 대두하기 시작했고, 결혼이민자 가족을 지원하는 결혼이민자지원센터가 설립되었다. 2007년 〈재한외국인처우기본법〉*이 발표되기는 했지만, 정부는 국민의 구성원으로 인정되는 결혼이민자와 결혼이민자의 가족에 대한 집중 지원을 정책적으로 시행했고, 2008년 〈다문화가족지원법〉을 제정하여 동법 12조에 근거한 다문화가족지원센터를 설립했다. 그리고 2008년 〈다문화가족지원법〉이 제정됨으로써 결혼이민자지원센터는 다문화가족지원센터로 명칭이 변경되어 2017년 현재 전국에 218개소가 운영되고 있다. 민간에서 모든 이주여성을 지원하기 위해 제안한 정책은 정부의 입법 과정에서 결혼이주여성 가족 중심의 다문화가족지원정책으로 변모되었다. 다문화가족지원센터는 그 태동이 건강가정지원센터 내에서 결혼이민자가족에 대한 지원 체계로 이원화되었기 때문에 가족정책 범위에서 '다문화가족정책'의 영향을 받는다. 다문화가족지원센터는 민간이나 NGO단체를 주축으로 한국에 거주하고 있는 이주민들에 대한 지원을 정책으로 수립하여 정부의 정책체계로 이주민들을 지원한 최초의 기관이다. 그리고 이것은 현재 가족정책으로 통합되는 양상으로 변화하고 있다. 정부의 다문화가족정책에 대한 시기별 내용을 자세히 살펴보면 다음과 같다.

---

* 2007년 5월에 제정된 〈재한외국인처우기본법〉에 따라 외국인 정책은 법무부 장관이 5년 단위의 '외국인정책 기본계획'을 수립하고, 외국인정책위원회의 심의를 거쳐 확정되었다. 제1차 외국인 정책 기본계획(2008~2012)은 '외국인과 함께하는 세계 일류국가'를 비전으로 우수인재 유치, 이민자의 사회적응 지원 등 새로운 정책 분야가 도입되어 기반을 조성했고, 제2차 기본계획(2013~2017)은 '세계인과 더불어 성장하는 활기찬 대한민국'을 비전으로 제1차 기본계획 가치의 지속적인 추진과 함께 질서와 안전, 이민자의 책임과 기여를 강조하는 국민 인식을 반영하는 것으로 추진되었다(박범종, 2017). 이러한 정부의 사회통합 정책은 외국인을 대상으로 한 정책이지만, 심층적으로 살펴보면 외국인과 이민자에 대한 한국의 사회문화 적응을 넘어서 이들을 포용한 한국 사회의 구성원들이 문화 다양성을 존중하고 나아가 세계시민으로서 살아갈 수 있는 글로벌 시민성을 요구하는 것으로 이해할 수 있다.

다문화가족정책은 〈다문화가족지원법〉 제3조4의 규정에 따라 설치한 '다문화가족정책위원회(위원장: 국무총리)'에서 총괄 · 조정하고, 관계 중앙부처 및 지방자치단체를 통해 전달되며, 지자체의 규모나 상황에 따라 대부분 다문화가족지원센터를 통해 집행하는 구조로 되어 있다. 다문화가족정책위원회는 다문화가족 지원을 위한 기본계획과 시행계획을 수립 · 시행하고, 추진 실적의 점검 · 평가 그리고 각종 다문화가족 지원사업의 조정 · 협력 등에 관한 사항을 심의 · 조정하는 컨트롤타워 기능을 한다. 여기에 다문화가족정책의 주관부처로서 여성가족부는 법무부, 교육부 등 관계 중앙행정기관 및 시 · 도지사 등과 협의하여 기본계획과 부처별 시행계획을 수립 · 시행하고, 매년 추진실적을 제출받아 평가하는 등 다문화가족정책을 실무적으로 총괄하고 있다. 또한, 전국의 다문화가족지원센터는 각 지방자치단체로부터 업무를 위탁받아 거점센터를 중심으로 한국어교육, 가족사업, 성 평등 · 인권사업, 사회통합, 상담, 홍보 및 자원연계 등 다문화가족 지원을 위해 필요한 사업을 수행하고 있다. 이와 같이 다문화가족정책은 예산과 행정력 확보가 쉬운 복지 성격의 서비스 사업 위주로 구성되어 있으며, 대상 중심 사업의 성격을 갖고 있다.

다문화가족정책은 2006년을 기점으로 적극적으로 전환되었다. 2006년 4월 26일 대통령 자문기구인 '빈부격차 · 차별시정위원회'와 여성가족부 등 12개 부처와 위원회 공동으로 '여성결혼이민자 가족 및 혼혈인 · 이주자 시회통합 지원 대책'과 '혼혈인 및 이주자의 사회통합 기본방향'을 발표했다. 이 대책은 범정부적 차원에서 국가정책계획으로 추진하고 법적 · 제도적 기반을 마련하기 위한 것이다. 그 결과 여성결혼이민자 지원 정책은 가족 정책 차원에서 여성가족부에서 주관하기로 했다(빈부격차 · 차별시정위원회, 2006). 여성가족부는 다문화가족지원센터의 전신인 결혼이민자가족지원센터 21개소를 시 · 군 · 구별로 지정하여 시범 운영했다. 2007년 12월 결혼이민자에 대한 가정폭력 등이 사회적 문제로 대두하자 건전한 결혼문화 형성에 기여하려는 목적으로 〈결혼중개업의 관리에 관한 법률〉이 제정되었다. 그리고 2008년 3월 정보 제공, 사회적응교육 등 다문화가족정책을 체계화한 〈다문화가족지원법〉이 제정 · 시행되었다. 그럼으로써 다문화가족서비스 전달체계인 결혼이민자가족지원센터는 그 명칭이 '다문화가족지원센터'로 변경되었다. 한국의 다문화가족정책은 대부분 다문화가족지원센터를 중심으로 추진되고 있다(강복정, 2012).

2008년 10월 31일 보건복지가족부는 다문화가족의 사회통합을 지원하기 위한 '다문화가족 생애주기별 맞춤형 지원강화대책'을 발표했다(보건복지가족부, 2008). 이는 다문화가족 지원 관련 보건복지가족 정책 전체를 포괄하는 향후 2~3년간 집중적으로 추진할 정책들로 구성되어 있었다. 그동안 결혼이민자 당사자의 한국 문화적응과 권리에 초점이 맞추어져 있었던 것이 결혼이민자 당사자뿐만 아니라 자녀와 가족 구성원들을 포함한 다양한 차원의 복지정책이 도입된 것이다. '글로벌 코리아를 향한 열린 다문화 사회'라는 정책 비전 아래 4대 정책 목표와 3대 정책추진 방향을 제시했다. 다문화가족 생애주기에 맞춰 7대 정책과제, 21개 세부 추진과제, 66개 세부사업으로 구성하여 추진했다. 이는 제1차 다문화가족 정책 기본계획(2010~2012)에 그대로 나타났다.

2010년 3월 14일 다문화가족 지원 관련 총괄과 조정 기능을 강화하기 위해 다문화가족정책 주관부처를 여성가족부로 이관하여 다문화가족 정책 추진제계를 정비했다. 이로써 여성가족부가 다문화가족정책위원회 운영의 주도적인 역할을 담당하게 되었으며, 유사 중복업무를 방지하고 정책의 효율적 운영을 위해 관계부처 간의 역할 분담을 강화했다(장명선 ·

장은애, 2010). 그리고 5월 7일 제2차 다문화가족정책위원회에서는 기존의 결혼이민자 중심 사업에서 가족 중심의 관점으로 접근한 '제1차 다문화가족지원정책 기본계획(2010~2012)'을 국무총리 · 관계부처 합동으로 확정했다. 주요 내용은 다문화가족에 대한 지원을 강화하고 결혼 및 입국 과정을 엄격히 관리하는 것으로 중장기적 시각을 포함하고 있으며, '가족생애주기(Family Life Cycle)'* 개념을 응용한 '다문화가족 생애주기'를 고려하여 수립했다. 2010년 7월 1일 다문화가족정책위원회 규정을 개정(국무총리 훈령 552호)하여 실무위원장을 국무총리실장에서 여성가족부 장관으로 변경했다. 따라서 여성가족부가 시행계획의 수립, 사업의 조성 · 협력 등 다문화가족정책위원회의 운영을 주도하게 되었고, 국무총리실은 부처 간 이견 조정과 지원 기능을 담당하게 되었다. 여성가족부에서는 결혼이민자 등이 한국에 안정적으로 정착 · 생활할 수 있도록 다문화가족 지원을 통한 정책 추진체계를 구축하고 관계부처 합동 기본계획을 수립하고 추진했다. 그리고 다문화가족을 위한 가족 교육 · 상담 · 문화 프로그램 등 생애주기별 맞춤형 서비스 제공을 통해 결혼이민자의 한국 사회 조기적응 및 다문화가족의 안정적인 가족생활을 지원하고 있다.

2011년 4월 〈다문화가족지원법〉을 개정하여 다문화가족의 범위 확대, 다문화가족 지원을 위한 기본계획의 수립, 연도별 시행계획의 수립 근거가 마련되었다. 무엇보다 다문화가족의 범위 확대로 국제결혼을 통해 형성된 다문화가족에 한정된 서비스 대상이 귀화 · 인지에 의한 국적 취득자와 결혼이민자 등으로 이루어진 가족으로 확대되었다. 그러나 다

* 가족생애주기(Family Life Cycle, FLC)는 가족이라는 사회 구성원 속에서 가족들의 역할 변화를 설명하는 것으로, 가족의 형성, 성장, 성숙 그리고 소멸에 이르기까지 시간의 흐름에 따른 가족 구조의 변화를 나타낸다(심리학용어사전).

문화가족정책은 처음부터 국제결혼에 대한 관심에서 논의가 시작되었기 때문에 기본적으로 결혼이민자가정을 중심으로 진행되는 차별적 배제 모형에 가까운 특징이 있었다. 그리고 정부의 역할은 다소 추상적 개념체계인 '문화'를 대상으로 하고 있어 사회서비스 정책의 측면이 강조되는 결과를 보였다. 다수의 프로그램과 정책이 국내 체류 등록 결혼이주여성과 그 가족을 대상으로 한국화를 돕는 동화주의의 사회통합 목적으로 진행되었다. 여러 부처가 관련 사업을 추진하고 있지만 주관부처인 여성가족부의 조정 역할 미흡으로 각 부처 간의 협력을 통한 포괄적인 지원이나 정책이 시행되지 못하는 경향이 있었다. 따라서 효율적인 정책추진을 위해서는 상호 역할 분담 및 협력체계가 강화되고 지역 특성에 맞는 정책, 그리고 다문화가족 변화 추이에 따른 중장기 과제가 개발되어야 할 필요가 있다. 다문화가족정책은 정책의 추진 주체자인 중앙정부, 지방자치단체(광역, 기초), 민간단체 등을 비롯해 정책의 이해관계자, 정책의 수혜자들이 함께 해결해나갈 과제이기 때문이다.

2011년 6월 여성가족부는 다문화가족정책 실무위원회 제1차 회의를 열고 다문화가족 지원을 위해 5대 영역의 327개 사업에 총 682억 원의 예산을 투입하는 '16개 시 · 도 다문화가족 지원 종합계획'을 처음으로 수립 · 발표했는데, 다문화가족 자녀 성장지원을 위한 사업 규모가 가장 컸다. 그리고 〈다문화가족지원법〉 제3조의2(다문화가족 지원을 위한 기본계획의 수립)가 신설되면서 다문화가족정책 기본계획의 시행 기간을 5년으로 규정했다. 2012년 12월에 개최한 제6차 다문화가족정책위원회에서 '제2차 다문화가족정책 기본계획(2013~2017)'을 심의 · 확정했다. 여기서 위원장은 앞으로 2차 기본계획은 다문화가족정책이 단순히 결혼이민자를 위한 정책이 아니라 다양한 문화를 배경으로 한 가족들에 대한 정책으로서 우리 사회에 꼭 필요한 것이라는 인식이 정립될 수 있도록 했다. 그리고 2013년 2월 〈다문화가족지원법〉 제4조에 따라 '2012년 전국다문화가족 실태조사' 결과를 발표했는데, 단순노무직 · 일용직 등 질 낮은 일자리에 집중되는 현상, 사회적 차별 심각, 사회적 네트워크 약화 등 새로운 정책 과제의 대두와 자녀 세대의 성장과 정책대응의 필요성이 제기되었다.

2014년 1월 15일 정부는 제8차 다문화가족정책위원회를 개최하여 '다문화가족정책 개선방안'을 논의하고 확정했다. 다문화가족정책 개선방안은 2013년 4월 개최된 제7차 다문화가족정책위원회에서 부처 간 유사 · 중복사업을 조정하고, 효율적인 다문화가족정책 추진방안을 마련하기 위해 7개 부처 합동(국무조정실 포함)으로 마련되었다. 개선방안은 첫째, 부처 간 협업을 통한 유사 · 중복 조정 및 협업 시스템 구축, 둘째, 수혜자 중심으로 전달체계 효율화(2014~2017), 셋째, 정착 단계별 맞춤형 지원 강화, 넷째, 이주관리정책과 다문화가족 육성정책 역할을 정립하는 지원의 체계화다. 그런데 네 가지 개선방안 중 '수혜자 중심으로 전달체계 효율화'에서 통합적 가족정책 전달체계 마련으로 다문화가정지원센터(211개소)를 건강가정지원센터(151개소)와 통합하여 '가족통합지원센터'로 개편 추진하겠다는 것이다. 다문화정책이라 하면 다문화주의에 입각한 다양한 문화, 인종, 종교, 직업, 연령, 성별 등 다양성의 가치에 기반을 둔 정책이 수립되어야 하지만, 한국의 다문화정책은 결혼이민자 지원에 집중되어 모든 이민자에 대한 정책이 아닌 결혼이민자가족에 대한 정책이 되었다. 이러한 상황에서 등장한 정책상의 용어가 다문화가족*정책이다. 이렇

* '다문화가족'이란 〈다문화가족법〉 제2조의 정의에 따른다. 따라서 〈재한외국인처우기본법〉 제2조3의 결혼이민자(대한민국 국민과 혼인한 적이 있거나 혼인관계에 있는 재한외국인)와 〈국적법〉 제2조부터 제4조까지의 규정(출생, 인지, 귀화)에 따라 대한민국 국적을 취득한 자로 이루어진 가족은 물론, 〈국적법〉 제3조(인지) 및 제4조(귀화)에 따라 대한민국 국적을 취득한 자와

게 차별을 양산하는 다문화정책으로 인한 폐단이 발생하자 정부에서는 이를 예방하고자 '대국민 사회통합'을 모토로 통합정책을 시행하고 있다. 2014년 정부의 관계부처가 합동으로 발표한 '국민 대통합을 위한 다문화가족정책 개선방안'이 그 출발점이다. 이 발표를 통해 다문화가족지원센터는 건강가정지원센터와 국민 통합을 위한 센터 통합으로 진행되었다. 좀 더 자세히 살펴보면, 2014년 정부에서는 각 부처 합동으로 다문화가족정책 개선방안을 수립하면서 정책 수혜자, 정책 담당자, 전문가들의 의견을 취합했다. 그 당시 전문가들은 ① 다문화가족 지원정책 컨트롤타워 필요, ② 다문화가족지원센터 플랫폼 역할 강화(원스톱 역할), ③ 다문화가족 지원사업의 지역맞춤형 사업 필요, ④ 가족통합은 필요하나 다문화가족은 고유의 욕구가 있기 때문에 차별화된 지원 필요, ⑤ 적응주기 및 욕구 중심의 지원체계 마련 필요 등(여성가족부, 2014)의 의견을 나타냈다. 그리고 체류외국인 및 국제결혼 증가 등으로 다문화가족 지원정책이 급증함에 따라 부처 및 사업 간 유사 · 중복 문제가 지속적으로 제기되자 다문화가족정책의 일환으로 다문화가족지원센터를 '가족지원센터'로 변경하여 건강가정지원센터와 통합을 추진하게 된 것이다. 그러나 한국에는 아직 포괄적인 다문화정책이 존재하지 않는다. 고용부에서는 외국인고용정책, 법무부에서는 외국인정책, 여성가족부에서는 다문화가족정책으로 다문화정책을 시행하고 있다. 그렇기 때문에 각 부처가 모여 통합에 대해 논의하기가 어려운 상황에서 통합에 대한 사회적인 합의 없이 다문화가족지원센터의 기관 통합이 이루어지고 있다.

2016년 4월 27일 전국 다문화가족 2만 7,120가구를 대상으로

같은 법 제2조부터 제4조까지의 규정(출생, 인지, 귀화)에 따라 대한민국 국적을 취득한 자로 이루어진 가족을 모두 포함한다.

'2015년 전국다문화가족 실태조사' 결과를 발표했다(여성가족부, 2016). '건강가정지원센터 · 다문화가족지원센터 통합서비스 사업설명'에 의하면, 통합서비스의 추진배경은 "다양한 가족의 등장과 저출산 문제 등" 그리고 "다양한 가족형태에 적절한 가족지원서비스 제공 필요성 증대"다. 또한 "가족의 유형별로 이원화되어 있는 가족지원서비스를 가족의 유형에 상관없이 한 곳에서 다양한 가족에 대한 보편적이고 포괄적인 서비스 제공"을 하는 것을 목적으로 하고 있다(여성가족부, 2016). 이 결과를 바탕으로 여성가족부는 다문화가족의 사회적 관계 개선을 위한 정책 및 자녀의 성장배경 및 성장주기별 맞춤형 정책을 강화하기로 했다. 그리고 5월 24일 다문화가족정책의 실효성을 높이기 위해 결혼이민자가 정책수립 및 추진과정에 주체적으로 참여하도록 하는 2016년 제1차 다문화가족 참여회의를 정부서울청사에서 개최했다. 이 회의에서 여성가족부 장관은 다문화가족 참여회의는 공급자 중심에서 벗어나 정책 수혜자 입장에서 다문화정책의 실효성을 높일 수 있는 중요한 계기가 될 것이라고 강조했다.

2017년 4월 24일 '2017년도 다문화가족정책 시행계획'을 확정했는데, 정부는 해당 다문화가족이 한국 사회 정착단계를 넘어 사회구성원으로 제 역량을 발휘할 수 있도록 지원하는 데 다문화가족정책의 주안점을 둔다고 했다. 이와 더불어 다양한 가족 지원 대상 확대 및 효과성 제고를 위해 다문화가족정책 추진체계를 정비하여 건강가정을 이루도록 조치했다. 그리고 정부 3.0 협업을 통해 한국 생활에 필요한 정부의 각종 서비스를 한 곳에서 받을 수 있도록 '다문화이주민플러스센터' 12개소를 설치했다. 또한 출입국관리사무소 5개소에 다문화 상담인력을 배치하여 다문화가족 · 외국인 근로자 · 유학생 · 재외동포 등이 한국 생활에 필요한 각종 서비스를 한 곳에서 받을 수 있도록 하고, 초기 입국자들이 정보공유를 원활히 할 수 있도록 했다. 이것은 수혜자 중심의 정책으로 관련 부처가 협업하여 서비스를 연계하여 운영하는 것이다. 다문화이주민플러스센터는 외국인정책과 다문화가족정책이 함께 접점을 찾는 정책이어서 건강가정 · 다문화가족지원센터 통합서비스 운영기관 확대와는 성격이 다른 정책이다.

2018년 2월 12일 제21차 외국인정책위원회 및 제15차 다문화가족정책위원회의 연석회의를 통해 제3차 다문화가족정책 기본계획(2018~2022)을 논의 · 확정했다. 주요 내용은 폭력 피해 이주여성의 문제를 원스톱으로 지원하는 전문상담소 설치 추진, 가정폭력 피해 이주여성 보호시설 확대, 가정폭력 피해 이주여성에 대한 임대주택 지원 확대와 시설 퇴소 이후 자립지원금 신설 추진, 베트남에 국제 결혼이민관 파견, 다누리콜센터 · 소비자보호원 · 법률구조공단 등과 협업하여 국제결혼 피해구제 지원, 다문화 한부모에 근로 · 자녀 장려금 지원, 자립지원 패키지 프로그램 확산, 이중언어 인재 양성, 다재다능 확산, 글로벌브리지 사업 지속추진 등이다(국무조정실 · 국무총리비서실 보도자료, 2018. 2. 12). 이와 같이 다문화가족의 존재를 계기로 한국 사회 전반에 걸쳐 다문화 사회 확대에 대한 사회적 관심이 촉발되었고, 다문화가족정책은 다문화가족의 인권보호와 생활적응, 가족관계와 자녀 성장에 관한 정책대응 등 비교적 짧은 기간 성장해왔다(김이선, 2014). 그리고 다문화가족정책 추진체계는 이주로 인한 신분 및 국적, 한국어교육 등의 문제까지 포함하여 관련 부서가 광범위하다.

이렇듯 한국의 다문화정책과 함께 만들어져 확장되고 성장해온 다문화가족지원센터는 이제 다양한 유형의 가족에게 서비스하는 가족정책 전달체계로서 기능하는 건강가정지원센터 · 다문화가족지원센터 통합서비스 운영기관으로 변화하고 있다. 다문화가족지원센터와 건강가정지원센터의 통합은 가족정책을 중심으로 이루어지고 있다. 이러한 출발이 한국적 다문화정책의 큰 틀이 되었다.

이러한 다문화정책의 변화 속에서 건강가정지원센터와 다문화가족지원센터의 통합시범센터 9개소가 문을 열었다. 여성가족부는 제346회 국회 국정감사 주요 업무보고(2016. 10. 18)를 통해 가족 유형별로 이원화된 서비스를 일반 · 다문화 · 맞벌이 · 한부모 · 조손가족을 모두 아우르는 통합서비스를 제공하기 위해 통합센터를 2015년 22개소에서 2016년 78개소로 확대하겠다고 했다.* 그러나 여성가족부는 센터 통합을 2017년으로 계획했지만, 그 기간을 2019년으로 유예했다(김정흔, 2017). 2019년 기준, 통합센터는 전국의 다문화가족지원센터 218개소 중 101개소다.

두 센터를 통합하여 사업을 진행하는 것은 별다른 문제가 없지만, 법적 근거 없이 공급자 위주의 일방적으로 추진되었다. 이는 한국의 다문화가족 서비스의 상당수가 공급자 편의 위주의 서비스를 단순히 제공한다는 명목주의의 성격을 띠고 있다는 사실을 잘 보여주고 있다. 기관을 통합할 때 법적 근거나 위탁체계가 다른 상황에서 실무자들이 현장에서 받는 혼란이 생기고 이에 대한 준비가 되어 있지 않았다. 따라서 수혜자에게 직접적으로 서비스하는 다문화 현장의 목소리를 전혀 반영하지 못한 정책 공급자인 여성가족부 일방의 정책으로 인식되어 전달체계에서 직접 서비스하고 있는 현장 종사자들의 큰 반발을 불러왔다.

서로 존립 근거와 사업의 대상이 다름에도 불구하고 여성가족부는 법률적인 통합이나 근거 없이 '통합서비스 운영기관'이라는 이름으로 다

* 여성가족부의 전달체계 통합서비스의 추진배경은 "저출산 문제와 다양한 가족의 등장, 다양한 가족 형태에 적절한 가족지원서비스 제공 필요성 증대, 가족의 유형별로 이원화되어 있는 가족지원서비스를 가족의 유형에 상관없이 한 곳에서 다양한 가족에 대한 보편적이고 포괄적인 서비스 제공"을 목적으로 하고 있다(여성가족부, 2016).

문화가족지원센터와 건강가정지원센터를 통합하는 일에 주도적 역할을 해왔다. 결과적으로 통합센터는 외면적으로는 1개 기관이지만 실제로는 2개 기관이 각각의 사업을 하는 사업 위주의 기관 구조가 되었다. 사업은 언제든지 새롭게 생겨날 수도 있고, 사라질 수도 있는 불안정한 것이다. 그리고 센터 통합 추진과정에서 통합센터에는 일정액의 보조금을 더 지원하고 통합하지 않은 다문화가족지원센터에는 전혀 지원하지 않는 등 관료제적 조직구조 속에서 추진되고 있다.* 2017년까지 통합을 완료하려던 여성가족부의 계획은 현장에서의 계속되는 반대와 지자체 고유의 상황 등의 이유로 2019년 현재까지 미완성으로 계속 진행 중이다. 2019년 1월까지 통합하지 못한 다문화가족지원센터 일반형은 44개소다. 그러나 현재 다문화가족지원센터와 건강가정지원센터의 통합 추진으로 현장은 여러 혼란에 직면해 있다. 이곳저곳에서 통합 후 부작용을 호소하고 있다. 일반 내국인 가족들과 다문화가족들이 모이면 언어와 문화의 차이로 충돌과 소외 현상이 일어나기 때문이다. 이러한 분리와 분열 현상을 극복

* 예산 측면에서 보면, 결혼이주여성의 사회통합을 주장하는 다문화주의가 유행하면서 이들에 대한 법적 · 제도적 지원도 늘어나고, 정책 관련 예산도 크게 증가했다. 2008년 813억 원이던 다문화 관련 중앙정부의 예산은 2011년 1,751억 원으로 2배 이상 증가했고, 지방자치단체의 예산 역시 994억 원에서 1,534억 원으로 50% 이상 증가했다. '2011 외국인 정책 시행계획'에 의하면, 중앙부처와 지자체는 총예산 3,284억 원 중 적극적 개방을 위한 해외 우수인력 유치에 1,073억 원(33%), 결혼이민자 사회통합에 1,934억 원(59%), 이민 행정에 172억 원, 외국인 인권옹호를 위해 104억 원을 편성했다. 이 가운데 사회통합 예산은 다문화가족 아동을 위한 찾아가는 임신 · 출산 · 양육 지원 서비스에 374억 원, 보육료 지원에 235억 원, 언어발달 및 교육지원 사업에 100억 원이 투자되어 결혼이민자의 사회통합을 위한 재원의 상당 부분이 임신과 출산, 그리고 양육 지원 서비스에 집중되어 있다는 사실을 파악할 수 있다(김정선, 2011). 2019년 다문화가족지원센터에 지원하는 총예산은 129억 7,400백만 원(국비)이며, 기본 운영비(국비+지방비)의 경우 1억 8,500만 원이다. 지원 방법은 지자체 경상보조와 국비로 이루어져 있는데, 서울은 30%, 지방은 50%다. 그리고 2019년 새로 도입된 사업으로 '다문화교류소통공간'이 있다. 이것은 지자체 자본보조로 이루어지는데, 국비 서울 30%, 지방 50% 지원이다. 거점센터 운영비는 지자체 경상보조, 국비 서울 30%, 지방 50%, 지원특성화 사업비는 지자체 경상보조 국비 서울 50%, 지방 70% 지원이다(여성가족부, 2019).

하기 위해서는 사회통합적 정책이 지속적으로 이루어져야 한다.

3) 다문화가족 지원사업 서비스 기관

중앙정부 · 광역자치단체 · 기초자치단체는 행정체계로 다문화가족 지원사업을 수행하지는 않으며, 직접적으로 다문화가족 지원사업을 전개하는 것은 서비스 전달기관이다. 중앙정부에는 다문화가족정책의 총괄과 조정을 위해 국무총리실 산하에 민 · 관 합동의 다문화가족정책위원회*가 있고 여기서 부처별 사업들을 조정 · 결정하는데, 여성가족부가 다문화가족정책을 실무적으로 총괄하여 기본적인 다문화가족정책을 결정하거나 관리하고 있다. 그리고 참여와 공존의 열린 다문화 사회 구현을 목표로 관계 부처와 함께 '제3차 다문화가족정책 기본계획(2018~2022)'을 수립하여 추진해나가고 있다. 여성가족부**는 다문화가족 서비스를 지원하는 전담부처로서 다문화가족 서비스의 전달체계와 관련하여 한국건강가정진흥원, 거점센터, 다문화가족지원센터를 운영한다. 그러나 다문화가족지원센터를 직접적으로 관리 감독하지 않고, 다문화가족 서비스에 대한 예산을 확보한 후 각 시도에 그 예산을 배정함과 동시에 직접적인

* 〈다문화가족지원법〉 제3조의4(다문화가족정책위원회의 설치) ① 다문화가족의 삶의 질 향상과 사회통합에 관한 중요 사항을 심의 · 조정하기 위해 국무총리 소속으로 다문화가족정책위원회(이하 "정책위원회"라 한다)를 둔다.

** 2010년 3월 14일부터 다문화가족정책 업무가 여성가족부로 변경 총괄하게 되었고, 생애주기별 맞춤형 서비스 제공을 통해 결혼이민자의 한국 사회 조기적응 및 다문화가족의 안정적인 가족생활을 지원하고 있다.

관리 감독은 각 시 · 도 지방자치단체에 위임하고 있다. 그리고 가정폭력, 성폭력, 학대 등 긴급지원이 필요한 이주여성들을 위한 상담과 쉼터를 제공하는 이주여성긴급지원센터, 고충상담과 생활정보 등을 제공하는 다누리콜센터 등을 운영하고 있다. 여성가족부 외에도 법무부, 안전행정부, 문화체육관광부 등 여러 중앙부처가 다문화가족을 포함하는 이주민과 관련된 정책을 집행하고 있으며, 합동회의를 통해 업무 공유 및 협조에 노력하고 있다. 각 부처는 공모사업이나 이벤트성 사업 같은 자체 사업을 진행하여 이주민들에게 직접 서비스를 전달하기도 한다. 하지만 대체로 지방자치단체를 통하거나 지역 다문화가족지원센터를 통해 전달하고 있다. 이러한 다문화가족 지원정책의 주요 기관을 자세히 살펴보면 다음과 같다.

(1) 한국건강가정진흥원

한국건강가정진흥원은 여성가족부 산하 특수법인으로, 서비스 전달기관인 전국의 거점센터와 시 · 군 · 구 다문화가족자원센터를 총괄하고 있다. 전국의 다문화가족지원센터는 지역 거점센터를 중심으로 다문화가족 구성원에게 직접적인 상호관계 속에 계획된 서비스를 전달하고 있다. 전국의 다문화가족지원센터는 해당 기초자치단체 상황에 따라 직접 운영 또는 민간 위탁 유형으로 운영되고 있다. 한국건강가정진흥원은 전달체계인 거점센터, 시 · 군 · 구 다문화가족지원센터에서 시행하는 사업에 대한 프로그램 및 업무 매뉴얼을 개발 · 보급하고, 직원 · 사업별 전문인력 양성, 특성화 사업 관리, 실적 관리, 정보 제공, 홍보, 현장 및 평가지원 등 전국 센터 관리 등의 기능을 하고 있다. 한국건강가정진흥원의 주요 사업을 정리하면 〈표 1-1〉과 같다.

〈표 1-1〉 한국건강가정진흥원 주요 사업

구분	주요 지원 내용
다문화가족 지원센터 중앙관리사업	• 프로그램 및 업무 매뉴얼 개발 · 보급 • 직원 · 사업별 전문인력 양성 • 실적 관리 및 홍보 • 현장 및 평가지원
이중언어 가족환경 조성사업	• 이중언어 인재풀 운영 • 이중언어 환경조성사업 만족도 및 성과도 관리 • 사업홍보 및 사업현황 관리 • 이중언어 환경조성사업 표준교육교재 제작 및 배포 • 이중언어 파트너즈 운영 • 이중언어 환경조성사업 실적 관리, 결과보고서 발간 • 이중언어코치 양성교육, 담당자 직무보수교육 • 온라인교육 콘텐츠 관리 운영
언어발달 지원사업	• 언어발달지원사업 아동평가분석 • 다문화언어발달지도사 평가 • 언어발달지원사업 만족도 및 성과도 관리 • 사업홍보 및 사업현황 관리 • 다문화언어발달지도사 슈퍼비전, 전문가 자문위원단 운영 • 언어발달지원사업 실적 및 시스템 관리, 결과보고서 발간 • 다문화언어발달지도사 양성교육, 역량강화교육 • 온라인교육 콘텐츠 관리 운영
방문교육사업	• 사업홍보 및 사업현황 관리 • 방문교육사업 만족도 및 성과도 관리 • 방문교육지도사 평가 • 방문교육사업 실적 관리, 결과보고서 발간 • 방문교육지도사 온라인교육 콘텐츠 수정 · 보완 • 방문교육지도사 양성교육 • 온라인교육 콘텐츠 관리 운영

통 · 번역 서비스사업	• 사업홍보 및 사업현황 관리 • 통 · 번역 서비스사업 만족도 및 성과도 관리 • 통 · 번역 전담인력 평가 • 사업 실적 및 시스템 관리, 결과보고서 제작 • 통 · 번역 전담인력 양성교육, 역량강화교육 • 온라인교육 콘텐츠 관리 운영 • 통 · 번역 전담인력 슈퍼비전, 멘토링 시스템 운영 • 전문가 자문위원단 운영
한국어사업	• 한국어교육교재 제작 및 배포 • 사업홍보 및 사업현황 관리 • 지자체 한국어교육 담당자 역량강화교육 • 지자체 한국어사업 만족도 관리 • 지자체 한국어사업 실적 관리
다문화가족 사례관리사업	• 다문화가족 사례관리사업 실적관리 • 다문화가족사례관리사 슈퍼비전 • 다문화가족사례관리사 직무교육 • 사례관리사업 결과보고서 발간 • 사업홍보 및 사업현황 관리
결혼이민자 멘토링사업	• 결혼이민자 멘토링 실적 관리 • 사업홍보 및 사업현황 관리 • 결혼이민자 멘토링사업 간담회 • 결혼이민자 멘토링 프로그램 워크북 인쇄 및 배포
전국 다문화가족 네트워크대회	• 다문화가족 사회통합 유공자 포상 • 토크콘서트, 축하공연, 오프닝공연 • 우수 사업 및 사례 시상, 발표 • 자조모임 리더 워크숍, 종사자 워크숍 • 다문화인식개선 홍보대사 위촉식 및 캠페인 진행
다문화가족 자녀성장 지원사업	• 사업 안내 및 직무교육 • 그룹컨설팅 • 다문화가족 자녀성장 지원사업 실적 관리
다누리콜센터 (1577-1366)	• 폭력피해 긴급지원 및 사후관리 • 변호사 상담 • 가족상담 및 부부상담 • 종합생활정보 제공 • 생활통역 및 3자 통화 서비스

출처: 여성가족부(2018). 2017년 다문화가족지원 사업결과보고서에서 재구성

(2) 다문화가족지원 거점센터

2018년 현재 전국에 16개의 광역 거점센터가 운영되고 있다. 센터 설치지역을 광역단위로 구분하여 시 · 도별 특성에 맞는 다문화가족 프로그램 개발, 권역 내 다문화가족지원센터 사업지원 및 관리(지원교육, 방문교육지도사 직무 지식평가 실시, 센터 운영지원 및 현장지원, 슈퍼비전 지원 및 실시, 만족도 조사 지원), 권역 내 센터와 관련기관 간 네트워크 구축 · 운영, 한국건강가정진흥원과 권역 내 센터와 연계 역할(거점센터 정기회의 참여 등)을 수행하기 위해 지정 · 관리하고 있다. 거점센터의 주요 사업을 정리하면 〈표 1-2〉와 같다.

〈표 1-2〉 다문화가족지원 거점센터 주요 지원 내용

구분	주요 지원 내용
특성화 사업	• 시 · 도별 특성에 맞는 다문화가족 지원 프로그램 개발 및 보급
다문화가족지원센터 사업지원 관리	• 직원교육 실시 • 방문교육지도사 직무지식평가 실시 • 센터 운영지원 및 현장지원 • 슈퍼비전 지원 및 실시 • 만족도 조사 지원
네트워크 구축 및 운영	• 중앙관리기관과 권역 내 센터 · 관련 기관 간 네트워크 구축 · 운영

출처: 여성가족부(2018). 2017년 다문화가족지원 사업결과보고서에서 재구성

(3) 다문화가족지원센터

특별시, 광역자치단체(시 · 도)와 기초자치단체(시 · 군 · 구)는 각각의 다문화 · 이주민 관련 조례를 제정하여 이를 근거로 지역사회 안에서 다문

화가족 서비스 전달체계를 구축하고 있다. 단, 각 시 · 도의 업무를 총괄하고 있는 행정안전부는 다문화가족과 관련된 서비스를 직접적으로 집행하지 않고, 여성가족부가 시 · 도 및 시 · 군 · 구에 다문화가족 서비스와 관련하여 큰 틀을 제시하며, 다문화가족지원센터의 관리 및 감사를 위임하는 구조다. 그리고 지방자치단체는 중앙정부에서 전달되는 사업 외에 지역 상황의 필요에 따라 예산을 편성하고, 지방자치단체만의 지역특화 서비스 개발 및 사업을 개발 · 시행하기도 한다. 광역자치단체는 광역 단위 지역협의체 구성 및 운영, 거점센터 추천 및 운영을 지원하고, 지역 내 서비스 기관 간 네트워크를 지원하며, 연도별 다문화가족지원 사업 추진계획 수립 및 지역사회 실태조사 및 연구사업(포럼, 세미나 개최)을 진행한다. 그리고 관할 시 · 군 · 구의 사업수요 파악, 예산지원 및 지역특성화사업 개발을 지원한다. 기초자치단체에서는 연도별 다문화가족 지원사업 추진계획 수립 및 예산지원 및 집행 감독, 다문화 사업을 평가한다. 그리고 사업수요 파악, 수혜자 맞춤형 프로그램 개발 및 지원, 광역자치단체 권한 위임 시 센터를 지정 · 관리 · 지도 · 감독한다.

다문화가족지원센터는 다문화가족 구성원이 필요로 하는 다양한 서비스를 원스톱으로 제공하고, 각 센터는 공통으로 기본사업과 특성화 사업, 지역사회 특성과 수요에 부합한 프로그램 운영, 유관기관과의 협력사업 등을 수행하고 있다. 다문화가족지원센터 일반형은 〈다문화가족지원법〉 제12조*에 따라 다문화가족 지원사업을 수행하는 기관이다. 그리고 다문화가족지원센터 확대형은 〈다문화가족지원법〉 제12조에 따라 다문

* 〈다문화가족지원법〉 제12조는 다문화가족지원센터의 설치 · 운영 등에 관한 규정을 두고 있다. 직영센터는 〈다문화가족지원법〉 제12조제1항, 위탁센터는 〈다문화가족지원법〉 제12조제2항(다문화가족지원센터의 설치 · 운영 등), 시행령 제12조의2(지원센터의 위탁 대상 및 절차 등), 시행규칙 제4조(위탁계약서) 법령에 따른다.

화가족지원사업 및 기타 법령*에 의한 가족 지원사업을 수행하는 건강가정 · 다문화가족지원 통합서비스기관이다. 국가와 지방자치단체는 다문화가족지원센터를 설치 · 운영할 수 있다. 다문화가족지원센터 일반형을 기준으로 보면, 운영 유형은 지방자치단체가 직접 운영하는 직영센터, 국가 또는 지방자치단체가 센터를 설치하고 운영을 전문기관(법인 · 단체 등)에 위탁하는 위탁센터로 구분된다. 위탁운영기관 자격 기준은 〈다문화가족지원법〉 시행령 제12조의2이며, 위탁 기간은 최대 3년이다.

다문화가족지원센터의 사업목적은 "다문화가족의 안정적인 정착과 가족생활을 지원하기 위해 가족 및 자녀 교육 · 상담, 통 · 번역 및 정보제공, 역량강화 지원 등 종합적인 서비스를 제공하여 다문화가족의 한국사회 조기적응 및 사회 · 경제적 자립 지원 도모"(여성가족부, 2019)다. 먼저 기본사업으로 가족 간의 소통을 통한 믿음과 사랑 증진, 올바른 부모 역할에 대한 이해 증진, 가족 내 이중언어 사용 활성화로 소통 증진 및 다문화 정체성 함양을 내용으로 하는 가족사업, 부부 간의 성 평등 인식 고취, 가족 간의 성 평등 인식 고취, 가족 간의 이해와 믿음 쌓기, 인권의식 함양, 인권침해문제 발생 시 보호 및 구제방법 숙지를 내용으로 하는 성 평등 · 인권사업, 사회통합을 위한 사회 구성원으로서의 권리와 의무, 책임에 대한 지식과 소양 함양을 내용으로 하는 사회통합사업, 다문화가족 부부 · 부모 · 자녀 관계개선 및 가족갈등 등 관련 상담을 통해 다문화가족의 내부 스트레스 완화 및 가족의 건강성 증진, 상담을 통해 가정해체 예방, 갈등 해소를 통해 이해 강조, 사례 관리하기를 내용으로 하는 상담, 지역사회 홍보와 지역사회 네트워크, 홈페이지 운영 등을 내용으로 하는 홍

* 〈건강가정기본법〉, 〈한부모가족지원법〉 등

〈표 1-3〉 다문화가족지원센터 주요 서비스

구분	지원내용	이용대상	비고
한국어교육	수준별 정규 한국어교육(1~4단계, 각 100시간) 및 진학반, 취업대비반 등 지역별 특성에 따른 심화과정(특별반) 운영	결혼이민자, 중도입국자녀	비용: 무료
통 · 번역	베트남어, 중국어, 영어, 타갈로그어, 몽골어, 태국어, 러시아어, 인도네시아어, 캄보디아어, 일본어, 네팔어 등 센터별 1~4개 언어로 통 · 번역 서비스 지원	다문화가족, 다문화가족을 직간접적으로 지원하는 개인 또는 기관	비용: 무료
상담 및 사례 관리	심리검사, 법률상담, 위기가족 긴급지원, 외부 상담기관 연계 등 다문화가족 구성원 간 관계 증진을 위한 상담 및 사례관리 서비스 제공	다문화가족지원센터 이용자	비용: 무료
결혼이민자 대상 사회적응 교육 및 취업교육 지원	취업기초 소양교육, 취업훈련전문기관(새일센터, 워크넷 등) 연계, 소비자 · 경제교육, 다문화이해교육, 자조모임 등 이용대상	다문화가족지원센터 이용자	비용: 무료
가족교육	부부교육, 가족관계 향상 프로그램, 부모 역할교육, 부부갈등해결 프로그램 등 교육 프로그램 운영	다문화가족지원센터 이용자	비용: 무료
다문화가족 자녀 언어발달 지원	다문화가족 자녀의 언어발달을 위한 언어발달 정도 평가, 언어교육, 부모상담 및 교육방법 안내 등 서비스	만 12세 이하 다문화가족 자녀	비용: 무료
방문교육 (자녀생활)	독서코칭, 숙제지도 등 자녀생활 서비스 제공	만 3~12세 이하 다문화가족 자녀, 중도입국자녀	비용: 소득기준에 따라 무료 또는 차등 부담 지원기간: 1회 (10개월 원칙)
다문화가족 이중언어 환경 조성	가정 내 이중언어 사용을 위한 인식개선 교육 및 부모-자녀 상호작용(놀이, 동화 · 동요 등의 활용방법) 코칭 서비스 등 제공	영유아 자녀를 둔 다문화가족	비용: 무료

출처: 다문화가족 지원 포털 다누리(2019)에서 재구성

보 및 자원 연계사업이 있다. 특히 가족 프로그램 운영 시 일회성 또는 이벤트성 사업을 지양하고, 학생 관련 프로그램은 교육청 사업과 중복 실시되지 않도록 주의하고 있다. 그리고 제시된 사업 외에 지역사회 특성 및 수요를 감안하여 센터 고유의 사업을 실시할 것을 권장하고 있으며, 사업 종료 후 매 프로그램마다 만족도 조사 및 자체분석을 통해 추후 프로그램 운영에 반영하고 있다. 다음으로 특성화 사업은 다문화가족 방문교육 사업, 언어발달지원사업, 통 · 번역 서비스사업, 다문화가족 사례관리사업, 결혼이민자 멘토링 사업, 다문화가족 자녀성장 지원사업, 지자체 한국어 교육 사업, 취업소양교육 등을 통해 다문화가족의 한국 생활 정착 및 사회참여 확대를 지원하고 있다. 다문화가족지원센터의 주요 서비스를 정리하면 앞의 〈표 1-3〉과 같다.

(4) 가족센터

〈다문화가족지원법〉 제6조와 제12조, 〈건강가정기본법〉 제21조와 제35조에 기반을 둔 다문화가족지원사업 및 기타 법령(한부모가족지원법)에 의한 가족지원사업을 수행하는 건강가정 · 다문화가족지원 통합서비스 운영기관을 의미한다. 그러나 가족센터는 건강가정지원센터와 다문화가족지원센터의 통합이 물리적으로 이루어지고 있어 가족 다양성을 반영한 통합서비스 지원 등이 사업에 반영되어 있다고 보기는 어렵다. 여기서는 기본적인 사업에 대해 살펴보고 의의를 찾고자 한다.

가족센터의 사업목적은 첫째, 가족의 유형별로 이원화되어 있는 가족지원서비스를 가족의 유형에 상관없이 한 곳에서 다양한 가족에 대한 보편적이고 포괄적 서비스를 제공하는 것이다. 수혜자 중심의 서비스 확대 및 접근성 제고, 지역 여건 및 정책 수혜자 특성에 맞는 맞춤형 서비스 강화, 모든 가족에 대한 기족의 안정성 강화 및 가족관계 증진에 대한 기여 등이다. 둘째, 다문화가족의 안정적인 정착과 가족생활을 지원하기 위해 가족 및 자녀 교육 · 상담, 통 · 번역 및 정보 제공, 역량 강화지원 등 종합적인 서비스를 제공하여 다문화가족의 한국 사회 조기적응 및 사회 · 경제적 자립지원 도모다. 다문화가족의 정착단계 및 생애주기에 따른 맞춤형 서비스 제공, 다문화가족 대상 통합교육 및 부모교육, 사회참여 지원 확대, 다문화가족 자녀의 건강한 성장지원 및 글로벌 인재육성, 결혼이민자 맞춤형 일자리 참여 확대 등 사회 · 경제적 자립지원 등이다. 가족센터의 사업 방향은 가족 유형과 상관없이 보편적이고 포괄적인 다문화가족을 위한 종합적 서비스를 제공하여 다문화가족의 한국 사회 조기적응 및 사회 · 경제적 자립지원 등이다(여성가족부, 2019). 일반 · 다문화가족 중심에서 일반, 다문화, 한부모 · 조손가족, 맞벌이가정, 1인 가구, 북한이탈가족 등으로 지원 대상을 확대하고, 주간 · 주중, 야간 · 주말까지 지원 시간을 증대했다. 그리고 지역 여건 및 정책 수혜자 특성에 맞는 맞춤형 서비스를 제공한다. 가족센터의 기본사업으로 가족관계, 가족돌봄, 가족생활, 가족과 함께하는 지역공동체의 4개 영역으로 이루어져 있다. 이를 구체적으로 살펴보면 〈표 1-4〉와 같다.

이외에 별도의 예산에 의한 센터 추진사업은 아이돌봄 지원사업, 취약 · 위기 가족돌봄 지원(가족역량강화지원)사업, 권역별 미혼모 · 부자 지원기관 운영지원사업, 공동육아나눔터 사업, 다문화가족 자녀언어발달 지원사업, 다문화가족 사례관리사업, 결혼이민자 멘토링 사업, 한국어교육 사업 등이 있다.

〈표 1-4〉 가족센터 기본사업

사업영역	기본사업	비고
가족관계	부모 역할 지원[임신 · 출산(부모) 지원, 영유아기 부모 지원, 학부모 지원, 혼례가치교육, 아버지 역할 지원], 부부 역할 지원(부부갈등 예방 · 해결 지원), 다문화가족 이중언어 환경 조성, 다문화가족 자녀성장 지원, 가족상담	교육, 상담 (정보 제공 및 초기상담), 문화 프로그램 등
가족돌봄	가족역량강화 지원, 다문화가족 방문서비스	교육, 상담 (정보 제공 + 초기상담 → 전문상담), 돌보미 파견, 사례관리 등
가족생활	맞벌이가정 일 · 가정 양립 지원, 다문화가족 초기정착지원, 결혼이민자 통 · 번역 지원, 결혼이민자 취업 지원	교육, 상담, 정보 제공, 문화 프로그램 등
가족과 함께하는 지역공동체	가족봉사단(다문화가족나눔봉사단), 공동육아나눔터(가족품앗이), 다문화가족 교류 · 소통공간 운영, 가족사랑의 날, 결혼이민자 정착단계별 지원 패키지, 인식개선 및 공동체의식, 가족친화 문화 프로그램	모임, 활동, 문화 프로그램 등
• 영역에 맞는 가본사업은 지역적 여건, 특성, 수요에 따라 운영 • 교육 · 상담 · 정보 제공 · 사례관리 · 문화 프로그램 등을 연계하여 센터에서 자율적으로 선택 가능(단기성 또는 행사성 사업, 직접적인 현금 · 현물지원사업 지양) • 가족의 유형에 상관없이 모든 가족의 수요에 맞는 서비스를 지원하되, 가족의 특성별로 특화된 별도 프로그램 운영 가능 • 지역 내 유관기관(어린이집, 학교, 기업, 청소년상담센터, 가정폭력상담소 등)과 네트워크 구축 · 연계 운영 강화 • 서비스 이용 제고를 위해 서비스 제공시간을 주중 · 야간 · 주말 등 다양화하여 운영		

출처: 2019년 가족사업안내 제1권(여성가족부, 2019)에서 재구성

초국적 이주는 스쳐가는 신드롬을 넘어 보편적인 현상으로 다가왔다. 한국 사회는 이미 전체 인구 중 5%에 육박하는 외국인이 들어와 있으며, 이미 다문화 사회를 경험하고 있다. 우리가 선택해야 할 문제는 이주민들을 어떻게 포용하고 동화시킬 것인가가 아니라 다수의 우리가 다양

한 문화를 포용하고 사회통합을 이루며 지속 가능한 사회로 나아가는 것이다.

이러한 초국적 이주가 빈번해진 현대의 개별 국가들은 민족과 국가라는 근대적 획일성에서 벗어나 다문화주의라는 인식의 틀에서 사회통합을 이루려고 노력해야 한다. 다문화 사회는 초국적 이주에서 시작된 다양한 사회변화의 모습이며, 그 과정에서 이주민과 정주민의 새로운 관계가 설정되고 사회경제적 · 정치적 요인이 작용해 갈등이 유발되기도 한다. 그렇지만 정책 도입 및 시행과 아울러 시민들에게 상호문화성을 인식할 수 있는 기회를 제공함으로써 새로운 통합의 길을 모색하기도 한다(김영순 외, 2016). 그뿐만 아니라 다문화가족 현상으로 인한 다문화 사회는 '차이'로 인해 갈등을 유발하기도 하지만, 다양한 문화수용이라는 긍정적인 면도 있다. 이주민 중에서 특히 결혼이주여성의 경우 한국 국적을 희망하고 한국에서 뿌리를 내리고 살아가기를 희망한다. 이들을 위해 정부에서는 다문화가족정책을 실천하고 있다. 그러나 지속 가능한 다문화 사회를 위해 상호문화적 형평성과 이주민 거버넌스에 입각한 사회통합정책은 아직 마련되지 못하고 있는 실정이다. 따라서 결혼이주여성에게 적합한 지원체제와 문화특수적 서비스를 제공함으로써 사회구성원을 위한 삶의 질 향상을 도모해야 할 것이다. 또한 이주민공동체를 구성하고, 프로젝트 개발 및 협력관계 구축을 통한 이주민과 선주민의 조화를 추구하며, 기업연계 맞춤형 진로 서비스를 구축함으로써 사회적 통합을 지향해야 한다.

4. 결혼이주여성을 둘러싼 이론적 논의

1) 젠더와 페미니즘

'여성'과 '남성'에 대한 관념은 역사적 · 사회적으로 구성되고 변화한다. 태어날 때부터 주어지는 차이를 '생물학적 성(性)'인 '섹스(sex)'라고 하며, 타고난 것이 아니라 사회 속에서 성장하면서 얻게 되는 성적 차이를 '사회문화적 성'인 '젠더(gender)'라고 한다. 젠더는 여러 가지 차원으로 나누어지는데, 각 사회는 성별에 따라 성격, 태도, 직업 등을 다르게 규정하고 현실의 여성과 남성에게 이러한 규범을 따르도록 한다. 대부분의 사회에는 '여성다움'과 '남성다움'이라는 성격특성에 대한 기대가 있는데, 이를 '성별 고정관념(gender stereotype)'이라 부른다. 또한 여성과 남성에게 상이한 지위와 역할 등을 부여하는 것을 '성역할(gender role)'이라고 한다. 사람의 생물학적 성은 기본적으로 태어날 때부터 결정되지만, 성 정체성(gender identity)은 성장 과정에서 갖게 된다. 성 정체성은 사회적 성역할 관념이 사회적 학습과정을 통해 내면화된 결과다(비판사회학회, 2016). 여성과 남성의 지위와 역할을 다르게 규정하고 일체의 선택권을 남성에게 부여하는 가부장적 제도는 서양에서도 있었다. 이러한 상황 속에서 1970년대에 보부아르(Beauvoir)는 "여성은 태어나는 것이 아니라 만들어지는 것"이라고 선언했다.

그러므로 젠더 차이가 사회적 영향력에 의한 결과물임을 이해하고, 가족이나 매체 같은 사회적 요인에 의해 젠더 역할이 학습된다는 젠더사회화(gender socialization: Giddens, 1992)는 지금도 유효하다. 신생아가 습득하는 젠더 학습은 거의 무의식적으로 일어난다. 어린이가 접촉하는 장난감, 그림책, 텔레비전 프로그램 등 모든 매체는 기존의 고정관념적 남성과 여성의 차이를 강조하는 경향이 있다. 젠더사회화의 위력에 도전하는 것은 현실을 뒤엎는 것이 될 수 있다. 젠더가 '주어지면' 사회는 개인이 '여성' 또는 '남성'으로 행동할 것을 기대한다. 이러한 기대치가 이행되고 재생산되는 것은 일상 속에서 실천된다(Bourdieu, 1990; Lorber, 1994).

버틀러(Butler)는 성의 의미가 사회적으로 구성된다는 담론에서 나아가 성의 새로운 의미화를 논의했다. 특히 버틀러(2008)는 '젠더적 수행성(performativity of gender)'과 '수행적 정체성(performative identity)'이라는 개념으로 젠더를 이해하고자 했다. 젠더적 수행성은 사람들이 일상생활에서 젠더라는 가면을 쓰고 행위를 수행하며, 이 과정에서 각 개인의 젠더가 구성 · 재구성된다는 것을 의미한다. 그리고 사람들은 주어진 젠더 규범에 따라 행동하면서 자신들의 젠더 정체성을 획득하는데, 이렇게 형성되는 정체성은 수행적 정체성이다. 이러한 버틀러의 논의는 성역할 고정관념이 강하게 존재하고 성차별이 많은 한국 사회에서의 젠더 문제를 비판적으로 볼 수 있는 장을 열어주었다.

여성 또는 남성으로서의 역할, 규범, 행위, 가치관 등을 내면화시키는 사회체계인 젠더체계(gender system)는 오랫동안 지속되어온 성역할에 대한 고정관념을 생산했다. 남성은 육체노동이나 '바깥일'에 적합하고 수학과 과학을 잘하며 이성적이라는 인식이 있는 반면, 여성은 요리, 청소 같은 '집안일'에 적합하고 언어와 예술에 뛰어나며 감성적이라는 인식은 생물학적으로 정해진 것이 아니라 사회화되고 훈련된 결과다.

페미니즘(feminism)은 성의 차이가 생물학적으로 규정되는 고정불변의 것이 아니라 사회적으로 구성되는 것이며, 남성권력에 의해 구성된 성차는 사회적 규범으로 내면화되어 성별 불평등을 재생산한다고 본다. 따라서 남녀 간의 차이들이 지속적으로 강조되고 재생산되는 것은 남성 중심적 규범과 세계관에 뿌리를 둔 젠더체계에 그 원인이 있다고 할 수 있다(한국여성연구소, 2005).

페미니즘은 젠더 불평등을 극복하기 위해 다양한 차원에서 논의되었다. 한국 사회에 필요한 페미니즘 이론을 다섯 가지로 정리하면 다음과 같다. 첫째, 자유주의 페미니즘(liberal feminism)은 사회적 · 문화적 태도 속에서 젠더 불평등을 설명한다. 자유주의 여성주의자들은 법적 보장 장치가 여성 차별을 제거하는 데 중요하다고 주장하며 여성의 동등한 기회를 확보하고 보호하기 위한 합법적 절차나 민주적 수단을 동원하는 데 노력했다. 영국의 경우, 〈동등 급료법(the Equal Pay Act, 1970)〉이나 〈성차별법(the Sex Discrimination Act, 1975)〉 같은 법적 진척을 이루었다. 자유주의 여성주의자들은 기존 제도 속에서 점진적 방법으로 개혁을 추진하고자 했다. 그러나 자유주의 여성주의자들이 지난 세기 동안 여성의 지위 향상을 위해 공헌해왔음에도 불구하고 젠더 불평등의 근본 원인을 제거하는 데는 성공하지 못했고, 사회에 만연한 여성에 대한 체계적 억압을 인정하지 않았다는 점에서 비판을 받고 있다. 또한 여성들에게 불평등한 사회적 관행과 경쟁적 자질을 수용하도록 부추겼다는 비판도 있다.

둘째, 사회주의자 페미니즘(socialist feminism)은 마르크스(Marx)가 젠더 불평등에 대해 언급하지는 않았지만 그의 갈등론에서 발전했다. 특히 엥겔스(Engles)는 "자본주의는 소수 남성의 손에 부와 권력을 집중시킴으로써 남성의 여성 지배라는 가부장제를 강화시킨다"고 했다. 따라서 사회주의자 페미니즘은 가부장제와 자본주의의 양대 체제를 무너뜨리기 위한 방안을 모색했다(Mitchell, 1984). 사회주의 여성주의자들은 가족의 재구조화, '가사 노동의 노예성'의 종언과 자녀 양육, 가족돌봄 노동과 유지에 관한 사항을 집단적으로 수행하는 조치에 대한 도입 등을 주장했다.

셋째, 급진주의 페미니즘(radical feminism)은 남성들이 여성 착취에 책임을 져야 한다고 주장한다. 급진주의 여성주의자들은 사회에서 발생하는 여성 억압의 1차 근원지로 가족을 꼽는다. 남성들은 여성들이 제공하는 무급 가사노동에 의존하면서 여성들을 착취한다는 것이다. 또한 가부장제가 어떠한 형태로든 여성의 육체와 섹슈얼리티를 착복한다고 말한다. 사회적 · 문화적 규범은 여성 복속(subjection)을 영속화하고, 매체나 패션, 광고를 통해 자행되는 여성의 '대상화'는 여성을 성적 존재로 전락시킨다. 다양한 층위에서 여성 억압이 연계되어 있음에 크게 주목한 급진주의 여성주의자들은 남성의 폭력성에 대한 많은 쟁점들을 논의했다. 그러나 가부장제 개념이 여성 억압에 대한 일반화된 설명으로는 부적절하다는 비판이 있다. 가부장제를 보편적 현상으로 규정하면 생물학적 환원론(biological reductionism)으로 인해 복합적 구성물인 젠더 불평등 현상을 양성 간의 단순한 차이로만 설명하는 논리에 빠질 위험이 있기 때문이다.

넷째, 블랙 페미니즘(black feminism)은 여성 집단 가운데에서도 인종에 대한 배려가 주류 여성주의자 관점에서 도래했다. 블랙 페미니즘은 기존 페미니즘이 백인, 선진국에 살고 있는 중산층 여성을 다수로 전제했다는 점을 비판하면서 특정 부류에 속하는 여성 집단의 경험을 여성 일반에 대한 이론으로 일반화하는 작업은 타당하지 않다고 지적한다. 훅스(Hooks, 1989)에 의하면, 기존의 여성주의자들이 가족을 가부장제의 본거지로 설명하는 관점은 흑인 사회에 적용할 수 없다고 지적했다. 흑인 사회의 경우, 가족은 인종차별에 대항하는 결속력의 집합체 역할을 담당하는 곳이기 때문이다. 인종주의를 고려하지 않는다면 어떠한 젠더 평등론도 흑인 여성의 억압된 현실을 제대로 설명할 수 없다. 흑인 여성들은 그들의 피부색, 젠더 그리고 계급지위 등 다중으로 중첩된 피억압 집단으로 보일 수 있다. 이들 세 요인이 상승작용*을 하면 해당하는 각 요인은 상호적으로 강화되거나 더욱 강력한 효과를 나타낸다.

다섯째, 포스트모던 페미니즘(postmodern feminism)은 모든 여성이 공유하는 단일의 정체성이나 경험이 존재한다는 생각에 도전한다. 데리다(Derrida)와 라캉(Lacan)의 이론에 기반을 둔 포스트모던 페미니즘은 여성의 지위를 설명하는 거대 이론 또는 메타 이론이 존재한다거나, '여성'이라는 하나의 범주가 존재한다는 주장을 거부한다. 따라서 가부장제, 인종 혹은 계급 같은 것에 기반을 둔 젠더 불평등 이론 등은 '본질주의자'의 논리이므로 거부(Beasley, 1999)한다. 대신에 포스트모던 페미니즘은 다양한 관점이 모두 타당성이 있다는 점에서 수용하고자 한다. 이질적 집단과 다양한 개인이 보여주는 '타자성(otherness)'의 긍정적인 측면을 강조하여 차이

* 상승작용이란 인종, 계급, 젠더, 장애 등에서 발현되는 서로 영향을 주고받는 상호작용에 초점을 두는 것이다. 이를 통해 이질적이고 다양한 경험을 하는 여성들의 위치에 따라 다르게 겪는 현실을 좀 더 심층적으로 설명할 수 있다(Collins, 2000).

를 인지하는 것뿐만 아니라 해체(deconstruction)의 중요성을 주장한다(Giddens, 2013). 따라서 여성의 경험을 더욱 세밀하게 반영하는 유연하고 개방적인 용어나 언어를 만들어내고자 시도하여 세계의 재구성을 논의하는 것이 중요하다.

2) 주체성

사전적 의미로 '주체(主體)'란 사물의 주된 부분이나 중심이 되는 것, 사물의 작용이나 어떤 행위의 주가 되는 것, 객체에 대한 주관으로서의 자아, 곧 객체에 대해 행위나 작용을 끼치는 것이며, '주체성(主體性)'은 자기의 의지나 판단에 바탕을 둔 태도나 성질이라 한다(새국어사전, 2007). 그러나 이러한 설명으로 주체성(subjectivity)을 이해하기는 쉽지 않다.

하이데거(Heidegger)는 라틴어 'substantia(실체)' 혹은 'subjectum(주체)'라는 개념을 '근거로서 모든 것을 자기에게로 모으는 것'이라고 해석했다(강영안, 2001). 주체는 존재하는 모든 것의 근거이며, 인식하고 사유하는 기반이자 행위의 시작점이다. 이러한 주체는 다른 무엇보다 인간에게서 발견되었다. 인간을 중심으로 하는 담론체계를 형성한 데카르트(Descartes) 이후, 칸트(Kant)는 주체를 인식과 행위의 보편적 근거로서 모든 경험을 초월하는 것으로 보고 인식의 중심에 주체가 있다고 했다. 그리고 헤겔(Hegel)은 인간의 주체를 통해 '절대정신'으로 존재증명이 가능해진다고 했다. 한편 니체(Nietzsche)는 이러한 근대철학에 반기를 들어 주체성의 '해체', '파편화', '허구'를 내세우면서 '탈주체성'을 주장했다. 이것은 주체가 변화를 거듭하는 유연성이 있다는 것이다(장호광, 2017).

나아가 푸코(Foucault)는 "주체성은 고정불변하는 실체가 아니라 각 시대에 지배적인 사상과 문화, 역사의 변화에 능동적으로 대처하여 다양한 형식과 방식으로 나타난다"고 했다. 라캉(Lacan)은 주체성을 인간의 무의식에 자리 잡은 언어의 그물망에서 형성된 것으로 이해했다. 이것을 통해 주체성이 선험적으로 이미 구성되어 있는 것이 아니라 사회, 경제, 정치, 문화에 따라 영향을 주고받으면서 구성되어가는 것임을 알 수 있다(강영안, 2001).

'타자의 윤리'에 대해 말한 레비나스(Levinas)는 타자를 주체의 구성에서 중요하게 여겼다. 주체성을 자신 안에서 찾는 것이 아니라 타자의 얼굴에서 찾아야 한다는 것이다. 그에 따르면, 신으로서 무한자는 타자의 얼굴 속에서 자신을 은폐하는 방식으로 드러낸다. 따라서 주체성은 자신 안에서 형성되는 것이 아니라 타자와의 만남과 관계 속에서 구성되는 '상호주체성(intersubjectivity)'으로 나타난다(Levinas, 1969). 레비나스는 주체성을 현상학적으로 이해하면서도 현상학의 '내재적-초월'을 넘어서는 새로운 외재성에 대한 이해를 제기한다. 내재성과 외재성은 부분과 전체의 관계에 있는 것이 아니므로 동일성 철학의 전체성에 대한 이해는 무한으로 나아가야 한다는 것이다. 레비나스의 새로운 주체성 이해는 타인을 향하여 열린 윤리적 자아로 향한다. 그러므로 이러한 타자에 대한 상호주체성은 타자를 향한 윤리적 실천이다.

3) 행위자-네트워크 이론

행위자-네트워크 이론(Actor-Network Theory, ANT)은 초국적 이주에 관한 기존 이론이나 방법론의 한계를 극복하고 새로운 연구방법론을 모색하기 위해 유의미한 이론적 체계를 제공할 수 있다. ANT는 초국적 이주 연구에서 행위와 구조(미시와 거시, 사회와 자연 등)라는 이분법에서 벗어나 인간 및 비인간 행위자들 간에 어떤 사회 · 공간적 연계가 형성되며, 이를 통해 구축된 네트워크는 어떠한 효과를 생성하는가에 대한 해답을 찾는 데 기여한다. 이 이론은 어떤 연구주제에 접근하기 위한 연구방법론에서 나아가 공간적 측면에서 사람과 사물들 간 관계로 구성된 현실 세계를 이해하는 인식론이나 존재론으로서 그 유의성을 가진다(최병두, 2015).

ANT는 초국적 이주의 공간적 측면을 강조한다. 초국적 이주가 기본적인 네트워크 구성뿐 아니라 이를 통한 새로운 공간의 창출을 전제로 하기 때문이다. 즉, 초국적 이주과정에서 형성되는 '네트워크'를 중요하게 여기는 것이다(최병두 외, 2017).

초국적 이주 연구에 ANT를 응용함에 있어 또 다른 중요한 개념은 '이동성'이다. 오늘날 세계화 과정에서 상품이나 자본, 기술과 정보뿐만 아니라 노동력의 초국적 이동은 공간과 시간을 재편한다. 이에 따라 기존에 국민국가를 전제로 한 국가 및 영토의 개념은 한계를 가지며, 이러한 점에서 방법론적으로 '민족주의'라는 오류가 나타난다(Wimmer & Schiller, 2002). 그러므로 물리적 공간에서 가속화되고 있는 이동성은 네트워크 공간에서 함께 논의되어야 한다.

특히 결혼이주는 결혼을 매개로 수행되는 이주 양식으로, 국가 간 경계를 횡단하는 결혼(cross border marriage)과 결합한다. 이것은 다양한 이주 형태 중에서 이미 결혼관계에 있는 같은 국적의 가족구성원들이 연쇄 이주하는 경우와 서로 다른 국적을 가진 개인들이 국제결혼을 함으로써 한쪽 파트너의 국가로 이주하게 되는 경우를 포함한다. 각국의 결혼이주에 대한 기존 연구들은 노동 등을 목적으로 하는 이주와 결혼을 매개로 하는 이주의 경계가 중첩되거나 혼종되어 있음을 보여준다(Piper & Roces, 2003; Yang & Lu, 2010; Freeman, 2011; Kreckel, 2014). 결혼이주는 세계적 차원의 불균등한 신자유주의적 구조조정과 연관된 '이주의 여성화'라는 관점에서 노동이주와 명확히 분리할 수 없는 상호연관성을 가지고 있다. 이러한 이주과정에서 여성 이주자들의 '행위성'에 주목해야 한다.

결혼이주여성의 행위자-네트워크가 전개되는 과정은 여성들의 이주과정에서 전개되는 새로운 공간의 형성과 공간 전유의 양식들이다. 즉 인간 행위자들과 다양한 비인간 행위자들(경제조건, 기후, 학력, 문화양식, 교육제도, 테크놀로지 등)이 상호적 매개, 변형, 전환의 과정을 거쳐 물리적 공간만이 아닌 새로운 신체-공간을 형성해간다. 이러한 맥락에서 '이주'는 단순히 지도상의 장소 이동이나 공간적 운동만을 의미하지 않는다. 이주는 의미 있는 '사건, 상처, 단절, 생산' 등을 의미한다(Treibel, 1999). 따라서 이주는 이주자의 세계지향성, 행동방식, 그리고 새로운 장소의 행위자들과의 만남과 갈등 속에서 관계와 공간이 생산되는 복잡하고 다층적인 연속적 과정이다.

ANT는 인간, 사회, 자연을 인문학, 사회과학, 자연과학에서 각각 별개의 연구대상으로 분리된 관점을 거부하고 세상을 혼종적(heterogeneous) 존재로 이해한다. ANT는 인간의 의도, 의지가 존재해야 어떤 행위가 발생한다고 생각하는 기존의 이원론적 철학의 입장에서 벗어나 다양한 인간과 비인간 행위자들이 행위능력(agency)을 갖고 있는 것으로 본다(Latour,

2005). 행위자-네트워크는 어떤 행위자의 본래적 특성보다는 다양한 행위자들과 어떻게 연결되어 있는가, 행위자들 간에 어떤 상호작용을 하는가에 따라 행위능력에 변화가 생긴다고 본다. 즉 행위자들의 행위능력은 행위자들 간의 관계(association)가 만들어내는 힘, 조직화의 효과에 있다(Callon, 2005; Callon & Caliskan, 2005).

또한 ANT는 행위자들 간의 상호작용을 연결하거나 분리하는 행위자들의 번역(translation)과 행동화(action) 역량에 주목한다. 번역은 한 행위자가 어떤 네트워크 속에 편입될 때, 누구와 관계를 맺고, 어떻게 묶일 것인가를 결정하고, 네트워크로서 다른 행위자와 관계를 계속 유지할지, 또는 와해시킬지를 결정하는 과정이다. 번역과정이 성공하려면 한 행위자가 갖고 있는 이해(interest)나 의도를 다른 행위자의 이해나 의도에 부합시키기 위해 협상과 조정을 해야 한다(Latour, 2005). 그리고 ANT는 어떤 단일한 개인처럼 보이는 행위자 뒤에는 실제 다양한 행위자로 구성된 네트워크가 존재함을 말한다. 결혼이주여성을 둘러싼 다양한 인간 및 비인간 행위자들을 포착하고, 이들의 교차와 매개, 동맹/반역을 통해 형성되거나 소멸하는 행위자-네트워크를 살펴보는 것은 의미가 있다. 자본주의 사회의 현실적 가족관계는 계급/계층적 위계와 결합하면서 '낭만적 사랑'이라는 이상과 달리 사랑과 정략의 잡종적 동맹이라는 특징을 가진다. 이런 관점에서 중매결혼과 연애결혼을 각각 '나쁜 결혼', '좋은 결혼'이라는 이분법적으로 바라보는 것은 결혼이주여성들을 시각의 한계라 할 수 있다(최병두 외, 2017). 왜냐하면 결혼이주여성들은 복합적이고 잡종적인 다양한 결혼이주의 행위자-네트워크를 가지고 있기 때문이다. 결혼이주여성들은 초국적 이주를 통해 문화를 결합하고 교차하는 행위자들이다. 이러한 결혼이주여성들의 경험들을 고찰함으로써 여성들의 다양한 관계를 이해할 수 있다. 나아가 이주여성과 한국여성들 사이의 연대뿐만 아니라 이주여성들 사이의 연대를 위한 가능성을 생산해낼 필요가 있다.

4) 정체성 협상 이론

정체성 협상 이론(Identity Negotiation Theory, INT)은 20세기 중반 사회학과 문학 분과에서 출발했는데, 그 중심에는 고프먼(Goffman, 1959; 1961)이 있었다. 고프먼은 미시사회학 범주에서 상징적 상호작용에 초점을 맞춘 연구를 수행했고, 이는 인간의 '만남'과 관련이 있다. 인간 개체와 개체의 만남은 상호관계의 역할에서 실무적 합의가 가장 첫 번째 단계에서 이루어진다고 보았다. 이어 와인스타인과 도이치베르거(Weinstein & Deutschberger, 1964), 맥콜과 시몬스(Mccall & Simmons, 1966)는 정체성과 상호작용에서 전개되는 '인간관계'의 조화를 극대화하는 연구를 수행했다. 인간관계는 자신의 이해와 목적에 일치하는 방식으로 반응하므로 다른 사람들에게도 영향을 주며, 규범적 상호성에 중점을 두고 행해진다. 이러한 과정에서 일어나는 개체 간 상호작용을 '협상' 과정으로 보고 있다(Weinstein & Deutschberger, 1964). 이후 정체성 협상의 개념은 심리학 분야로 확대되어 슐렝커(Schlenker, 1985)의 정체성과 자기 동일시 연구에 의해 더욱 구체화되었다.

'정체성 협상(Identity Negotiation)'이라는 용어를 처음 사용한 스완(Swann, 1987)은 사회사상과 사회적 상호작용 사이를 탐색함으로써 정체성 협상 과정을 이해할 수 있는 이론적 틀을 제공했다. 사회적 상호작용과 상징적 상호작용은 거시적 관점과 미시적 관점으로 접근한 인간행위의 교환으로 구성된 것이며, 인간과 사회와의 관계는 사회적 행위자들 간에 발생하는 상징적인 의미의 협상과정이라고 보았다(Swann, 2005). 즉, 사회적 상호작용을 하면서 합의를 이끌어내는 것이 바로 정체성 협상이다. 다시 말해 그의 INT는 개인이 특정한 목표를 위해 자각하는 대상과의 상호작용 과정에서 '대상의 인식과 자신의 자가 인식이 교차되는 지점'에서 합의를 이끌어내는 과정을 의미한다.

또한 하버드대학교 협상연구소의 샤피로(Shapiro, 2016)는 정체성 협상에서 인간이 갖고 있는 '관계'를 확대하여 갈등을 해소하는 방법을 제시했다. 1980년대에 INT라는 용어가 등장하면서 국제사회의 시대적 배경이 정체성 협상이라는 사회적 이슈를 만들었다. 초국적 인구 이동은 인간 자체뿐만 아니라 사회와 경제, 정치, 문화 등을 수반하면서 그 어느 시기보다 국가 간의 경계를 넘나드는 것들이 많아졌다. 이러한 현상으로 국가 정체성이나 국민, 민족, 문화 정체성의 경계 또한 유동적으로 변화하고 있다. 이런 영향으로 개인 정체성에 대한 논의가 활발해졌으며, 인간과 사회를 이해하는 데 중요한 분석도구로 사용되는 정체성 협상이 부각되고 있다.

정체성 협상 이론을 구체화한 팅 투메이(Ting-Toomey, 1999)는 정체성 협상에서 기술적인 측면을 강조했다. 나아가 팅 투메이(2015)는 정체성 협상에서 '협상'이라는 용어는 다른 문화적 배경을 지닌 그룹 또는 개인 정체성을 동일하게 유지하거나 향상시키는 과정으로서 2명 이상이 상호작용하는 것으로 보았다. 서로 다른 가치관과 성장과정을 지닌 사람들이 만나 상호작용할 때 개인이 지닌 정체성과 충돌하면서 필연적으로 갈등이 발생하게 된다. 이러한 갈등을 해결하는 것이 '협상'인데, 이 협상의 핵심 요소가 갈등을 해결하고 합의점을 이끌어내는 것으로 볼 수 있다. 이때

행위자의 이해관계가 협상의 동기로 작용하게 된다.

정체성 갈등은 우선 개인과 집단 간의 갈등으로 구분한다. 개인의 갈등은 자가 인식이 교차되는 지점에서 이해관계에 따라 발생하게 된다. 집단 간 갈등은 소속된 사회, 문화, 정치적 범주들을 대표하는 상이한 집단 간의 갈등이다. 갈등에 빠질 수 없는 것이 감정이며, 감정이 고조된 갈등은 해결하기 어렵다. 이러한 논리에 의하면, 고정된 정체성의 오류에서 벗어나 자신이 가진 관계형 정체성을 인식하고 친밀감을 쌓는 것이 갈등을 해결할 수 있는 중요한 방법이며 정체성 협상에서 가장 핵심적인 요소라고 밝혔다(Shapiro, 2016). 갈등은 인종, 민족, 문화, 사회, 지역, 종교 등의 차이에 따라 정체성 충돌로 인해 발생한다. '관계'에서 충돌이 발생하면 갈등이 생길 수밖에 없는데, 이러한 갈등을 다루는 것은 지속 가능한 합의와 긍정적인 관계를 유지하는 데 중요한 부분이다.

정체성에 대해 호네트(Honneth, 1994)는 사회적 상호작용이 이루어지는 영역에 따라 '사랑', '권리', '연대'로 구분했으며, 개인은 자기믿음으로부터 자기존중과 자기가치 부여의 정체성을 형성한다고 보았다. '사랑'은 서로를 필요한 존재로 상호 인정하는 관계에 있다. 인정은 정서적 일치와 격려라는 성격을 가지며, 인정관계는 서로에게 특정한 가치존중의 감정을 보이는 신체적인 존재와 관련되어 있다. '권리'는 공동체 내에서 권리와 의무를 정당하게 배분하는 사회적 규범에 따라 서로를 권리 인격체로 인정하는 관계다. '연대'는 집단 내부에서 일어나는 구성원들의 상호행위는 상호 연대적인 관계를 취하는데, 이는 동일한 가치를 부여받고 있다고 생각하고 있기 때문이다. 그러나 지금까지 '연대'라는 개념은 정치적 억압에 대한 저항 형태의 집단 관계에서 적용되어왔다. 사람들은 상호작용을 통해 스스로 자아검증을 하게 되는데, 자아검증은 자아개념을 검증할 동기부여가 되고 이 동기는 정체성 협상의 성격을 지닌다고 보는 것이다(Swann & Hill, 1982). 또한 자아개념 확인과정은 대체로 자아개념을 안정화시키는 경향이 있지만, 반대로 변화를 촉진하는 데 실제로 사용된다(Swann, 1987).

그러나 팅 투메이(1999)는 정체성 협상에서 상호문화의 의사소통이 핵심적인 역할을 한다고 보았다. 서로 다른 문화 간의 의사소통은 개인주의 사회문화와 집단주의 사회문화의 차이점에 대한 이해가 상호작용을 위한 행동을 이해하는 시작점이라는 것이다. 개인주의적인 문화는 자율성, 개인의 자유, 개인적 통제를 수용하며 외부로부터 강요받는 행동을 자신의 정체성에 대한 위협으로 널리 간주한다. 또한 팅 투메이는 다른 문화 및 대인관계 의사소통 환경에서 사회구성원의 정체성과 개인 정체성 문제를 협상하는 것이 중요하다고 강조한다. 즉, 정체성의 형성과 정체성 협상에 대한 이해를 위해 집단주의 사회문화와 개인주의 사회문화 사이의 개념적 구분이 필요하다고 보는 것이다.

이주로 인해 서로 다른 성장배경과 가치관을 가진 사람들이 만나서 상호작용을 할 수밖에 없다. 이때 상호 간에 사회적, 정치적, 문화적, 경제적, 인종, 언어, 종교 등의 차이를 인식하게 된다. 인간은 연속적인 삶을 살아가기 위해 타인과 상호작용을 하면서 협상하게 된다. 자신의 삶이 중요하듯이 타인의 삶과 가치관을 존중하고 상황에 따라 자신을 바꾸려는 노력의 과정이 나타나는데, 이것이 협상하는 과정이다. 스완(1987)은 정체성 협상 이론에서 영향력 있는 중요한 행동 패턴을 제시했는데. 첫 번째는 다른 사람의 인식에 초점을 맞춘 자아검증 모델이다. 개인은 자신들이 이해하는 것과 같은 방식으로 자신들을 이해하기를 추구하고 있다는 것이다. 두 번째는 자아인식에 있어 다른 사람들이 자신의 인식에 따라 다른 집단으로 분류하는 방식을 강조하는 자기범주화 과정이다. 이 두 과정은 동시에 일어나고 상호 연결되지만, 전문가들은 이 두 가지를 서로 분리하여 분석하고 있다. 그것은 사람들이 때로는 자신의 관점에서 변화를 시작할 수 있다고 보았기 때문이다. 자기 자신이 다른 사람들을 향하여 행동하는 것과 거의 같은 방식으로 자기 자신을 향해 행동하기 시작한 시점에서 자기 자신을 향한 자아를 성취하게 된다(McCall & Simmons, 1978).

정체성 협상을 위한 개인의 행동은 사회적 상호작용 속에서 일어나는데, 스완은 개인과 사회구조에 따라 영향을 미친다고 보았다. 첫째로는 개인적 특성인데, 이는 개인이 성취하고자 하는 목표, 개인이 추구하는 어젠다(agenda), 그리고 삶의 과정을 담고 있는 개인의 생애사를 포함하고 있다. 둘째로는 사회구조적 측면인데, 이는 개인이 지닌 사회적 규범(norms)이나 사회적 지위와 역할, 그리고 사회적 관습 등이 상호작용의 본질과 결과에 영향을 미친다는 사실이다(Swann, 1987).

다른 한편으로, 팅 투메이(2015)는 정체성을 기반으로 한 의사소통 역량에서 나타나는 열 가지 특성을 제시했다. ① 상징적 대화: 집단 정체성(민족과 문화 집단)과 개인 정체성(개인의 특성)의 핵심 역학은 다른 사람들과의 상징적인 대화를 통해 형성한다. ② 정체성 협상의 변증법: 집단과 개인의 정체성을 보면 상대방을 받아들이려고 하지만 상대방이 바꾸기를 원하는 경향이 있다. ③ 개인 정체성: 개인은 문화적으로 친숙한 환경에서 정서적 안정감을 경험하는 반면, 생소한 환경에서 정서적 불안을 경험한다. ④ 집단 정체성: 개인은 그들이 속하기를 원하는 집단 구성원들의 정체성이 긍정적으로 지지받을 때 그 집단에 소속되기를 원하지만, 반대일 경우에 그 집단과 자신을 차별시켜 부각하려는 경향이 있다. ⑤ 상호작용 예측성: 문화적으로 친숙한 사람들과 의사소통할 때는 상호작용 예측 가능성을 경험하지만, 그렇지 않을 경우 상호작용을 예측할 수 없는 경향이다. ⑥ 친밀한 대인관계: 사람들은 친밀한 관계를 통해 대인관계를 맺는 것을 선호하며, 다른 문화 간 대인관계는 문화적 이방인에 대한 정서적 안정과 신뢰를 받는다. ⑦ 정체성 변화 경험: 익숙한 문화 환경과 반복되는 문화적 일상에서 정체성의 일관성을 경험하는 경향이 있으며, 새롭거나 익숙하지 않은 문화 환경에서 정체성 변화나 혼란을 경험하게 된다. ⑧ 상황 변동 규모: 문화적 · 민족적 · 개인적 상황의 변동 규모는 이러한 정체성과 관련한 주제의 의미, 해석 및 평가에 영향을 준다. ⑨ 정체성 협상과정: 정체성 협상과정에 다른 사람들과 적절하고 효율적인 의사소통을 위한 상호문화적 정체성을 기반으로 지식이나 사고력 및 상호작용 기술을 통합하는 것이 중요하다. ⑩ 정체성 협상 결과: 정체성의 협상 결과에는 서로 이해하고, 존중하고, 긍정적인 평가의 가치를 포함하고 있다(Ting-Toomey, 2015).

반면, 샤피로는 '나는 누구인가'라는 핵심 정체성과 관계형 정체성이라는 정체성의 두 가지 측면을 설정하고, 이 측면들은 감정이 고조된 갈등 해소에 중요하다고 보았다. 즉, 존재에서 의미를 찾는 핵심 정체성과 다양한 집단에 속해 있는 사회적 정체성에서 개인이나 집단과의 관계를 모색하는 관계형 정체성에 주목했다. 관계형 정체성이란 특정 개인이나 집단과의 관계를 정의하는 영역을 가리킨다. 샤피로가 정체성 협상에서 갈등을 중요하게 간주하는 이유는 우리의 '관계'에서 우리의 '사이'에 존재하는 것이 갈등이며, 그 공간 속에는 협력을 방해하는 복잡한 감정적 역학이 존재한다고 보기 때문이다(Shapiro, 2016).

지금까지의 INT 논의를 정리하면 스완의 경우는 정체성 협상에서 나타나는 사회구조적인 틀을 제공한 반면, 팅 투메이는 정체성을 기반으로 협상에 기술적인 측면인 의사소통 역량에서 나타나는 핵심요소를 제시했고, 샤피로는 정체성 협상에서 관계형 정체성을 협상 방법으로 제시했다고 볼 수 있다. 이 세 학자들에서 나타나는 정체성 협상의 공통점은 바로 '상호적 행동변화'라고 볼 수 있다. 오늘날의 세계는 초국적 이주시대를 맞으면서 개인과 개인, 개인과 사회를 설명하는 많은 이론과 분석틀이 존재하기 시작했다. 이러한 현상 속에서 INT는 우리의 삶 속에서 이해관계로 인해 발생하는 충돌과 갈등을 조정하는 데 기여한다. 그것은 인간이 사회적 존재이기 때문에 끊임없이 타자와 상호작용을 하게 되고 그 과정에서 자신의 정체성을 협상하고 재구성하기 때문이다.

5) 초국적 결혼이주여성의 생애

한국 사회에서 초국적 이주의 주역은 여성이고, 이는 주로 결혼이라는 관계 맺음을 통해 일어난다. 그러나 한국 사회 내에서 이루어진 다문화가족의 형성은 시작부터 가족해체의 우려가 있었다고 할 수 있다. 한국 남성이 외국 아내를 선택한 주요 이유는 결혼 적령기를 놓친 나이, 경쟁력 없는 경제력, 심신의 장애 등이다(윤형숙, 2004; 한건수, 2006; 양옥경, 2007). 외국인 여성의 경우는 경제력이 나은 한국으로의 진입(신란희, 2005)이 가장 높은 비율을 차지한다. 정부의 국제결혼 수용과 관련 정책은 저출산 · 고령화 위기의 대안이었으며(김이선 외, 2016), 국제결혼에 개입한 대다수의 결혼중개업체는 영리만을 우선했다(강승묵, 2016). 이와 같이 국제결혼은 각각의 이해가 맞물려 많은 문제를 내포하고 있어 이혼 증가의 원인이 되고 있다는 지적을 받고 있다(박재규, 2009). 경제적 이유를 내포한 여성의 이주에는 자신을 둘러싼 생활을 개선하기 위한 사회적 요인과 자신이 처한 상황을 개선하기 위한 개인적 요인 등 다양하다. 이는 자국에서 자신의 처지에 따른 대상과 결혼해야 하는 현실을 기피하기 위한 것도 있지만, 한국 남자와 같이 경제력 있는 이상형과 결혼하여 자신의 현재 상황을 바꾸고자 하는 의도가 담겨 있다는 것이다(김희순, 2019).

이렇듯 결혼이주여성들의 삶은 각 개인마다 다양하며 그들의 생애에 대해 깊이 있게 들여다볼 필요가 있다. 결혼이주여성들이 가지고 있는 초국적 정체성(transnational identity)에 대해 논의하기 위해서는 이들의 이주 동기를 포함한 결혼 전의 삶, 결혼생활, 이주 후의 삶에 대한 생애사적 경험들의 복합적인 연관성을 연구해야 한다.

생애사(life history) 연구는 특정 개인의 생애에 관해 탐구하는 질적 연구방법이다. 생애사를 통해 연구되는 개인의 현재 살아가고 있는 인생은 개인적 · 제도적 · 사회적 역사들로부터 영향을 받는다. 한 사회의 구성원들은 사회변화에 적응해야 하는 수동적 주체를 넘어 사회변동을 추동하는 적극적 행위의 주체이기도 하다. 사회변동을 경험한 사회구성원의 생애 체험은 사회변동의 동인과 전개과정, 그리고 개인의 행위지향의 변화를 이해할 수 있는 단서를 제공한다. 특히 구술 생애사 연구방법론은 개인의 구체적 생애사를 매개로 사회를 이해하고자 하는 시도라 할 수 있다(이희영, 2010).

이러한 생애사의 연구를 넘어 생애담(life story) 연구는 생애 중에서 특별한 사건과 그에 따른 경험을 중심으로 이야기를 분석한다. 특히 이 총서는 연구참여자들이 겪은 '이주'라는 경험에 초점을 두고 연구한다. 생애담은 한 개인의 구술적 자전이라는 성격을 지니므로 이름 없이 살아온 결혼이주여성의 자기표현이자 인식에 관한 이야기다. 따라서 생애담은 그들이 어떤 삶을 살았는가에 머무는 것이 아니라 자신의 삶에 대해 어떻게 생각하는지, 그들이 누구인지 하는 문제를 다루기에 적합하며, 개인들의 생애 경험을 직접적으로 담고 있다는 점에서 질적 자료가 될 수 있다(천혜숙, 2001). 그뿐만 아니라 여성들의 목소리를 담아낸다는 측면에서 생애담에 주목한다. 이는 "과거 경험의 기록인 생애사와 달리 생애담은 자기 경험의 표현으로서 여성 구술자의 주체성이 현재의 시점에서 재구성되는 창작물의 성격(김성례, 2004)"을 가지기 때문이다. 생애담은 이야기에서 드러나는 개인이 가진 경험을 중요하게 여긴다. 따라서 한 개인이 자신의 생애에 대해 무엇을 어떻게 이야기하는지를 분석하여 그들이 속한 생활세계를 탐구하는 생애담 연구가 필요하다. 결혼이주여성과의 심층면담을 통한 구술 자료는 소수 사회집단의 목소리를 채록하여 문자화함으로써 다문화 사회의 구성원 이야기를 담아낸다는 의의가 있다. 개인의 구술이 갖는 생애사적 특성이 드러나는 생애담 연구는 연구참여자의 개인적인 기억과 직간접적으로 체험을 통한 사적 영역과 개인을 둘러싼 역사적 · 사회적 · 문화적 시공간과 타자와의 상호작용으로 구성되는 공적 영역을 탐구할 수 있다.

우리의 연구에 참여한 결혼이주여성들이 만들어가는 이야기는 의사소통의 장으로서 중요한 기능을 할 수 있다. 자신의 삶에서의 경험을 드러내고 공감을 나누는 과정을 통해 개인의 문제가 집단의 문제로 공유되며, 사회적 담론을 형성해나갈 수 있기 때문이다. 이러한 의미에서 생애담을 통해 이루어지는 구술행위는 개인의 회고 또는 자기표현에 머무는 것이 아니라 나눔과 소통을 통해 사회적 의미화를 구축할 것이다.

앞으로 이어질 2장, 3장, 4장에서는 결혼이주여성의 생애담을 통해 그들의 관계 맺기, 어머니 되기, 홀로서기 등 다양한 삶을 탐구하고자 한다. 생애담을 통해 그들의 어려움을 직접적으로 들음으로써 사회적 약자의 아픔에 공감하고, 타자에 대한 윤리를 실천할 수 있는 토대를 마련할 수 있을 것이다. 그러나 생애담을 연구하면서 더욱 드러나는 것은 그들이 '불쌍하고 가련한 여인'에 머무는 것이 아니라 자신의 삶을 개척해나가고 홀로 설 수 있는 '주체적 존재'로 나아간다는 것이다.

2장

결혼이주여성의 주체적인 관계 맺기

1. 결혼이주여성의 주체적 삶과 인정투쟁
2. 사례연구 방법
3. 개인 영역에서의 주체적 삶
4. 지역사회 영역에서의 주체적 삶
5. 사회적 영역에서의 주체적 삶
6. 주체적 삶과 사랑을 꿈꾸며

1.
결혼이주여성의 주체적 삶과 인정투쟁

1) 결혼이주여성의 주체적 삶

이주와 결혼은 인생에서 중요한 전환적 경험이다. 결혼이주여성들은 국제결혼을 통해 한국 사회에 소속되면서 그들이 짊어져야 할 책임이 더 커지고, 한 남자의 아내에서 자녀의 어머니로 그리고 한국 가정의 며느리로 다양한 경험을 한다. 그들은 국제결혼을 통해 타 문화에 속함으로써 새로운 다문화적 삶의 전형을 창출하게 된다. 개인의 자아의식은 타인과의 관계에서 형성될 뿐 아니라 이를 통해 성장한다. 사회적 인정 역시 그 대상과 내용이 지속적으로 변화해야 하고, 기존의 인정질서에서 배제된 사람들 역시 자아실현의 조건을 회복하기 위해서는 현실사회에 저항할 수밖에 없다. 인간 존재의 발달은 언제나 부드럽게 상승하는 진보의 과정이 아니라 일련의 아우성으로 이루어진 과정이다. 그러므로 위기의 지점은 성장의 지점이 된다(김미영, 2015).

결혼이주여성은 초국적 결혼을 통해 새로운 가족관계를 만들고 2개 이상 국가의 경계에 걸쳐 삶을 영위해나간다(김영순 외, 2016). 인간 삶의 기초가 형성되며 일차적인 인간관계가 이루어지는 미시체계 환경(microsystem environment)인 가정 내에서 가족구성원들 간의 상호작용은 필수이며 이를 통해 가족관계는 발전한다(Bronfenbrenner, 1979). 세계화 시대에 초국적 이주를 감행하고, 결혼을 통해 한국 사회에 진입한 결혼이주여성들의 생존전략을 살펴보기 위해서는 그들의 내부적 목소리에 귀를 기울여야 한다. 삶의 주체는 결혼이주여성의 생애과정에서 사회와 환경 속에서 끊임없이 상호작용하는 과정에서 형성되는 것으로, 결국 전 생애 경험과 분리될 수 없으며 여성 자신이 인식하고 있는 내부적 관점에서의 경험을 통해 발원된다.

이 장에서는 결혼이주여성들이 사회적 환경과의 관계 속에서 생애과정에 따른 삶의 과업들을 어떻게 달성해나가며, '주체적'으로 자신의 삶을 인식하고 구성해가는지를 살펴보고자 한다. 즉, 결혼이주여성을 사회적 약자나 시혜적 대상이 아닌 시공간적으로 이질적이고 다원적인 삶의 환경 속에서도 '주체적 인간'으로서 자신의 삶을 주도해나가는 주체로 바라보고 관계성에 초점을 맞추었다. 그 이유는 인간은 사회라는 환경 속에서 유기적인 상호작용과 연속적이고 체계적인 발달을 통해 자신을 성장시켜 나가기 때문이다. 결혼이주여성 역시 기존의 가치관을 무너뜨리고 새로운 가치관을 정립해나가는 과정에서 인지능력의 변화 등을 통해 사회적 관계를 자유롭게 형성해나가며 타인과의 관계 속에서 자신의 삶을 스스로 결정할 수 있는 '주체적인 인간'으로 성장하기 때문이다. 따라서 개인의 삶은 시간적 실재 속에서 상호작용하며 자아가 발달하고 사회적 경험들이 삶 속에서 통합되어가는 과정이다. 결혼이주여성이 시공간적으로 이질적이고 다원적인 삶의 환경 속에서도 '주체적 인간'으로서 자신의 삶을 주도해 가는 삶의 여정을 살펴보는 것은 의미 있는 작업일 것이다.

2) 결혼이주여성의 인정투쟁

구성주의 입장에서 정체성 이론을 확립한 에릭슨(Erikson)은 자아정체성을 고정적이거나 불변하는 것이 아니라 사회적 현실 속에서 지속적으로 개정되는 자신에 대한 현실감이라고 정의했다(박아청, 1988). 그는 자아정체성이란 동일성과 연속성을 유지하면서 현실에서 부딪히는 내적 충동과 욕구, 외부 자극, 그리고 도덕적 가치들을 수용하여 자기 나름의 고유한 방식으로 자신을 재통합함으로써 형성된다고 말한다. 한편 아흐메드(Ahmed, 2000)는 세계화 시대에 주체가 어떤 방식으로 자신의 정체성을 재조명하는지를 분석한 결과 구체적인 정체성은 타자와의 마주침에 의해 결정되며, 정체성의 차이는 몸의 차이가 아니라 몸이 위치하는 장소와 주체에게 부여된 상대적 역할의 차이로 이해해야 함을 주장한다. 이러한 위치의 정치학은 주체가 근거하고 있는 물적 · 지리적 장소와 상징적 · 정치적 위치성(positionality)에 따라 변화하는 정체성에 주목해야 함을 제시한다.

홀(Hall, 1994)은 정체성이란 이미 완성되거나 확립된 그 어떤 요소가 아니며 문화적 재현 속에서 구성되고 끊임없이 형성되는 과정에 있는, 결코 완성되지 않는 산물이라고 정의 내리고 있다. 현대사회에서 지배적인 재현 수단인 매스미디어는 의미의 생산과 소비, 순환이 이루어지는 곳으로 사회적 정체성 구성에서 핵심적인 역할을 담당한다고 볼 수 있다.

상호주관적 정체성은 나에 대한 타인의 관점을 내면화하는 한편, 그에 대해 지속적으로 '나'의 요구를 주장함으로써 이루어진다. 호네트(1996)에 의하면 주체들은 이러한 인정투쟁을 통해 자신들에게 주어진 권리를 확대하고 새로운 규범을 창조해나간다. 그에 따르면 사회적 갈등과 저항이 일어나는 원인은 사회구성원들이 현존하는 제도적 현상들을 정의롭지 못한 것으로 간주한다는 데 있으며, 이러한 부정 개념의 핵심을 이루는 것은 사회적 무시, 혹은 사회적 인정요구의 훼손이다. 따라서 사회적 갈등을 해결하고 사회적 통합을 강화하는 방법은 인정관계의 확대다(문성훈, 2014). 이렇듯 정체성은 자신에 대한 규정이자 자기인식이라고 할 수 있다. 또한, 사회적 관계 속에서 형성되고 유동성과 가변성이라는 특징을 지니고 있다. 주체는 적극적인 상호작용행위인 인정투쟁을 통해 자기 자신에 대한 긍정적인 관계를 획득할 수 있다.

오늘날 결혼이주여성들은 한국 사회에 새로 등장한 이질적인 타자다. 한국은 동일한 혈통과 역사적 경험, 그리고 언어를 강조하는 단일민족 국가로서 그 어느 공동체보다 문화적 동질성이 강하며, 이를 통해 사회적 결속력이 확립되었다(문성훈, 2014). 그렇기 때문에 이질적인 존재에 대한 불편함도 다양하게 표현되고 있으며, 이는 편견과 차별의 형태로 다각적인 면에서 드러나고 있다. 다문화가족 지원정책의 영향으로 결혼이주여성들과 그들의 자녀 등 다문화가족은 언론에도 자주 등장한다. 홍지아(2010)는 언론에서 결혼이주여성들을 '가부장적 가치 실천자'로서 한국의 저출산 해결을 위한 존재로 엮거나 순혈주의적 관점에서 구별 짓는다는 점을 지적한다. 이 과정에서 결혼이주여성들은 인종적 차별과 젠더적 차별 두 가지를 동시에 경험하는 '타자'가 된다.

결혼이주여성들은 이주와 동시에 다양한 사회적 관계망 속에서 살아가야 하고 정주가 목적이기에 이러한 관계망 속에서 살아가기 위해서는 다양한 접촉과 그 속에서 정체성의 위축, 회복 등의 경험들을 할 수밖에 없다. 국내 결혼이주여성들은 홀로 한국 사회에 진입했고, 결혼과 동시에 자녀 출산과 자녀 양육까지 많은 것을 감당해야 한다. 문화 및 언어에 대한 불편함을 넘어서 시댁의 차별, 주위 사람들에 의한 소외를 경험하기도 한다. 그들은 이주를 경험하면서 자국에서 성장하면서 경험했던 사고의 틀과 가치관이 완전히 무너짐을 겪게 되고 정체성의 위기를 경험한다. 한국 사회에 새롭게 적응해야 하고 건강한 정체성을 수립하기에는 한국의 사회적 상황이 만만치 않다. 결혼이주여성들은 새로운 환경에 던져진 유목적 주체다. 유목민적 주체인 '나'는 익숙한 것과 새로운 것 사이에서 새로운 정체성을 형성해야 할 당위에 처한 주체다. 유목적 주체는 혼돈과 갈등 속에 자기를 위치시킨다(변경원 · 최승은, 2015).

바바(Bhabha, 1994)에 의하면 민족성이나 공동체적 이해, 문화적 가치라는 상호주관적이고 집단적인 경험이 교섭되는 것은 문화 혼성성을 인정하려는 복합적이고 진행적인 교섭이라는 것이다. 포스트모던적인 주체는 고정되거나 영구적인 정체성을 가지지 않으며, 주체는 다양한 시대에 다양한 정체성을 취하며 통일될 수 없는 모순된 정체성이다(이경숙, 2006). 따라서 한국 남성과 결혼한 아시아 여성들은 태어난 장소와 이주한 장소 사이에서 새로운 정체성을 요구받게 되고 인종과 민족, 국가, 계급, 언어, 문화와 역사의 미묘한 협상을 통해 문화적 혼성성을 겪게 된다(Durham, 2004). 아시아인이라는 범주에서 내재적 동질성을 찾거나 특정 정체성에 모든 것을 귀속시키는 방식은 아시아를 특정 이미지로 타자화시키며 아시아의 실체를 보지 못한다(이동후, 2006). 다인종 · 다문화를 새로이 경험하고 있는 우리 사회에서 '외국인 여성근로자', '외국인 며느리'로 쉽게 호명되는 여성 이주민은 그 호칭에서도 보이듯이 그들의 존재 자체에 대한 인격적 존중의 시선을 배제한 채 그들이 우리 사회에서 수행해야 하는 '기능적' 성격에 의해 자리매김되고 있다. 이주여성들에 대한 다수자의 시선이 이들을 우리 사회의 성원이나 사회적 주체가 될 수 없는, 마치 초대받지 않은 손님과 같이 여전히 낯설고 불편한 타자의 위치에서 서성이게 만들고 있다(오현선, 2007).

이러한 상황에서 결혼이주여성들에게 있어서 주류사회에 인정받기 위한 노력은 살아가기 위한 방편이었다. 이주민으로서 결혼이주여성들의 정체성은 어쩔 수 없이 주류사회의 풍토와 문화에 영향을 받게 되고 자신들의 정체성에 대한 주류사회의 시각에서 자유로울 수 없다. 그렇기 때문에 그들의 정체성은 위태로울 수밖에 없으며, 끊임없이 갱신되고 건강한 정체성 확립을 위해 고민하고 노력해야 했다. 그들은 다양한 상호작용 행위를 통해 살아남기 위한 인정투쟁을 벌일 수밖에 없다. 이러한 행위 전략들을 통해 유연한 정체성을 형성하며 상황, 사람에 따라 적절하게 대처하는 법을 배워가고 있다. 그들의 이러한 행위양상의 기저에는 한국에 대한 사랑, 가족 사랑이 깔려 있다. 우리 모두는 주어진 생활세계에 적응하며 살아감과 동시에 능동적인 주체로 자신과 세계를 형성해나간다.

이 장에서는 결혼이주여성이 적극적으로 자신의 이주를 주도하고, 자신이 선택한 삶에 책임감을 가진 삶의 주체로 바라보고자 한다. 즉 그들이 위치한 생활세계를 가정, 지역, 사회라는 3개의 큰 틀로 분류하여 다양한 관계망 속에서 자신을 어떻게 위치지우며 어떤 경험들을 하고 그런 경험에 대해 어떻게 생각하는지, 그리고 그에 대응하는 행위의 양상들을 살펴볼 것이다.

3) 결혼이주여성의 주체적 삶에 관한 선행연구

2005년까지 한국 사회에서 이주민 관련 연구물들은 한국 사회 혹은 문화로의 일방적인 적응 패러다임 중심으로 진행되어왔다. 이러한 관점은 이주민들을 이질적인 존재로 타자화하고 한국 사회로의 편입 혹은 '적응'의 관점에서만 사유하는 수동적 존재로 재현해왔다는 점에서 문제점으로 지적되어왔다(김현미, 2005). 결혼이주여성들에 대한 연구들도 내용 부분에서는 대부분 이러한 틀에서 연구되어왔다. 이러한 관점에 기초한 연구들에서는 이주여성들을 한국 가족이나 권력구조의 '가여운 피해자'이거나 한국 사회가 포용해야 할 '불쌍한' 존재로 규정되는 경우가 많았다(박수진, 2002; 윤형숙, 2005; 이지훈, 2005; 이혜경, 2005; 한건수, 2006; 김이선, 2007; 신은식, 2012). 이주자의 문화적응 과정은 정착국가에서 새로운 사회적 자본을 구축해가는 과정이라고 볼 수 있다. 상이한 문화적 배경을 가진 사람들이 서로 접촉하면 누구도 예외 없이 문화적응 과정을 경험하기 때문이다(Sam & Berry, 2010).

결혼이주여성의 문화적응 그리고 주체적 삶과 관련된 연구물들은 초기의 이주자에 대한 시혜적 시각에서 점차 적극적 주체로 부각하는 방향으로 전환되는 경향을 보인다. 김연수 · 박지영(2010), 김효순(2013), 박미은 외(2012)의 연구에서 결혼이주여성은 한국 사회에 깊숙이 진입함으로써 다양한 접촉점을 갖게 되고, 이러한 잦은 접촉이 사람들의 관계를 향상시키며, 관계 안에 의무와 책임이 자리 잡기 시작한다고 했다. 결혼이주여성의 입장에서 한국 문화에 적응한다는 것은 일상생활에 익숙해지는 것, 문화 차이를 이해하려고 노력하는 것, 한국인과 공존하는 방법을 알게 되는 것을 의미했다(김연수 · 박지영, 2010). 대다수의 결혼이주여성들은 한국 사회에 뿌리를 내리고 평범한 한국 사람들처럼 살기 원한다. 이는 자신의 가족인 남편과 자식이 한국 사람이기 때문이다(김연수 · 박지영, 2010: 286; 박미은 외, 2012).

가정의 범주 안에서 전개되는 결혼이주여성의 문화적응 과정이란 문화 차이를 대하는 여성의 태도를 수정함으로써 자신과 남편에게 각각 내재된 문화 차이의 경계를 좁혀나가는 것이었다. 결혼이주여성은 가부장적 문화 속에서 가난한 나라 출신이라는 이유로 가정 내에서도 차별과 편견에 노출됨으로써 강도 높은 문화적응 스트레스를 경험하고 있었다(김연수 · 박지영, 2010; 이은주 · 전미경, 2014; Choi, 2016). 그럼에도 불구하고 결혼이주여성이 마음을 다잡고 문화적응을 위해 적극적으로 노력하는 주된 이유는 그들의 가족인 남편과 자녀가 한국인이기 때문이었다(김연수 · 박지영, 2010; 김효순, 2013; 박미은 외, 2012; 이은주 · 전미경, 2014; Choi, 2016).

민가영(2010)은 결혼이주여성이 다문화 지원 프로그램에 참여함으로써 파편화되어 있던 개인이 공통의 문제의식과 이해관계를 가진 사회집단임을 인식하게 되고, 집단적 비판의식을 형성하는 동시에 한국 사회에 더 나은 구성원으로 통합되려는 욕구를 키운다고 보고했다.

결혼이주여성의 사회활동 참여에 대한 연구에서 강유진(2013)은 결혼이주여성의 개인 특성, 가족 특성, 이주민 특성, 사회적 지지, 지원정책 이용 등이 영향을 준다고 밝혔다. 구체적인 연구 결과에 따르면, 나이가 어릴수록, 교육을 많이 받을수록, 결혼기간이 길수록, 읍 · 면지역에 거주

할수록, 가족의 월평균 가구소득이 높을수록, 한국어 능력이 우수할수록 사회활동에 적극적으로 참여할 가능성이 높았다고 한다.

박은정(2015)은 한국에 정착한 이주노동자와 결혼이주여성들의 일상생활의 초국적 실천방식을 고찰하면서 이러한 일상적 경험의 차원에서 초국적 실천은 이주민이 정착국에서 적응하는 방식의 하나라고 논의했다. 이주민의 초국적 실천 방식으로 송금 등 경제적인 차원의 실천, 모국 방문, 가족 및 친척 초청과 연쇄이주, 한국에서 모국 자원을 활용하는 방식으로 범주화하여 분석했다. 이 연구는 이주민들이 어떠한 개별적 방식으로 한국 사회에 적응하고 있는지에 대한 탐구의 일환으로, 이들이 국가 경계를 넘어 수행하는 아래로부터의 초국적 실천방식에 대해 고찰했다. 간(Gan, 2015)은 한국 내 중국 결혼이주여성의 초국적 실천에 대한 연구에서 정치, 경제, 사회문화 영역에서 중국 결혼이주여성의 초국적 실천 실태를 고찰했다. 이러한 실천은 양쪽 사회가 여성에 대한 젠더적 기대부터 결정적인 영향을 받아서 사적인 영역에서 가족유지를 위한 특징이 있다는 것으로 분석된다. 한 · 중 양국 간의 초국적 네트워크가 유지되는 근본적인 원인은 정주국에서 자신의 삶과 미래에 대한 불안이라고 주장한다.

인간은 자기보존을 위해 사회를 향하여 끊임없이 인정을 요구하는 존재다. 특히 다문화 사회의 이주민들에게 주류사회를 향한 인정의 요구는 삶의 질과 관련되어 있다. 따라서 인정을 받기 위한 이주민들의 긍정적 상호행위 전략에 주목할 필요가 있다. 최근에는 국내 연구에서도 인정투쟁의 이론으로 이주민들의 상호작용적 행위를 해석하고자 하는 연구물들이 보이고 있다. 김영옥(2010)은 '아시아 이주여성들의 다문화 마을'을 예로 들어 출신이 상이한 이주여성들이 만남을 통해 '우리 이주여성'이라는 집단적 정체성을 구성해나가고, 한국 활동가들과 시민사회 의제를 논의하여 신념을 공유하고, '활동가'로서의 의식을 일깨움으로써 한국 사회로의 주체적 통합에 유익하다고 주장한다. 반즈라그(Banzragch, 2011)는 몽골 결혼이주여성들이 애도 집회를 통해 사회적 차원에서 자기존중을 확보하기 위한 인정투쟁의 모습을 한국 사회에서 다원주의적 시민이 되기 위한 씨앗으로 평가했다.

선행연구를 통해 우리는 결혼이주여성들이 적극적 주체로 한국에 정착하기 위한 다양한 방법을 모색하고 있음을 확인할 수 있었다. 따라서 그들 각각의 관계망 속에서 가족의 인정, 사회적 인정을 받기 위한 치열한 노력을 '투쟁'이라는 단어 속에 녹여내고자 한다. 우리는 국내 거주 결혼이주여성들의 적응 전략, 살아내기 위한 다양한 모습 속에서 어려움을 발견할 수 있고, 그러한 어려움을 극복하면서 성장하는 모습을 볼 수 있을 것이다.

2. 사례연구 방법

1) 연구방법

본 연구에서는 질적 사례연구 방법(Qualitative Case Study)을 사용했다. 메리엄(Merriam, 1998)에 따르면 질적 사례연구는 특정한 상황, 사건 프로그램 또는 현상을 풍부하고 자세하게 기술함으로써 그에 대한 이해를 추구하는 연구라고 할 수 있다. 인(Yin, 2008)은 질적 사례연구를 사례에 대해 심층 기술과 분석을 통해 깊이 있는 이해를 제공하고자 할 때 적합한 연구라고 기술하고 있다. 따라서 질적 사례연구는 사례를 상세하게 분석하고 기술하여 사례에 대한 심도 있는 이해를 추구하는 연구라고 할 수 있을 것이다. 인(1984)에 따르면 사례연구는 특별히 현상의 변수들이 그것들의 맥락으로부터 떼어낼 수 없는 상황들에 적합한 연구이며, 메리엄(1988)은 질적 사례연구를 하나의 정체, 현상 혹은 사회단위에 대한 철저하고 총체적인 서술과 분석이라고 정의했다. 이와 함께 스테이크(Stake, 1995) 또한 질적 사례연구란 사례의 복잡성을 이해하려는 것으로, 우리는 어떤 것이 매우 중요하다고 판단될 때나 혹은 주어진 상황에서 어떻게 상호작용하는지에 대한 세부 사항을 알고자 할 때 질적 사례연구를 적용할 수 있다고 설명한다. 이들의 정의를 종합해본다면, 질적 사례연구는 사례를 심층적으로 이해하고 검토하고 분석하고 해석하는 것으로, 이 과정 중에서 사례와 관련된 맥락들과 중요한 요소 또는 변수 등을 함께 파악하여 사례에 대한 총체적인 이해를 추구하는 연구방법이라고 볼 수 있다(김세영, 2012). 질적 사례연구는 연구를 실행하는 데 있어서 특정하게 정해진 방법이나 절차가 없다는 것 또한 특징으로 꼽힌다. 질적 사례연구자는 본인이 연구하고자 하는 사례를 밝히기 위해 본인 나름대로 정한 순서에 따라 다양한 방법을 이용하여 자료를 수집하고 분석하게 된다.

연구자는 결혼이주여성의 주체적인 삶의 양상을 살펴보기 위해 심층면담을 통한 자료수집을 진행했다. 또한 다양한 국적의 동남아 출신 결혼이주여성에 대한 조사를 통해 국가별 · 상황별로 결혼이주여성들의 삶을 깊이 들여다보고자 했다. 이 책에서는 생애사적 인터뷰 방법을 사용했고, 비지시적인 개방형 질문으로 참여자들이 자신의 생각과 정서를 진술하고 자유롭게 표현할 수 있는 심층면담으로 진행했다. 즉, 그들의 삶의 전환 경험을 기점으로 '이주'와 '결혼'이라는 삶의 변화 앞에서 한국에서의 삶의 맥락과 변화과정을 살펴보고자 한다.

또한 다문화 생활세계 아카이브 구축 연구사업의 일환으로 진행된 결혼이주여성 면담자료를 사용했다. 자료수집 기간은 2018년 9월부터 2019년 3월까지였고, 서울, 인천, 경기지역에 거주하는 동남아 출신 결혼이주여성 40명을 대상으로 심층인터뷰를 했다. 40명의 연구참여자 중 한국 거주기간이 5년 이상 되고, 자녀 양육경험이 있으며, 다양한 직업경험과 적극적으로 적응을 주도해나가고 있는 결혼이주여성 6명을 선별하여 그들의 이야기 속에서 주체적 삶의 모습을 찾아 기술하고자 했다. 면담을 위해 사전에 연구계획 및 질문지에 대해 대학기관의 IRB 심의를 거쳐 연구윤리에 대해 점검을 받았고, 질적 연구방법으로 박사학위를 받은 연구진들이 심층인터뷰를 진행했다. 인터뷰 내용은 녹음하여 전사했고, 전사 내용을 의미구조에 따라 코딩한 후 중심주제를 도출했다. 마지막으로 중심주제와 관련된 선행연구와 문헌연구를 통해 재해석하는 질적 연구를 실시했다.

2) 연구참여자 개요

이 책에서 기술하고자 하는 연구참여자는 동남아 출신으로 다양한 국가에서 왔다. 연구참여자의 기본 정보는 〈표 2-1〉과 같다.

〈표 2-1〉 연구참여자 기본 정보

구분	나이	거주기간	출신국	비자	직업	자녀	결혼경로
연구참여자 1	34	9년	네팔	귀화	생산직	딸(9세)	결혼중개업체
연구참여자 2	30	9년	베트남	귀화	통 · 번역사	아들(9세)	결혼중개업체
연구참여자 3	31	5년	라오스	영주	통역	아들(6세), 딸(3세)	연애
연구참여자 4	41	16년	인도네시아	귀화	자영업	아들(11세)	연애
연구참여자 5	45	8년	태국	귀화	통역, 강사	딸(10세)	연애
연구참여자 6	30	8년	필리핀	영주	주부	아들(8세)	지인소개

본고에 등장하는 연구참여자는 모두 6명이며, 나이는 30~40대다. 그들은 연애결혼, 중매결혼, 지인소개 등 다양한 경로를 통해 한국에 왔다. 결혼기간은 모두 5년 이상이며, 학령기 자녀를 양육하고 있었다. 연구참여자들의 개인별 이주 경험은 다음과 같다.

(1) 연구참여자 1

연구참여자 1은 네팔 출신으로 30대 중반이며 활달한 성격의 소유자다. 한국에 거주한 지는 9년 정도 되고, 초등학교에 다니는 열 살배기 딸이 있다. 네팔에서 기관 소개로 남편과 첫 만남을 가진 후 3개월 뒤에 결혼했다. 네팔에 있는 대학교에서 교육학을 공부하다가 개인적인 사정으로 중퇴했다. 한류의 영향으로 한국은 살기 좋고 현대적인 곳으로 알고 있었지만, 결혼하여 살게 된 곳은 강원도 시골마을이었다. 시골에서 시부모와 함께 살면서 한국 생활에 적응해나가기 시작했다. 놀러 다니는 것을 좋아하는 편이고, 남편과 딸과 함께 낚시를 다니는 것이 제일 좋다고 한다. 시골이어서 농사일을 거들기는 했지만, 대부분 시어머니가 많이 하고 연구참여자는 많이 한 편은 아니라고 한다. 결혼 초기에는 고향생각으로 많이 힘들었지만, 3개월 정도 지나 조금씩 적응해나가면서 한국을 좋아하기 시작했다. 한국인 남편은 연구참여자의 첫사랑이다. 네팔에서 부모의 이혼을 경험하면서 남자에 대한 환상이 깨져 남자친구도 사귀어본 적이 없었다. 그러다가 지금의 한국인 남편을 만났고 그의 자상하고 친절함에 푹 빠져서 결혼까지 하게 되었다. 한국에서 적응해나가는 데 가장 많은 도움을 준 것은 다문화가족지원센터였다. 그리고 시골마을이라 결혼이주여성들도 많고 학교에도 다문화가정 자녀들이 많아서 큰 어려움 없이 잘 지냈다. 하지만 2년 전 남편의 직장 때문에 고양시로 이사 왔다. 새로운 환경에 적응하기 위해 다시 다문화가족지원센터를 찾아가 친구를 사귀고 정보를 얻기 시작했다. 시골에서 올라온 결혼이주여성은 다시 새로운 도시의 문화에 적응해야 하는 전환기를 맞이한다.

(2) 연구참여자 2

연구참여자 2는 30대 초반이며 베트남 출신이다. 15세 연상인 남편과 함께 살고 있으며 아홉 살 아들이 있다. 연구참여자는 베트남에서 고등학교 학력을 지니고 있다. 베트남에서 살 때 어머니와 갈등이 많았지만, 두 살 연상의 언니와는 각별한 사이였다. 하지만 언니가 국제결혼을 통해 한국인 남자와 결혼하여 한국으로 가게 되었다. 어머니와의 갈등이 점점 더 심해지면서 자신도 언니가 사는 한국으로 가야겠다고 결심했다. 그래서 고등학교를 졸업하자마자 직접 결혼중개업소를 통해 남편을 찾았다. 어머니는 먼저 한국으로 시집간 언니가 한국에서 힘들게 살아가는 것을 보고 연구참여자의 국제결혼을 반대했다. 하지만 연구참여자는 어린 마음에 부모의 충고가 귀에 들어오지 않았다. 결혼은 보고 싶은 언니를 만날 수 있는 좋은 기회라고 생각했다. 15세 연상의 남편은 첫인상이 좋았다. 결혼중개업체의 단체 중매 자리에서 남편의 선택을 받고 강행한 한국행이었지만 결혼생활은 결코 만만하지 않았다. 남편은 6남매 중 막내아들로, 위로 누나가 5명이나 있어 시집살이는 첩첩산중이었다. 남편은 15세 연상임에도 불구하고 어린아이처럼 이기적이고 배려심이나 양보가 전혀 없었으며, 간섭도 많이 하는 편이었다. 연구참여자는 한국어를 전혀 모른 채 한국에 왔고, 초기에는 마땅히 배울 곳도 없어서 한국어를 배우는 것이 가장 힘들었다. 다행히 연로하지만 지혜로운 시어머니가 곁에서 1년간 손짓 발짓으로 연구참여자에게 한국어를 많이 가르쳐주었다. 부담감 때문에 한국어를 싫어했으나 시어머니의 도움, 그리고 같은 베트남 출신 친구의 도움으로 한국어를 서서히 익혀나가기 시작했고, 다문화가족지원센터에서 통 · 번역사로 일한 지도 7년이 되었다. 연구참여자는 지금 한국에 온 초기 베트남 결혼이주여성들을 위해 도우미 겸 통 · 번역 일을 하며, 자신의 어려움을 딛고 경험의 나눔을 통해 결혼이주여성들의 좋은 멘토가 되어주고 있다.

(3) 연구참여자 3

연구참여자 3은 30대 초반의 라오스 출신 결혼이주여성이다. 한국인 남편과 연애결혼을 통해 결혼한 사례다. 참여자는 자영업을 하는 부모 덕분에 넉넉한 가정에서 자랐다. 대학교에서 경영학을 전공했는데, 대학교 2학년부터 공항에서 2년 반 정도 일하면서 야간을 다녔다. 졸업하면서 증권사로 이직했는데, 거기에서 한국인 남편을 만나게 된다. 한국은 여행으로 다녀간 적이 있었고 좋은 이미지였기에 한국 남자에 대해서도 거부감이 없었다. 둘은 영어로 소통하면서 서로 좋은 마음이 생겨서 결혼에까지 이른다. 따라서 남편과 나이 차이는 다른 사례자들보다는 적은 편으로 다섯 살 연상이다. 남편은 증권사의 프로그래머로 그의 적극적인 구애로 둘은 결혼에 이르렀고 결혼식은 라오스에서 진행했다. 남편 부모가 직접 라오스까지 와서 결혼을 축하해주었다. 남편의 발령으로 한국에 오게 된 연구참여자는 새로운 땅에서 새로운 적응기를 맞이해야 했다. 남편과는 영어로 소통하기에 큰 문제가 없었으나 다른 가족과의 소통은 어려웠다. 다행히 주변에 다문화가족지원센터가 있어서 한국어를 배울 수 있었고, 부단한 노력과 탁월한 언어습득능력으로 한국어능력시험 4급을 통과했고, 라오스 대사관과 기업에서 통역 일을 할 수 있게 되었다. 시어머니를 좋아하는 연구참여자는 시어머니와 소통하고 싶었고, 이는 한국어 학습의 가장 큰 동기였다. 연구참여자는 현재 아들과 딸을 키우고 있고 두 아이의 양육은 모두 친정 부모의 도움을 받았다.

(4) 연구참여자 4

연구참여자 4는 인도네시아 출신으로 40대 초반의 결혼이주여성이다. 남편과는 연애결혼이었고 나이 차이는 아홉 살 정도 난다. 대학교에서 경제학을 전공한 연구참여자는 졸업 후 2년간 인도네시아 회사에서 경리일을 했다. 적극적이고 도전적인 성격의 연구참여자는 인도네시아에서 아무리 열심히 일해도 경제적 어려움에서 벗어날 수 없음을 느끼고 해외진출을 계획하고 있었으며 직장을 다니면서 모은 돈으로 휴가 때마다 해외여행을 다니면서 견문을 넓히기 시작했다. 싱가포르, 태국, 홍콩, 한국 등을 여행하면서 한국이라는 나라를 좋아하게 되었다. 그리고 28세 때 두려움 없이 해외진출을 시도했다. 여행 비자로 한국에 온 연구참여자는 불법체류자 신분으로 한국의 사출공장에서 생산직 일을 했다. 하지만 1년 지나자 법무부에서 불법체류자를 대상으로 비자 신청을 받아주는 기회가 생기면서 E-9비자를 신청하여 합법적으로 한국에서 일할 수 있었다. 한국어를 잘하지 못했던 연구참여자는 영어로 소통이 가능한 장점을 이용하여 같은 공장의 영어에 능통한 방글라데시 출신 친구의 도움으로 한국인 관리자들과 소통할 수 있었다. 남편은 같은 공장에 있던 동료 한국인이었다. 기술직에서 근무했던 남편은 월급도 높은 편이었고 연구참여자한테도 잘해주었다. 친정 부모는 한국인 남편과의 결혼을 반대했지만 한국에 와서 사윗감을 직접 만나보고는 허락했다. 결혼 이후 남편은 결혼 전부터 고질병이던 술버릇이 도졌다. 남편의 술 문제는 점점 심각해져서 직장에서 문제를 일으키게 되어 결국 직업을 잃고 경제적 능력까지 없어졌다. 결혼 후 3년 만에 아들을 낳은 연구참여자는 친정 부모의 도움을 받아 자녀를 키웠다. 자녀 양육의 부담에서 조금 벗어날 수 있게 되자 직접 직장을 다니면서 돈을 벌어 가족을 부양하기 시작했다. 결국 남편의 술버릇, 경제적 무능력, 폭력까지 가세하면서 연구참여자는 결혼 6년 만에 남편과 이혼하게 되었다. 이혼 이후 친정어머니의 도움으로 인도네시아 식당을 운영하면서 점차 사업을 키워나갔고, 지금은 베트남 식당도 함께 운영하고 있다. 남편은 이혼 후 1년 만에 알코올 중독으로 사망했다. 연구참여자는 아직 이 사실을 어린 아들에게 차마 알리지 못했다. 하나뿐인 아들은 적극적인 성격으로 의젓하고 친구관계도 좋은 편이다. 연구참여자는 어려운 환경 속에서도 한부모 이주여성 가장으로 '나는 무엇이든 할 수 있다'라는 자신감으로 한국과 인도네시아를 넘나들면서 긍정적으로 살아가고 있다.

(5) 연구참여자 5

연구참여자 5는 태국 출신으로 40대 중반의 결혼이주여성이다. 그는 태국 중산층 가정 출신으로 부모님이 모두 공무원이시다. 태국에서 고등학교를 졸업하고 좋은 대학교에서 법학을 공부했다. 대학 졸업 후 미국으로 유학을 가게 되고 MBA를 취득하여 귀국했다. 좋은 학력을 자랑하는 연구참여자였지만, 미국에서 태국으로 귀국한 후 일자리가 없어서 1년간 취업준비를 했다. 그 후 다국적 기업에 취직하여 10년간 열심히 일하여 회사로부터 인정을 받았다. 남편은 한국의 대기업 캐피탈 직원으로, 아시아 캐피탈 회사 교류를 위한 4박 5일 세미나에서 만났다. 이 세미나에서 그들은 서로에게 호감을 가지게 되었고 장거리 연애를 시작했다. 남편은 연애를 시작하고 나서 연구참여자를 만나기 위해 한 달에 한 번 태국으로 왔다. 연구참여자 역시 3개월에 한 번 정도는 남편을 만나러 한국에 왔다. 남편의 끈질긴 구애로 가족의 반대도 무릅쓰고 결혼을 강행했다. 두 사람의 결혼은 한국과 태국에서 두 번에 걸쳐 치러졌다. 일 욕심이 많은 연구참여자는 결혼 이후에도 일을 계속하려고 태국에 머물렀다. 하지만 6개월 뒤 임신을 하고 임신 후유증으로 결국 남편을 따라 한국으로 이주했다. 갑작스럽게 아무런 마음의 준비 없이 이주하게 된 연구참여자는 임신 후 우울증으로 고생하게 되고 이는 자녀 출산 이후까지 이어져 2년간 극심한 적응의 어려움을 겪는다. 자녀가 어느 정도 자라 어린이집에 보낼 수 있게 되자 연구참여자는 한국어도 배우고, 다양한 프로그램에 참여하면서 적극적으로 한국 사회 적응을 시도하게 된다. 영어를 잘하는 자신의 장점을 이용하여 동네 엄마들과도 친해질 수 있었고, 자신의 능력을 활용하여 다양한 일을 하려고 시도했다. 그는 지금 서울시에서 운영하는 일자리 교육 프로그램 강사로 활동하고 있으며, 대학교에서 글로벌 마케팅 강의도 한다. 자녀 교육을 중요하게 생각하고 있기에 전문직보다는 아직은 프리랜서로 활동하고 있으며, 아이에게 태국이라는 엄마나라의 중요성을 알려주고자 태국과의 왕래도 꾸준히 유지하고 있다.

(6) 연구참여자 6

연구참여자 6은 필리핀 출신으로 30대 초반의 결혼이주여성이다. 필리핀에서 살던 시절 마을축제 미인대회에서 1등을 할 만큼 수려한 외모를 지니고 있었다. 남편은 19세 연상으로 지인의 소개로 만나 연구참여자에게 첫눈에 반해 적극적인 구애를 통해 결혼에 성공했다. 연구참여자는 지금 한국에서 초등학교 1학년에 다니는 아들을 양육하고 있으며 시댁과의 관계는 원만한 편이다. 다행히 시부모는 나이 어린 며느리를 귀엽게 봐주고 있었으며 연구참여자 역시 씩씩한 모습을 보여주고자 노력을 많이 하는 편이다. 연구참여자는 필리핀에 있을 때는 가톨릭 신자였지만 한국에 와서 다문화가족지원센터에서 목사님을 만나면서 교회에 다니기 시작했다. 어려서부터 종교적인 영향을 받아 결혼에 대해 신성하게 생각하고 이혼은 절대로 하면 안 된다고 생각했다. 연구참여자는 다문화센터에서 한국음식 만드는 것을 배웠고, 영어학원에서 영어강사로 일한 경력이 있다. 아들 양육 때문에 남편과 갈등도 있었지만 한국어 능력이 향상되면서 소통으로 해결하고 있다. 연구참여자는 자녀가 어려서 직장생활과 가사일을 병행하기 어렵게 느껴져 학원 강사 생활 2년 만에 다시 가정주부로 돌아왔다. 자신이 초기에 한국에 와서 겪은 언어적 어려움을 생각하면서 출입국관리사무소에서 통역 봉사를 하고 있다. 봉사활동을 통해 다양한 정보를 얻어서 한국 사회에 더 잘 적응하고, 한국 사회에 처음 와서 어려움을 겪고 있는 필리핀 사람들을 도와줄 수 있어서 뿌듯함을 느끼고 있다.

3) 분석 틀

연구자는 동남아 출신 결혼이주여성들의 주체적 삶에 대해 기술하기 위해 사례연구 방법을 활용했다. 사례연구는 심층적인 자료수집을 거쳐 사례들을 탐색하며, 사례 기술과 사례를 기반으로 한 주제들을 보고하는 방법이다. 사례연구는 심층면접의 결과를 상세하게 기술하고 분류하는 과정을 거쳐 연구문제와 관련된 주제들을 찾기 위해 각 사례를 분석하는 사례 내 분석과 여러 사례에서 나타나는 주제들의 유형을 발견하기 위한 사례 간 분석을 거쳐 사례들의 의미에 대한 해석을 제시한다. 결혼이주여성들의 관계적 공간에서 행위 주체로서의 행위양상을 살펴보기 위해 〈표 2-2〉와 같이 분류하여 주제단위를 도출했다.

다음 장에서는 이러한 분석 틀에 기초하여 가정, 지역, 사회라는 공간 속에서 연구참여자들이 보여주는 다양한 주체적 삶의 모습들을 기술하고자 한다. 그들의 주체적 삶의 밑바탕에 깔려 있는 것은 무한한 자식 사랑, 남편 사랑, 시댁 사랑 나아가 한국 사랑이었다.

〈표 2-2〉 분석 틀

대분류	소분류	주제
개인	자녀와의 관계	나의 버팀목
		자녀와 동반 성장하기
	남편과의 관계	참고 적응하기
		조금씩 목소리 내기
	시어머니와의 관계	더불어 살아가기
		맞춰주기를 통해 성장하기
지역	학부모와의 관계	차별로 인한 위축
		어려워도 자녀를 위해 내가 먼저 다가가기
	지역주민과의 관계	협소한 지역사회 관계망
	자조모임	내 마음의 안식처
		정보교류와 역량강화
사회	직장 상사 및 동료와의 관계	삶의 활력을 더해주는 직장생활
		직장생활을 통해 인정받기
	초국적 관계	친정의 돌봄 노동 활용
		초국적 행위전략

3.
개인 영역에서의 주체적 삶

1) 자녀와의 관계

(1) 나의 버팀목

결혼이주여성의 어머니 되기는 문화적 · 정서적 · 언어적으로 소통과 교감의 어려움(김경숙 · 김민경, 2014), 가족을 떠나 타국에서 살아가는 상황적 위기와 결혼 및 임신, 출산으로 인한 발달적 위기가 가중된 이중 스트레스, 준비되지 못한 모성 등이 갈등 요소로 작용하여 모르면서 해나가는 당황스러운 경험이다(김태임 외, 2012). 결혼이주여성의 어머니 되기에 관한 현상학적 연구(김민영, 2014)에서는 양육에 대한 경험이 없고 낯선 상황에서 자녀 양육에 관한 정보 부족이 어머니 되기에 부정적인 영향을 미친다고 했다. 마찬가지로 연구참여자들도 외국이라는 낯선 환경에서 육아를 감당해야 하는 어려움을 겪고 있었다.

"애들이 크고 학교 가면 제가 한국말 잘 몰라 가지고, 애기가 뭐 물어보잖아요? 어떨 때는 제가 대답을 못 해요. 그거 뭔지 모르니깐. 그런 거 만약에 애들이 더 크면 힘들잖아요? 또 우리는 말을 못 하고 자기들은 말이 좀 많아지고. 그럴 때 엄마가 뭐 어떻게 답을 해야 되는가? 그런 것. 그런 것 고민도 많고 또 애들이 여기는 다문화 애들이라서 그런 것도 있어요. 그래서 어떨 때는 괜히 한국 사람이랑 결혼했다 싶은 거 고민도 많고요." (연구참여자 1)

연구참여자들은 자녀가 성장하면서 자신이 자녀에게 해줄 수 있는 것이 점점 줄어들고 있음을 느끼며 불안감도 더 깊어진다. 어머니의 언어 습득이 자녀의 언어 습득 속도를 따라가지 못하고 있다. 그리고 다문화가정 배경으로 인해 자녀가 학교에서 차별받을까 걱정이 많다.

"이민자로서 제가 제일 고민하는 거 아이밖에 없어요. 혼자 살면 편하게 살 수 있으니 괜찮을 것 같지만 제가 가르치는 교육은 자연스러울 수 없어요. 왜냐하면, 깊이 가르치지도 못하고. 언어는 완벽하게 못 하고. 어쩔 수가 없다. 집에서 아이만 키우다가도 유치원 가서, 어린이집 가서, 정보, 그 안내장 같은 거. 읽을 수가 없어. 특히 초등학교 엄청 많고. 단어들이 들어오고. 그래서 엄마들이 학교에서 뭔가 보내도 못 읽어주죠. 어떻게 아이에게 도움이 될 수가 없다. 아이에게 문제가 생기는 점, 왕따 같은 거. 제일 중요한 사람인 엄마가 항상, '나 몰라.' 할 수가 없잖아요. 아직 아이인데. 초등학생." (연구참여자 5)

젊음, 사랑 등을 믿고 용감하게 한국 생활에 도전했지만, 결혼과 더불어 닥쳐온 임신 그리고 출산 등의 경험들은 만만하지 않았다. 한국이라는 사회에 미처 적응하기도 전에 그들은 인생에서 처음 겪는 임신과 출산, 그리고 이어지는 자녀 양육도 감당해야 했다. 특히 자녀가 커서 학교에 들어가면서 연구참여자들의 두려움과 걱정도 더 많아진다. 그들은 남편의 도움으로 안내장을 이해하고 자녀가 학교에서 뒤처지지 않게 하려고 노력한다. 연구참여자 5는 자녀 양육의 어려움을 학업을 통해 해결하고자 자녀가 어린이집에 다니면서 시간적 여유가 생기자 곧바로 ○○대학교 어학당에 등록했다. 자녀가 성장함에 따라 엄마로서의 역할을 감당하기 위해서는 더 많은 노력을 해야겠다는 절실함을 느꼈기 때문이다. 연구참여자는 대학교에 다니면서 한국 사회도 알아가고 한국어 능력도 향상시킴으로써 자녀의 성장에 도움이 되고자 한다. 연구참여자들 중 영어능력이 뛰어난 필리핀 출신 결혼이주여성과 미국 유학 경험이 있는 연구참여자 5는 자신들의 영어능력으로 자녀들의 교육에 도움을 주고자 했다.

그들은 보편적으로 한국의 과다한 학업량과 학원을 통한 사교육에 대해 부정적 시각을 가지고 있었으며, 이로 인해 남편 또는 시부모님과 갈등을 겪기도 한다.

"어머님은 초기에 연세 많이 드셨으니깐 예전 방식이잖아요? 그러면 어머님의 예전 방식 아니고 형님들이 자기 아이 키우는 방식으로 그때 예를 저한테 옮기시는 거예요. 그런데 저는 여기서 받아들이기 힘들잖아요. 왜냐하면 형님들의 경제력이 되게 여유 있어요. 형님들이. 그러면 당연히 우리 가정에 맞지 않는 교육을 시댁에 도입할 수밖에 없잖아요. 그래서 저는 거부하는 거죠. 형님을 따라 하면 우리 죽어요. 어머님 그렇게 말씀하시는데도 형님들이 진짜 수백 번을 집에 찾아와서 저한테 막 이렇게 해야 되고, 저렇게 해야 되고 형님까지 이렇게 간섭까지 받아들이니깐 폭발 터지는 거죠. 그래서 안 되겠다." (연구참여자 2)

연구참여자 2는 자녀 양육에 대한 시어머니의 일방적인 교육방식 강요가 심히 불편하다. 시어머니는 자신의 딸들이 아이 키우는 모습을 보면서 며느리한테도 똑같은 방식으로 자녀를 양육하기를 강요한다. 하지만 넉넉하지 않은 가정 형편에 어린 자녀가 하기 싫어하는데도 돈을 들여가면서 학원을 보내야 한다는 것에 연구참여자는 심하게 반발하고 있었다.

"이거는 아이마다도 기질, 자기 성격, 타고난 것 있잖아요. 이 아이랑은 이 아이랑 똑같은 방식으로 키울 수 없는 거죠. 아이 특성에 맞게 키워줘야 되는데 왜 굳이 따라 해야 되냐? 그거 어머님한테 계속 말씀드렸는데 어머님은 안 된다. 한국에서는 이렇게 해야 된다. 그냥 형님들이 계속 어머님한테 막 자극을 주고 어머님이 듣고 아 그거 맞다, 맞다. 왜냐하면 자기 딸의 말을 믿을 수밖에 없잖아요? 며느리인 내가 볼 때는 우리 아이가 그런 아이 아니야. 따라 할 수 없어. 그냥 일단은 엄마 아빠가 왜 있는 자원에서 아이 키우면 되잖아요? 그렇게 말씀을 드리는데 어머님은 그거 아니야. 그게 교육을 하는데 되게 힘들었어요. 어머님이 벌써 막 영어 과외 같은 것 이렇게 학원에 진짜 집중하게 도입해라. 근데 아니, 아직은 초등학생 2학년인데. 너무 공부. 저도 공부 많이 해봤잖아요? 누구나. 처음에 너무 힘겹게 시작하면 나중에 질려요." (연구참여자 2)

한국에서의 어려운 삶으로 자녀에게 더더욱 의지하는 연구참여자에게 자녀의 교육 문제에 대한 의견충돌은 시댁과의 가장 큰 갈등 요소다. 연구참여자들은 자녀의 어머니 입장에서 시어머니에게 대들어보기도 한다. 결혼이주여성들도 주체적 행위자로서 자녀 양육에 자신들만의 생각과 주장이 있었다. 즉, 자신의 삶의 경험에 의거한 자녀 교육에 대한 주장이다. 그들은 자녀의 어머니로서 자신들을 아기 취급하는 시댁과 남편을 설득하고자 노력하고 있었다.

> "(혹시 다투시면 어떤 문제로 다투셨어요? 싸우시면….) 아기 때문에요. 아기 키우는 방법. 우리 서로 달라서. 내 문화랑 남편 문화랑 달라서. 나는 이렇게 좀 자연스럽게 하고 싶어. 놀아. 놀아. 계속 놀아 이렇게. 나중에 넌 자기 크면 못 놀아. 나도 그렇게 했잖아요. 그래 놀아. 1학년 해도 그때도 이거 하고 그래서 남편이 수학학원, 이거 학원 보내고 싶은 거예요. 근데 아기가 안 가. 네. 안 가고 싶어. 그래서 남편이 그래 운동만 해라. 했는데 운동했어요. 근데 운동 매일 가니까 싫어했어요. 저는 일단 냅둬. 1학년이니까 좀 시키자 좋아하는 거. 어차피 우리도 좋아하는 것도 있지만 아이한테 시키고 싶지만, 아이가 안 따라와. 막 갔다고 해서 간 줄 알았는데 거짓말해서 사실은 안 간 거야. 난 안 시킬 거야. 난 한 번도 안 시켜요. 근데 남편은 막 수학 이거 잘하고 싶다고 하는데. 여기는 학원 있으니까 너 알고 싶은 것들 다 마음대로 하고 이거 주고 하고 싶으면 하라고 한 거예요. 근데 아기가 놀고 싶어. 그럴 때마다 싸워요."
>
> (연구참여자 6)

황정미(2012)는 자녀의 성공적인 교육을 통한 계층 상승이동을 어머니의 역할로 중요시하는 한국 사회의 모성규범이 어머니로서 이주여성의 결핍을 만들어내고 이들을 수동적이고 의존적인 어머니로 묘사하고 있다고 지적한 바 있다. 하지만 본 연구의 참여자들은 자녀 교육에 자신들만의 주장을 지니고 있었고, 한국의 교육시스템에 불만을 가지고 있었으며, 가족들의 반대 속에서도 자신들의 생각을 자녀 교육에 반영하고자 노력하고 있었다.

주체적 행위성에 주목한다는 것은 구조를 부정하고 과소평가하는 것이 아니라 개인이 어떻게 구조적인 제약에 대처하고 그것을 극복해나가는가에 관한 '차별화된 경험'을 이해하고자 하는 노력을 의미한다(정현주, 2009). 결혼이주여성의 양육 경험에서 드러나는 주체적 행위성에 주목하는 작업은 어머니로서 결혼이주여성의 정체성이 끊임없이 협상되고 만들어져가는 과정임을 이해해야 한다. 이들은 주체적 양육 경험을 둘러싼 사회적 · 구조적 제약의 억압 속에서 많은 고민을 하고 있었고, 힘겹게 자기주장을 펼쳐내고 있음을 볼 수 있었다. 연구참여자들은 누구보다 이국땅에서 자신의 편이 되어줄 자녀에게 깊은 모성애를 느끼고 있었으며, 자녀 교육도 자녀가 힘들지 않게 하는 방법으로 자녀 중심으로 생각하고 있었다. 이처럼 자녀 사랑은 그들이 낯선 타국에서 삶을 살아가는 버팀목이 되어가고 있었다. 그들은 자녀 양육이라는 낯선 경험을 통해 책임감을 형성하고, 한국인 어머니라는 정체성을 형성하면서 양육의 주체로 자리매김해가고 있었다. 이렇듯 그들은 '옛날 사람'인 시어머니의 양육을 지켜보면서 때를 기다리기도 하고, 때로는 '요즘 엄마'로서 자신의 의견을 주장하기도 하며 주체적 양육자로서 자신의 위치를 협상하고 조정한다.

(2) 자녀와 동반 성장하기

결혼이주여성들은 자녀와의 상호작용을 통해 기쁨을 얻고 있었고 자신의 성장을 이루어가고 있었다. 이국타향에서 자녀의 성취는 어머니의 성취감으로도 이어지고 있었고, 자신은 힘들지만 자녀만은 행복한 한국인이 되어서 잘 살아가기를 희망하고 있었다. 어머니 되기는 새로운 역할이 그저 추가되거나 획득하는 것이 아니라 가족, 과거력, 삶의 경험 등을 내포한 여성의 정체성을 통합(synthesis)하는 것이다(Sawyer, 1999). 연구참여자들은 자녀 양육의 어려움 속에서 한국 사회에 대해 알아가고 개인적 성장도 이루어내고 있었다.

연구참여자 2는 아들이 2학년 때 학교에서 갑자기 사라지면서 담임교사와 불편한 언쟁이 오고간 적이 있었다. 학교에 보낸 아들이 갑자기 사라졌다는 전화를 받고 당황한 나머지 교사한테 소리를 질렀고, 교사는 그런 연구참여자에게 자세한 상황 설명 없이 다른 아이들 급식시간이어서 연구참여자에게 아들을 찾으라고 했다. 연구참여자는 그 시간 직장에 있었기에 이 일로 교사에게 불만을 토로했고, 교사도 처음의 태도를 바꾸어 연구참여자에게 사과했다. 부족한 한국어였지만 그는 자신이 해야 할 말과 놀란 심정을 직접적으로 토로함으로써 교사의 이해를 얻었고, 이런 일이 있은 이후로 자녀에 대한 교사의 태도도 조금 바뀐 것 같다고 한다.

> "지금은 아이가 막 잡아. 아이가 잡으니깐 저는 그냥 듣고 그냥 저만 알고 그냥 집에 와서 다 듣고, 도와주는 거지 아들한테. 이런 경험을 통해서 이렇게 저도 좀 하나 더 배웠고 엄마로서 어떻게 해야 되는지 하나 더 배우는 거죠. 그래서 처음에 안 좋았지만 지금 생각해보면 좋은

경험이고, 좋은 교육을 받았구나. 아니면 모르잖아요. 그죠? 아이가 무난하게 학교 가면 나중에 고등학생 올라갈 때 이 문제 발생하면 더욱 그때는 진짜 더 당황하는데 참 다행이죠. 저는 이런 것 긍정적으로 생각 안 하면 솔직히 우리는 거기에 푹 빠질 수밖에 없잖아요. 빠져나갈 수 없고….” (연구참여자 2)

연구참여자 2는 그 사건 이후 교사와 상담 등을 더 자주 하게 되었고, 이렇게 자녀의 문제를 미리 예방할 수 있어서 좋았다고 한다. 그는 이 사건을 계기로 한국어 공부의 필요성을 더욱 느끼게 되었고, 결혼이주여성들도 구직에 급급해하기보다 멀리 내다보고 한국어 능력을 먼저 다지는 것이 좋다고 생각하고 있었다. 연구참여자는 어려웠던 경험 속에서도 그것을 성장의 기회라고 긍정적으로 생각하고 자녀의 미래를 위한 교육의 일환이라고 여긴다. 연구참여자는 긍정적인 자화상을 가지고 있었고, 이러한 긍정적인 성격들이 어려움을 만났을 때 적극적으로 대처하게 만들었으며, 대처의 경험들을 통해 다시 한번 엄마로서의 마음가짐을 다져본다.

“예전에는 나 어릴 때 좀 약간 그런 것 많았어. 보면 되게 막 우울하고 그랬는데, 사회에 나가고 이런저런 사람을 만나고 교육도 받고 역시 공부를 더 많이 하게 되니깐 사람이 생각이 바뀐 것 같아요. 갈수록은 한국에서 10년이 지나면 솔직히 일단은 언어 배우면 자기는 갈수록은 편해지는데, 안 배우면 갈수록은 자기 힘들어질 수밖에 없잖아요. 이런 것 결혼이민자분들이 이렇게 생각을 바꿔야 되는데. 진짜로 지금은 저는 가끔 그런 고민을 하게 돼요.” (연구참여자 2)

결혼이주여성들이 자신들이 거주하는 공간에서 자신의 정체성을 구성하기 위해서는 사회적 인정이 필요하다. 사회적 지지체계는 그들의 건강한 정체성을 형성하는 데 도움이 된다. 이 속에는 다양한 교육적인 지지도 포함되어 있다. 이 와중에 모성은 바로 자신의 정체성을 사회적으로 보증하기 위한 장치가 된다. 결혼이주여성들은 생애 경험을 통해 모성과 국민의 경계를 계속해서 협상하면서 자신의 정체성을 구성해나간다.

이 밖에도 연구참여자들은 본국 문화와 한국 문화의 두 가지 영향 속에서 자녀에게 엄마나라의 문화에 대해 알려주고자 노력하고 있다. 연구참여자 6명 중 1명은 시부모와 함께 거주하면서 시부모가 자녀 양육을 도와주고 있었고, 4명은 친정 부모가 육아를 도와주고 있었다. 그리고 1명은 다문화가족지원센터에서 지원해주는 산모 도우미 서비스를 이용했다. 이들 중 친정 부모의 도움을 많이 이용하고 있는 경우에는 남편의 협조가 필수였다. 또한 친정 부모가 육아를 도와주는 경우에는 매우 자연스럽게 엄마나라의 문화가 자녀들에게 전달되었다. 자녀들은 친정 부모와 동반하여 1년에 한두 번씩 엄마의 모국에 다녀오기도 하면서 엄마 나라에 대해 알아가는 시간이 된다. 물론 여기에는 남편의 지지가 중요하게 작용한다. 태국 출신 연구참여자 5는 친정가족의 자원을 활용하여 자녀의 외국어 능력을 향상시키고 있었고, 딸은 엄마가 태국 출신임을 자랑스럽게 여기고 친구들한테 자랑한다.

> "아빠가 영어가, 태국어도 중요하다고, 영어도 태국어도 중요하다고, 1년마다 태국 보내요. 태국 보내고, 저도 부모님 만나고 ○○는 캠프. 우리 친언니가 딸 외국인학교 다니는, 원장이 언니의 친구에요. 그래서 ○○ 갈 때마다 한 달 맡기고 그래서, 학교에서 캠핑 다니고, 낮에 영어

캠핑하고, 밤에는 우리 엄마랑 같이 생활하고. 태국어로. 방학, 보통은 여름방학. 겨울방학은 우리 가족 여기 와요. (1년에 두 번은 그래도 가족분들이 서로 만나시네요?) 네, 만나. 언니랑 딸이랑 엄마, 다 같이 오시구요." (연구참여자 5)

아직은 한국 사회 현실에서 자신의 민족정체성을 지키며 여러 가지 사회문화적 제약을 극복하고 아이들에게 양국의 문화를 모두 전달하는 양육자로 존재하는 것은 쉬운 일이 아니다. 또한 결혼이주여성 개인의 부단한 노력에만 절대적으로 의존해야 하는 것은 한계가 있다. 언어 습득은 환경적 요소가 굉장히 중요하다. 남편과 이혼 후 사별함으로써 자녀 양육의 주도권을 가지고 있는 연구참여자 4는 친정 그리고 모국 중심 커뮤니티의 도움을 받으며 자녀의 이중언어교육을 성공적으로 이루어내고 있었다.

"아들이 태어날 때부터, 1년 있다가, 갔어요. 갔다가 1년 이후로 또다시 왔어요. 한국에. 계속 왔다 갔다 하시다가, 완전히 오신 게 7년 정도 되신 거군요. (인도네시아 왔다 갔다 하세요?) 네. 만약에 학교 방학하면 우리 아들하고 같이 갔어요. 갔다 왔어요. 한 달 전에도. 방학 끝나기 전에 다시 한국에 와요. 오빠 집에 가고, 우리 아들도 가면 인니어, 인도네시아어 배울려구. 저랑은 한국어 쓰는데, 중간중간 이야기할 때 인도네시아어 하고 그러는데 잘 이해하고, 답변도 인도네시아어 답변하고, 애 마음이에요. (웃음) 그렇게 하면 한국어 답변하고. 그런데 우리 엄마랑 하면, 엄마가 일부러 시키는 거예요. 인도네시아어. 잘 기억하라고." (연구참여자 4)

이처럼 한국에 거주하는 외국인의 숫자가 많아지면서 결혼이주여성들의 삶의 모습도 다양한 형태로 드러나고 있다. 결혼이주여성이 출신국의 문화와 언어를 자녀에게 가르치고 다문화가족의 구성원으로서 자녀들이 겪을 수 있는 어려움에 대처하는 방안을 마련하는 일련의 과정은 다문화가족에게 필수적인 양육과정이다. 임신, 출산, 양육, 교육 등 한 사람을 온전한 사회의 구성원이 될 수 있도록 성장시키는 것은 사회적 재생산 체제 속에서 일어나는 일이다. 이러한 양육과정은 다문화가족의 가족관계 및 역동과 상호작용하면서 이루어지고, 결혼이주여성이 자녀 양육에서 어머니로서 주체적 행위성을 발현할 기회를 제공한다. 따라서 연구참여자들은 건강한 정체성을 바탕으로 주체적 행위성을 발현하여 자녀들에게 엄마나라의 문화를 알리고 언어를 가르치고 있다.

2) 남편과의 관계

(1) 참고 적응하기

가정의 범주 안에서 전개되는 결혼이주여성의 문화적응 과정은 문화 차이를 대하는 여성의 태도를 수정함으로써 자신과 남편에게 각각 내재된 문화 차이의 경계를 좁혀나가는 것이었다. 결혼이주여성들은 한국사회에서 1차적으로 자신들의 피나는 노력으로 한국어를 습득하고 한국문화를 배워나가야 했다.

"우리나라는 그런 것 많아 가지고 뭐 뭐 넣으면 맛있다고 생각 들고 그 향신료 같은 것 넣고 먹어야 되는데. 예전에, 지금은 제가 변해요. 왜냐하면 지금은 혼자 살잖아요. 예전에는 제가 먹고 싶을 때 그런 것 하지 말라고 어머니 계시는데 그런 것 하지 말라고. 그런 것. (웃음) 아니면 지금 지금은 내가 먹고 싶을 때 먹고 아니면 지금은 거의 우리나라 음식이 거의 그렇게 많이 먹고 싶지는 않아요. 왜냐하면 제가 여기 오래되어 가지고 한국 음식 다 맛있어요. (웃음) (자녀는 음식, 네팔 음식 잘 먹어요?) 안 먹어요. 아예 안 먹어요. 냄새 난다고. 그거 고추예요 우리나라. 근데 냉장고 넣는데, 내가 냉장고 넣는데 자기 꺼내달라고 그거. (웃음) 안 먹어요. 아주 그거 보면 기절해요. 그래서 냄새 나는 거는 제가 조금, 조금 먹여보고 싶었는데 안 먹어요. 근데 처음에는 집에 뭐 만들면 그냥 친구들 오면 만들고 아니면 못 먹어요. 우리 애기는 안 먹을라 해요." (연구참여자 1)

이러한 경험들을 통해 그녀들은 한국에서 한국인의 아내로서 삶에 정착하고, 개인의 성장과 발달을 이루어내고 있었다. 한국 사회의 삶에서 그들이 가장 우선순위에 두는 것은 자신의 모국 문화를 전달하는 것이 아니라 한국 사회에서 생존하는 데 있을 때가 많다. 그럼에도 시댁이나 남편의 일방적인 적응에 대한 강요는 그들을 불편하게 만들고 있었다.

"부부는 왜 처음에 좋은 관계로 시작하더라도 같이 살면서 이렇게 조금 맞춰야 되는데 한쪽에만 맞춰주고 그러면 힘들잖아요. 그거는 소송도 안 되니깐 그러면 그거는 더 애로사항이 더 많이 일어날 수밖에 없는 거죠. 근데 제일 문제점은 왜 한국인들이 그냥 네가 한국 왔으니깐 한국어 배워라. 한국 문화 배워라. 그런 생각을 갖고 계시는지 이해를 못 하겠어. 지금 다시 생각해보면 그 당시 내가 한국어 못했다면 남편은 남의 국어를 배웠어야지. 나의 문화를 먼저 알아봐야지. 내가 베트남어의 어떤 문장으로 구성했는지 알아보면 내가 이야기하는 거 좀 이해하고. 얘는 아직 한국말 모르니깐 베트남 문장 구성으로 나한테 표현했구나. 약간 이해할 수 있는데. 한국 와서 사니깐 무조건 한국어에 다 적응하라. 그런 남편 그런 시댁 식구들이 되게 많이 있더라고요. 그래서 자꾸 문제 일어나는 거죠. 특히 부부갈등이 생기는 것을 더 만들거나 그런 것, 성격 차이점의 그거는 누구나 특히 외국인 부부뿐만 아니라 한국인 부부도 거의 그 성격, 삶에 있는 방법이 다르면 또 싸움이 일어날 수 있잖아요? 근데 제일 문제 생기는 거는 고부갈등이죠. 고부갈등은 왜 일어나냐면 시어머니하고 며느리 시대 되게 다를 뿐만 아니라 문화도 자체 다르잖아요. 언어도 통하지 않고 그 고부갈등에 만약에 일어났으면 부부관계까지 영향이 안 좋아. 안 좋은 영향까지도 미칠 수밖에 없는 거죠." (연구참여자 2)

한국에서 결혼이주여성으로 살아가기 위해 그녀들은 치열하게 노력한다. 하지만 아무리 노력해도 뛰어넘을 수 없는 장벽을 느낄 때, 게다가 지나친 적응에 대한 강요를 받게 되면서 마음속에 불평이 쌓이게 된다. 이는 남편과의 불화, 그리고 고부갈등도 빚어내는 경우가 있었다. 다행히 연구참여자 2는 한국어 능력이 향상되면서 남편과의 많은 대화를 통해 서서히 가족의 신뢰를 얻어가고 있었다.

연구참여자 5는 태국 증권회사에서 한국인 남편을 만나 열렬히 사랑하여 결혼을 하게 된다. 국경을 초월한 낭만적 사랑을 통해 결혼했지만,

한국에서 살아가기에는 여전히 이주민으로서의 고달픔이 있었다.

> “아이 태어나고 나서 조금 우울증 걸리나 봐요. 가족 많이 생각하고. 그 허무한… 뭔가 자체가, 일보다는 아이가 중요해. ○○는 어떻게, 아빠 없으면 어떻게 키울까. 계속 생각해요. 반복. 다른 생각도 아니고. 또 뭔가 몸, 여자 몸이 바뀌었어요. 제가 옛날엔 슬림했는데, 지금은 10킬로 쪘는데, 가슴도 크고, 젖도 나오고. 이것도 크고, 옷도 아휴, 불편. 몸도 불편하고 머리도 스트레스 받고. 그때는 우울증 같은 거 걸렸어요. 여기 이사 와서 남편은 일하고, 늦게 끝나고. 나는 그냥 머리가 이렇게, 몸, 샤워도 못 하고 아이 키우고. 어떻게 하는지도 모르고 있고, 언어도 모르고. 남편만 기다리고 있고. 남편도 스트레스 받은 거 같아요. 지금 생각해보니까. 남편도 어떻게 잘해주는지 그때는 자기도 몰랐을 걸? 어떻게, 결혼하고 나서 책임감 갖는 거 당연히, 누구나 알고 있는데, 그 이상은 어떻게 익히는지. 그 사람 있는 순간은 스트레스 받는 거죠. 또 남편이 나한테는 도움이 안 되고. 남편도 힘든 것 같아하고. 서로가 많이 생각을… 하지만 남편이 계속 책임감 내주고, 하지만 저는 계속 생각이 나가야겠다, 나가야겠다. 이거는 맞지 않는다. 계속 생각하고.” (연구참여자 5)

자녀를 출산하고 겪는 어려움에 대해 남편들도 처음 겪는 일이라 당황스럽고 힘들기는 마찬가지였다. 더욱이 한국인 남편들은 아내의 가중된 자녀 양육 스트레스를 알면서도 어떻게 도와줄지 몰라서 더 답답하다. 낭만적 사랑으로 결혼했지만 자녀 양육의 어려움은 부모 모두를 당혹스럽게 만들고 있었다. 연구참여자 5는 한국에서의 언어 부족, 정보 부족, 남편의 늦은 귀가, 소통의 어려움과 육아 스트레스 등 터널 같은 어려움 속에서 스스로 자신에게 용기를 불어넣으며 탈출구를 찾아본다.

> "스트레스 받기보다는 제가 메디테이션 했어요. 매일. 중앙공원에서 아이스톨러에서 걷고 운동하고 생각하고. 어떻게 하지. 이혼하면 태국 가서 뭐가 해야지. 이런 거. 하다가, 하지만 다른 여자도 결혼했잖아. 다른 사람 될 수 있잖아. 왜 나는 못 해. 나도 1등, 2등 이렇게 갔잖아. 패스했잖아. 일도 10년이나, 나도 일 시작한 데도 슈퍼바이저 했잖아. 매니저까지 올라갔잖아, 이것도 힘들게 해봤잖아요. 왜 이런 일 못 이겨내지? 그렇게 반복 생각하고. 평생 우는 거는 거의 매일이요. 그래서 다른 후배들이 여기 와서 뭔가 힘든 상황… 아… 괜찮다… 제가 해봤으니까. 나중에 시간의 흐름으로 익힐 수가 있다. 마음먹으면." (연구참여자 5)

연구참여자는 출산, 육아로 인한 어려움으로 이혼까지 생각할 정도로 가정의 위기감을 느꼈지만 스스로 마음을 추스르고 살아보려고 노력한다. 바뀌지 않는 현실상황을 극복하기 위해서는 자신의 마음가짐과 생각을 고쳐야겠다는 생각을 하게 되었고 마음 그리고 건강을 회복하기 위해 스스로에게 용기를 불어넣고, 운동도 해본다. 이러한 자신의 어려움을 통해 같은 나라 출신 외국인 결혼이주여성들에 대해서도 깊이 이해하고 공감할 수 있게 되었고 책임감을 갖게 되었다. 그는 2개국에 걸쳐 생활문화를 경험했기에 태국에 대해서도 한국에 대해서도 자신만의 주장을 가지고 생각들을 정리해나가고 있었다. 즉, 다양한 문화에 대한 경험을 바탕으로 한국 사람에 대한 이해의 폭을 넓히고 있었다. 이는 자신의 마음을 추스르는 데도 많은 도움을 주었다.

"한국 사람 태국 가면 태국 사람 게으르다고 생각해도 된다. 하지만 한국에 와서 이거 준비하는 마음먹지 않으면 겨울에는 죽겠다. 이거 여름 오면 이거 준비해야지. 왜냐하면 덥겠다. 이렇게 이렇게 항상, 빠르고 준비, 미리 생각. 그거는 그 상황이 다르죠. 그래서 한국 사람은 이런 사회 같아서 나 뭔가 바꿔야겠다. 뭔가 해야겠다. 모르는 거, 지금 시작하지 않으면 나는 어디든지 누구든지 같이 살 수가 없다. 다른 사람 때문이 아니라, 나. 이 남자랑 결혼하는 거 나도 결정했잖아. 이렇게 반복 생각해서. 답은 나오는 거죠. 다른 사람이랑 같이 나누기, 이야기 나누기보다는. 시간이 흐를수록 투명하게 반복 생각하고. 진심으로 깨달았죠." (연구참여자 5)

연구참여자는 절망적인 상황에서 벗어나고자 생각 바꾸기, 운동하기, 남편과 거리 두기 등 방법을 강구하여 막막한 현실을 개선하고자 노력한다. 자신이 사랑해서 선택한 한국남자, 그리고 이 사람과 함께하려면 자신이 죽을힘을 다해 노력해야 함을 깨달았기 때문이다. 연구참여자는 한국어 습득을 위해 다문화가족지원센터를 방문하고, 자녀가 어린이집을 다니기 시작하자 체계적으로 언어를 배우려고 ○○대학교 어학당에 등록하여 공부를 계속했다. 그는 학업을 통해 정보를 획득하고 한국 사회 문화적응의 발판으로 삼고 있었다. 남편에 대한 열렬한 사랑, 자신의 선택에 대한 책임감이 모든 어려움에 대한 부단한 노력으로 드러나고 있다. 한국적인 상황에, 자신의 어려움에 적응만이 살길이라는 생각이 들었기 때문이다. 외로운 타향살이에서 남편에 대한 집착이 오히려 부부관계의 걸림돌이 됨을 깨닫게 되었고, 이를 해결하기 위한 방법으로 자신만의 영역을 확보하고자 다양하게 지역사회에 참여하고 학업에 열중하는 등 관심사를 넓혀가고 있다. 이러한 역경을 이겨낸 경험들을 통해 성숙한 사회인으로 성장하게 되며, 자기 혼자만의 어려움으로 끝나지 않게 하고자 적극적으로 사회봉사의 의지를 갖게 된다. 연구참여자는 결혼이주여성의 어려움에 대해 깊이 있게 성찰하고 자신의 경험에 비추어 가정, 그리고 주변의 결혼이주여성, 나아가 한국 사회에도 도움이 되는 사람이 되고 싶어 한다.

(2) 조금씩 목소리 내기

연구참여자들은 적응하기 위해 다각적으로 노력함과 동시에 시간의 흐름에 따라 한국어 능력이 향상하면서 불합리함에 대해 조금씩 자신의 목소리를 드러내고 주장을 펼쳐나가는 모습을 보여주고 있었다.

> "저는 진짜로 말하면 그 이쁜 아가씨들이 입는 것 옷들이 있잖아요? 저 그런 것 입고 싶었는데 우리 신랑이 그런 것 사지 말라고 하는 거예요. (웃음) 그래서 남편이랑 저 안 가요. 혼자 가요, 쇼핑하러. 우리도 입고 싶고 그러는데 신랑이 그거 입으면 안 된다고. 우리 고모들도 그래요. 애기엄마인데 그런 것 입어? 그래요. 근데 여기 애기 엄마들은 이쁘게 다니잖아요? 그죠? 그러면 가족끼리랑 가고 싶지 않아요. 혼자 가고 싶고 내 마음대로 사고. (웃음)" (연구참여자 1)

연구참여자 2는 결혼중개업체를 통해 남편을 만났는데, 남편을 처음 보는 순간 얼굴이 환하게 빛났던 모습을 통해 인연이라고 믿고 결혼했다.

하지만 일회성 만남으로 이루어진 결혼이었기에 살아가면서 많은 힘듦이 뒤따랐다. 시댁은 일방적으로 그녀에게 한국 문화에 적응하기를 강요했고, 시어머니도 늘 연구참여자를 아이 취급하면서 가르치려고만 들었다. 남편한테 이에 대한 불만을 토로하면 남편은 시어머니 편만 들고 시어머니 말만 들을 것을 강요했다. 또한 돈 때문에 결혼했다는 낙인 속에서 신뢰의 부족과 무시를 경험하게 된다. 이러한 가정환경 속에서 인정을 받아내기 위한 그녀의 치열한 몸부림이 시작된다. 그녀는 극단적인 방법으로 이혼까지 선포하면서 시댁에 자신을 존중해달라고 요구했고, 시어머니의 설득과 남편의 변화로 다시 평화로운 가정을 유지할 수 있었다.

> "몇 년 전까지 해도 싸울 때마다 우리 엄마 아빠 죽으면 이 재산을 다 뭐지? 돈을 빼먹으려고 그런 작정했지. 막 그런 말 하는 거예요. 남편이. 그래서 남편이랑 저랑은 돈에 대한 그런 개념이 되게 생각이 다르고 남편은 돈은 전부이구나. 나를 아내라고 보이지 않는구나. 아직까지도 신뢰감도 못 쌓였구나. 그런 생각하는 거지. 그 이유는 진짜 저도 자존심이 너무 상하니까. 정말 그 돈 때문에 이혼 한 번 할 뻔했어요. 진짜 마음 먹어서 막 이혼 서류 다 준비하고 저는 비행기표 구매했고 베트남 다시 돌아오는 그런 비행기였는데…." (연구참여자 2)

"돈 때문에 결혼한 여성" 혹은 "도망갈 며느리"라는 낙인이 가정 내에서 결혼이주여성들이 가장 먼저 겪는 차별이었다. 이는 결혼 초기에 가족 구성원들의 오해를 불러일으키고 갈등을 부추기는 요소로 작용하고 있었다. 지속되는 남편의 무시를 견디던 그녀는 극단적인 방법으로 이혼 요구를 내세우면서 시댁에 자신을 존중해줄 것을 요구했다. 다행히 팔십

넘은 시어머니의 진정어린 만류가 있었고, 이를 계기로 남편이 조금씩 변화하기 시작하여 다시 평화로운 가정을 유지할 수 있었다고 한다.

> "근데 그때 어머님도 나서서 중간 역할 해주시는 거예요. 너무 안쓰러운 거는 그 당시에 거의 나이, 80 되는 할머니가 외할머니 동갑인데, 매일매일 제 방에 들어와서 '에미야 마음을 돌려라. 에미야. 내 잘못이다. 나는 아들을 잘못 키웠다.' 계속해서 사정, 사정하고 그러면 제가 마음을 돌리는 거죠. 그래서 남편한테 딱 보여주었어. 나는 이런 마음을 결심했거든? 근데 이거 다시 이 가정은 포기하지 않고 다시 왜 시작하는 마음도 있고 해서 이번에 마지막으로 당신에게 기회 준 거다. 이렇게 다 이야기하고 이렇게 다시 시작했거든요. (그러면 지금 이혼 결심까지 하셨던 거는 2년 정도 전인가 봐요?) 3년 전이에요. 남편이 예전보다는 나아졌어요. 저한테 돈이라는 그런 착각감이 없어졌어요. 자기의 모든 재산을 저한테 공개 안 했지만, 지금까지도 공개 안 해주셨지만, 최근에 몇 년, 거의 2년간은 좀 약간 저한테 집착을 안 하시는 거예요. 남편이 자기도 예전에 자기 잘못이 있는 것도 알게 되었나 봐요. 그래서 지금의 미안한 마음이 더 커요. 그래서 당신 이 카드 써. 제가 카드 안 긁으니까 저한테 통장을 보내주시는 거예요. 정말 진짜 예전에 나 좀 3만 원 줘. 시장 봐야 된다 하면은 딱 3만 원을 주고 더 막 남는 잔돈 있잖아요? 다시 돌려줘야 돼. 저는 다시 천 원 남았는데 돌려주지 않잖아? 천 원 어디 있어. 그렇거든요." (연구참여자 2)

어렵게 찾아온 평화, 그리고 가족의 인정. 결혼이주여성으로 살아가기 위해서는 다양한 편견에 맞서야 했다. 그 밖에도 그들은 자녀 양육 등 다양한 문화적 차이도 대화와 협상으로 해결했고, 협상이 안 되면 다툼도 마다하지 않았다. 그녀들은 부족한 언어이지만 남편 앞에서 자신의 주장을 내세우고자 노력했고, 힘든 힘겨루기 과정을 통과하면서 부부관계의 변화의 바람을 만들어내고 있었다.

"화가 나기도 하고 그랬죠. 아기들 안 보는 데서 우리 둘이서만 있을 때. 그래서 화가 나면 우리 둘이 싸웠죠. 그래서 부부가 싸웠는데 아마 보고 다 그랬나 봐요. 그래서 우리 둘 사이 남편이랑 같이 이야기하고 난 이렇게 계속하면 힘들다고. 차라리 계속 이렇게 하면 우리 차라리 따로따로 살자. 아마 처음에는 힘들지만 우리는 시간 지나서 괜찮았어요. 요즘은 그래서 진짜 옛날보다 많이 좋아졌어요. (혹시 다투시면 어떤 문제로 다투셨어요? 싸우시면?) 아기 때문에요. 아기 키우는 방법이 우리 서로 달라서." (연구참여자 6)

연구참여자들의 가정에서 문화적 차이에 대한 타협점은 그냥 찾아지는 것이 아니라 다양한 대화와 다툼 속에서 이루어지고 있었다. 본 연구에 참여한 결혼이주여성들은 부족한 언어이지만 자신들의 주장을 적극적으로 내세울 줄 알았고, 자신이 옳다고 생각하는 부분에 대해서는 굽히지 않는 강함도 보여주고 있었다. 즉, 건강한 협상과 타협 등을 통해 올바른 부부 정체성을 형성해가고 있었다. 국내 거주 결혼이주여성들이 장기화 추세가 되면서 한국어 능력이 향상됨에 따라 그들도 자기주장을 통해 가정에서 자신의 위치를 바로잡기 위한 노력을 기울이고 있었다. 이에 대한 남편들의 수용은 그들에 대한 인정 경험으로 이어지고, 결혼생활을 유지할 수 있는 동력으로 작동되고 있는 모습을 볼 수 있다. 결혼이주여성들은 초기 적응을 넘어 점차 가정에서 자신들의 위치를 확립하고, 성숙한 생각과 정확한 표현으로 자신과 가정을 지키기 위한 정당한 인정투쟁을 하고 있었다. 이는 그들의 자아실현을 위한 필수조건이기도 하다.

3) 시어머니와의 관계

(1) 더불어 살아가기

결혼이주여성은 관계 안에서 상대방에 대한 의무와 책임을 다함으로써 성취감을 느끼고, 자신의 가치를 인식하며, 그동안 위축되었던 정체성을 회복하는 과정을 지나 이 사회에서 받아들여졌다고 느끼는 것으로 이해할 수 있다(이혜림, 2018). 한국 사회에 첫발을 디딘 후 시어머니는 남편 외에 가장 근접한 가족으로 그들의 삶에 많은 영향을 미치고 있었다. 연구참여자들은 고부간의 갈등이 시작되기 전에는 시어머니한테서 한국 문화를 전수받고 있었다. 연구참여자 1은 신혼 초 시어머니와 함께 동거하면서 시어머니의 도움을 받아 한국 문화에 적응했다. 강원도 시골에서 시어머니와 함께 시작한 시집살이에 큰 어려움은 없었고, 외국에서 시집온 신부들이 많아 주변에 친구도 많았다.

"시어머니 그 집에 계셨는데, 그럴 때는 시엄마랑 계속 있었어요. 어머님도 강원도의 시골에 자랐는데 어머님 계속 밭에서 나가자 그냥 너

심심하니깐 밭에서 나가 가지고 너 일하지 말고 그냥 나 일하는 거 보고 있어 그래요. 그래서 어머니랑도 맨날 밭에 가가지고 그냥 거기 어머니 앞에, 어머니 일하는 거 보고 나도 조금씩 도와주면서 살다가도 친구들 만나고 여기저기 다니고 그랬어요. 그래도 3개월까지는 진짜 힘들었어요. 힘들고 계속 집에는 가고 싶고 친정엄마 있는 네팔 가고 싶고 그래요." (연구참여자 1)

연구참여자 1은 시어머니와의 즐거운 추억도 간직하고 있다. 시어머니와 둘이 연습해서 강원가요제에 나가서 〈정선아리랑〉을 불러 1등상을 탄 기억이다. 그는 지금도 시댁식구들과 함께 노래방에 가면 트로트를 즐겨 부른다. 연구참여자 2도 시어머니와 갈등은 많았지만, 남편과 이혼을 결심한 결정적 순간에는 시어머니의 만류로 마음을 돌려세웠다고 한다. 시어머니는 그들의 생활에 있어서 첫 번째 멘토였다.

라오스에서 온 연구참여자 3은 시댁의 반대를 무릅쓰고 결혼했지만 시어머니에게 잘 보이기 위해 한국어 공부를 열심히 하게 되었고, 한국 며느리들이 흔히 겪는 명절 스트레스도 크게 어렵게 생각하지 않고 있었다. 왜냐하면 라오스에서는 명절에 더 힘들게 음식준비를 하기 때문이라고 한다. 필리핀에서 온 연구참여자 6 역시 시어머니의 사랑을 듬뿍 받고 있는 사례다. 하나밖에 없는 아들이 선택한 여자, 시어머니의 사랑은 손주를 보고 나서 더 깊어졌고, 음식도 딸한테 보내지 않고 며느리한테만 보내준다. 설 명절은 연구참여자 집에서 차례를 지내는데, 연구참여자는 다문화가족지원센터에서 요리를 배워서 명절음식을 장만한다. 가끔 별미로 필리핀음식을 곁들이기도 하는데 시댁에서 평이 좋다. 칭찬을 받으면 기분이 좋아지고 다음 명절에는 더 잘하고 싶은 마음이 든다.

"필리핀에서는 음식에 관심 있어요. 제가 잘 먹거든요. (웃음) 그래서 이거저거 이렇게 좀 먹고 싶어가지고 여기 와서 며느리들이 얼마나 고생하는지 궁금해요. 나는 기대해요. 내년에 뭐할까? 이렇게. 그래서 이렇게 남편 누나들이 나보고 고생했다고. 나는 고생했는데 그래도 음식 다 먹으면 기분이 좋아요. 음식 먹고 나서 이제 음식 갖고 싶다고 그래서 이거 다 가져갔어요, 내 생각에도 시어머니 계신데 도와주는데 대부분 제가 다 해요. 내가 해보고 싶어가지고. 내가 해보고 싶었다고. 시어머니 많이 하니까. 그때도 시어머니 있어서 고생 많이 하셨잖아요. 그래서 그냥 내가 하려고 하는데 그래도 하루 종일 아침부터 밥 해. 자기 해놓고."(연구참여자 6)

한국의 대명절은 온가족이 모이는 자리인 만큼 며느리들이 가장 바쁜 날이기도 하다. 연구참여자는 한국음식을 배워서 명절날 음식장만을 하는데, 이를 즐거움으로 여기고 있었다. 시어머니와의 긍정적인 관계로 말미암아 시어머니의 수고를 덜어주는 것이 즐거움이 될 수 있었다. 그는 자신만의 특기를 살려서 필리핀음식도 한두 가지 추가하기도 하는데 가족들이 좋아한다.

"명절음식 할 때 필리핀음식도 섞었어. 제가. 바나나이라고. 바나나이는 일반 여기 먹는 바나나 아니고 다른 바나나 있어요. 그래서 그거 하고 튀김 같은 거는 있어요. 튀김 하고 뭐 여러 가지 있어요. 그래서 우리 가족들이 좋아했다고. 내가 음식 같은 거는 좋아하나 봐요. 힘들지만 기뻐요. 마음이. 그렇게 생각했어요. 그래서 우리 추석 하기 전에 지난번 추석 하기 전에 친척들 같이 이야기하고 이번에 뭐 먹고 싶은 거 있어요? 이랬는데, 아 그거 먹고 싶다고 이거 먹고 싶다고 했는데 잘 만들었어요. 저기 와서 막 너무 맛있게 먹어가지고 내가 좋죠." (연구참여자 6)

온가족이 모이는 명절날, 며느리로서 몸은 비록 힘들어도 시댁의 인정을 받을 수 있어서 기쁜 연구참여자. 사랑을 받은 만큼 보답하면서 가족의 구성원으로 자리매김해나가고 있었다. 이러한 영향으로 그는 일상적인 많은 문제들에 대해 시어머니와 의논하고, 자기 생각을 말씀드리는 편이다. 현명한 시어머니는 며느리의 의견을 존중해준다. 이러한 긍정적인 상호관계의 밑바탕에는 그의 부지런함과 성실함이 한몫한다. 따라서 연구참여자들은 1차집단 인간관계인 가정에서 부지런함과 성실함을 바탕으로 인정을 얻고자 노력한다.

(2) 맞춰주기를 통해 성장하기

경제적 동기에 따라 생계를 위해 결혼이주를 택하고 한국에 사적으로 편입된 이들이 문화적 다양성을 유연하게 활용하는 것은 개인의 의지나 능력 때문이 아니라 사회구조적 제약으로 인해 어려울 수밖에 없다. 따라서 결혼이주여성들은 우선 한국 문화에 동화되고자 각고의 노력을 한다. 그들은 기존의 가치체계를 무너뜨리고 새로운 가치체계를 정립해야 하는 과정에서 자기표현을 할 수 없는 언어적인 어려움이 가장 컸다.

"사소한 부분도 되게 막 갈등이. 너무 화가 났잖아요? 그 당시에 한국말도 이렇게 유창하게 말할 수 없어요. 말할 수 없었던 때였고. 안 돼요. 그렇게 말할 수밖에 없는데. 구체적으로 설명할 수 없잖아요? 아 그 때 얼마나 답답한지 몰라. 입이 있었고 말할 수 있어도 상대방 못 알아 들어. (웃음) 그래서 진짜 막 언어장애인, 장애인처럼 얼마나 분명히 말할 수 있는데 근데 안 돼. 그때 되게 힘든 부분 그거였던 것 같다. 한국말을 좀 잘할 수 있으면 이 상황에서 이렇게 싸움이 벌어지지 않고 나는 이것을 전달할 수 있잖아요. 지금은 어머님의 의견을 이해하는데 근데 나는 의견을 피할 수 없기 때문에 이렇게 싸움이 일어나잖아. 그래서 어떻게 할 거는 해야 되나. 그래서 한국말을 좀 열심히 배우자. 더욱이 남편이랑 싸우잖아. 답답해 죽겠어. 나 무슨 말 했는데 남편은 왜 이해를 못 해. 근데 남편 하는 말, 우리는 듣는 거는 잘 들어 이해할 수 있잖아? 어떤 단어 나오면 추측할 수 있고 남편 어떤 태도로 나한테 이야기하고 있는지 조금은 감이 오고 조금 그 당시에 거의 60퍼센트 정도 이해할 수 있어. 근데 나의 의견을 전달해야 되는데, 나의 생각을 이야기해야 되는데 못 하니깐. 얼마나 답답한지 몰라." (연구참여자 2)

연구참여자들은 언어적 어려움을 가장 크게 생각하고 있었다. 그들에게 있어서 육체적인 어려움은 이에 비하면 아무것도 아니었다. 따라서 한국 며느리들의 가장 큰 스트레스인 명절 스트레스는 그들에게 큰 어려움이 아니었다. 오히려 가족과 함께 일을 하고 음식을 먹고 소통하는 시간이 되어 즐거운 시간이 되기도 한다. 또한 본국에서부터 직장 경험도 많고, 부지런하며 생활력이 뛰어났기에 가사에 대한 부담은 별로 없었다.

"(라오스하고 한국하고 많이 다르죠?) 네. 정말 많이 달라요. 많이 다른데, 처음에 남편이 물어봤어요. 추석이나 설날 때 음식을 많이 만들고 한국의 보통 여자는 조금 싫어한다고. 그런데 저는 괜찮아요. 왜냐면 라오스에서 축제할 때, 그리고 설날 때 음식을 훨씬 더 많이 만들거든요. 이틀 동안이나요. 한국에는 그냥 하루만 하잖아요. 그리고 형님이나 동서가 많이 도와줘서 힘 안 들어요. 그래서 그 문제는 크지 않아요. (그러면 보통 어디에서 명절을 보내세요?) 전라남도요. 시부모님 계신 곳. (가서 명절 쇠고 그리고 오시는 거예요?) 네. (그러면 가족들하고는 전혀 문제 없으시고?) 네. 없어요. 처음에는 한국어 때문에 조금 답답했어요. 시어머니도 자주 전화 오고요. 하나도 못 알아들었는데 그냥 네, 네. 이렇게 대답하고요. 그리고 다시 남편한테 전화가 와서 '방금 어머니 전화 왔어요. 무슨 말인지 몰라요' 라고 하면 남편이 다시 어머니께 전화해서 무슨 일인지 물어보고 그랬어요. 그때, 시어머니 때문에 조금 답답하고 그랬어요. 빨리 공부했으면 좋겠다고 생각해서 그때부터 조금 열심히 했어요." (연구참여자 3)

결혼이주여성은 관계 안에서 상대방에 대한 의무와 책임을 다함으로써 성취감을 느끼고, 자신의 가치를 인식하고, 그동안 위축되었던 정체성을 회복하는 과정을 지나 이 사회에서 받아들여졌다고 느끼는 것으로 이해할 수 있다(이혜림, 2018). 한국 며느리들의 명절 스트레스는 본 연구에 참여한 연구참여자들에게는 크게 보이지 않았다. 오히려 가족이 함께 모여 일을 하고 음식을 먹는 일이 즐겁다. 거기에 시댁식구들의 '수고했다', '맛있다', '고맙다'는 인정의 표시들이 뿌듯함으로 다가온다. 따라서 고된 명절음식 장만은 그들에게는 오히려 외로운 타향살이에서 사람 사는 냄새가 나고 정을 나눌 수 있어서 힘들다고 표현하지 않았다. 1년에 한두 번 차를 타고 아이들과 남편과 함께 시댁어르신을 만나고 일을 하면서 가족이라는 소속감을 느낄 수 있어서 좋았고, 맛있는 음식을 먹을 수 있어서 더 좋다. 시댁은 외로운 타향살이에서 그나마 그들을 반갑게 맞아주는 가족이어서 따뜻한 곳이었다.

4. 지역사회 영역에서의 주체적 삶

1) 학부모와의 관계

(1) 차별로 인한 위축

연구참여자들은 다문화가정 출신배경으로 위축되어 있었고, 자녀들의 학부모와의 관계에서 소극적으로 교제하고 있었다. 마음속에 뿌리 깊게 작용하는 출신배경에 대한 낮은 자존감이 그들을 두렵게 만들고 있었다. 그들은 자신의 출신배경으로 사람들의 이질적인 눈빛, 왜곡된 관심, 그리고 구설수에 오를까 선뜻 다가서기가 조심스럽다.

"(그러면 한국분이랑 아줌마들이랑 같이 쇼핑을 간다거나 이런 건 없어요?) 없어요. 그런 거. 아까 우리 부모한테 얘기하잖아요. 이런 아가씨 사람이 얘기

엄마야. 그런 거 생각하니까 가고 싶지 않아요 같이. 학교에서 뭐가 있을 때 그럴 때 같이 만나고 아니면 학부모 모임이 아주 중요한 것만 가 가지고 듣고, 아니면 시간이 없으니까 없어요. 어떤 엄마들은 학교 가서 살아요. 아침부터 저녁까지 그냥 학교에서 봐요. 녹색어머니 해봤어요. 그거는 꼭 해야 돼요. 학교에서 1학년에서 다 하고, 2학년에서 있어요. 그거는 꼭 해야 된대요." (연구참여자 1)

남편들도 한국 사회 다문화가정에 대한 편견들을 잘 알기에 다른 학부모와 필요 이상의 교제는 권장하지 않는다. 결혼이주여성들은 이러한 어려움에도 학부모로서 최소한의 의무는 다하고자 애쓰고 있었다. 조심스러운 지역사회 참여, 학교로 향하는 엄마의 마음은 불안하기만 하다.

"나는 학부모. 남편이 이제 너는 불편할 수도 있으니까. 너는 외국인이잖아. 그래서 우리 1학년…. 우리 아들 반에서 나만 외국인이거든요. 근데 우리 아이들은 외국인 얼굴 아니기 때문에 그래서 가족관계증명서 확인하더니 선생님 놀랐어요. '어머, 어머니 외국인이신가요?' 하고. 그래서…. 네. 학부모 문화는 갈 수 없을 것 같은데 너무 불편한 것도 많고 그래서 그런 게 많아서. 남편도 갈 필요가 없다고 하니까. 무슨 일이 생기면 아니면 특별한 일 있으면 상담 꼭 받아야 한다고 하면 선생님 직접 가서 해야 될 것 같아서 우리 그렇게 했어요. (그러면 학부모 회의는 따로 안 나가시고? 담임선생님하고 상담하시는 거는 필요하시면 하시고?) 부모들이 카카오톡에서 카톡방이 있어요. 그래서 아이들 뭐 특별한 거 있으면 엄마들이 막 알려줘요. 그러면 나도 보고 좋으면 대답하고 꼭 대답해야 하는 거 있으면 대답하고. 그다음에 학교에서 봉사하는 거 있어요. 마미 밥하고 마미 폴리스 같은 거. 네. 그런 활동하고. 다른 엄마 두 명하고 또 아마 1년에 3번? 4번? 같아요. 1년에 3~4번 정도는 활동하고. 근데 몇 년 동안 우리 학교 가서 학교폭력 같은 거 이런 거 많이 생겼잖아요. 그래서 요즘에는 외국인 아이들 많아서 외국인 많잖아요. 그래서 학교가 경찰서 통해서 같이 활동했어요. 학교에서." (연구참여자 6)

한국에서 처음 경험하는 학부모 생활. 모든 것이 낯설고 두려웠지만 엄마라는 책임감으로 그들은 조심스럽게 학교로, 학부모 사회로 한 발자국씩 다가가고 있었다. 그렇게 자녀를 통해 한국의 학교생활을 알아가고 있었으며, 어머니로서의 의무를 조금이라도 해보고자 애쓴다. 교사와의 상담에서 자녀의 가정배경이 알려지는 부분이 걱정되기는 하지만, 그래도 자녀의 학교생활 모습을 이렇게나마 전해들을 수 있어서 꼭 찾아가는 편이다. 연구참여자는 학교에서 하는 학부모 활동 중에 소수로 일할 수 있거나 혼자서 할 수 있는 봉사활동에 참여하면서 자녀가 다니는 학교에 대해 조금씩 알아가고 있다. 이를 통해 책임감을 가지게 되고 뿌듯함을 느끼기도 한다.

(2) 어려워도 자녀를 위해 내가 먼저 다가가기

연구참여자들은 비록 한국에서 학부모 생활이 어렵지만 무엇보다 사랑하는 자녀를 위해 학부모와의 교제가 필수라는 것을 깨닫고 제한된 자원을 활용하여 엄마들과의 교제도 시도해본다. 다행히 자녀들은 밝고 건강한 성품이라 아직은 어머니에 대해 부끄러움이 없고 씩씩하게 밝힌

다. 또한, 영어를 잘하는 어머니를 둔 자녀들은 집에 놀러온 친구들한테 어머니의 영어실력을 자랑삼아 이야기하기도 한다.

"아이에게 기대하는 거. 공부 잘할까, 한국어 잘해서 친구 잘 지냈을까. 왜냐하면 ○○가 특별함이 있어서, 그 타고난 아이. 하지만 당연히 ○○가 밝은 성격이기 때문에. 우리 엄마는 태국 사람이야 인사해! 그런 거 하고. 친구들한테. 자기가 컨피던트 좀 높아요. 친구 엄마도 제가 사귀고, 처음에는 영어 잘되는 엄마는 만나고. 좀 시간 지나서 ○○ 친한 친구는 그 엄마가 영어를 못 해. 그러니까 제가 아이가 친한 친구 가족 얻고 싶어서, 그래서 한국, 그 다른 아줌마 한국어 자주 집에 와서, 또 집에 가서 시작되었어요. 옛날에는 제가 마음에 드는 친구만. 하지만 아이가 친하지 않아도 제가 그 친구가 맘에 드는지, 그 친구가 저도 마음에 드는지 그래 사귀는데, 지금은 몰라 해도, 하지만 우리 ○○가 친한데 조금 가족 알게 되고 싶어서 그런. 내 아이가 지금 어떤 친구를 만나고 있는지. 왜냐하면 같은 동네, 같은 동 아파트라서. 초등학교가 그냥 아파트 끼고 있어서. 그 아이들이 다 알어, 이 동네에 살고." (연구참여자 5)

연구참여자 5는 아이가 커가면서 이제는 자신이 좋아하는 사람보다 자녀 중심의 교제를 해야겠다는 마음을 먹고 자녀 친구 엄마와의 교제를 시도하고 있었다. 자녀교육에 대한 스트레스 속에서 엄마들과의 교제를 통해 자녀 양육의 정보를 얻고 싶었다. 또한 자녀의 원만한 교우관계를 위해서도 주변 엄마들과의 만남은 필수임을 느끼고 있다. 그는 자신의 영어능력을 부러워하는 엄마들을 통해 자신감을 찾고 그런 엄마들에게 영어를 가르치면서 그들과의 관계를 이어나가려고 노력하고 있었다. 자녀를 위해 자신이 두 배 세 배 노력해야 한다는 생각으로 관계 맺기를 노력하고 있었다. 학부모의 학교교육 참여는 학부모 입장에서의 자녀와 학교 입장에서의 학생이라는 공동 대상이 성장하고 발전할 수 있도록 상호 협력한다는 점에서 교육적 의미가 크다고 할 수 있을 것이다. 증가하는 다문화가정 취학 자녀들을 위해 결혼이주여성들이 자녀의 학교교육에 적극적으로 참여할 수 있는, 그리고 그들이 학교에서 긍정적인 인정경험을 받게 하기 위한 학교 차원의 노력이 필요한 시점이다.

2) 지역주민과의 관계

(1) 협소한 지역사회 관계망

연구참여자들은 대부분 도시에 거주하고 있었고, 도시 아파트의 특성상 주민들과의 접촉이 많지 않았다. 그들은 소극적이고 위축된 마음으로 조심스럽게 다가오는 사람들과 교제하고 있었다. 다행히 그들에게 먼저 마음의 문을 열어주고 따뜻하게 감싸주는 지역주민들이 많았다. 연구참여자 1은 신혼 초에는 강원도 시골에서 살면서 지역주민들의 도움을 많이 받았다. 특히 자녀 학교의 알림장 내용을 몰라서 주변 엄마들에게 도움의 손길을 내밀었다고 한다.

"강원도에서는 학교 갔다가 집에 오면 그냥 집에서 장난감 놀고 아니면 친구들 만나거나 그래요. 남편이나 아니면 다른 엄마들이 있잖아요? 그런 거 엄마들한테 물어보고 그래서 아니면 여기 가까이 사는 고모들한테 이야기해보고, ○○아 네가 아까 물어보는 거 여기야 이렇게 해가지고 그런 것 이야기해주고." (연구참여자 1)

연구참여자 1은 현재는 도시에서 거주하지만 한국에 처음 왔을 때는 강원도 시골에서 시어머니와 함께 생활했다. 그 지역에는 외국에서 시집온 결혼이주여성들이 많고 시골동네라 인심이 좋아서 주변사람들이 잘 도와주었다. 반면에 연구참여자 6은 다문화가족지원센터에서 교회 목사님을 통해 한국 사람들과의 만남을 갖게 된다. 그는 적극적이고 도움을 주는 교인들과의 교제에서 많은 감동을 받는다.

"한국에서는 성당 찾았는데 너무 멀어가지고. 근데 여기 이런 센터 말고 다른 다문화센터였어요. 2013년인가? 그때 어떤 선생님인데 목사님이에요. 그래서 학교 끝나고 수업 끝나고 찬양 이렇게 하니까 그때 좀 이렇게 열었어요. 마음이. 여기 와서 내가 힘들게 이렇게 엄마들이 부모들 이야기하면 안 될 것 같아서 제가 저쪽에 데리고 갔어요. 그래서 교회 갔어요. 그래서 그 목사님 나가도 제가 교회 그대로 있어요. 제가 거기 가서 봉사도 하고 이렇게 친구들도 많이 만났어요. 한국 사람들도 진짜 내가 그렇게 다녔을 때 너무 좋아했어요. 한국 사람도 너무 친절하고. 내가 아프거나 이렇게 교회 못 가면 전화 와요. 왜 안 왔냐고. 아침부터 10시까지 가야 되가지고 전화해서 왜 안 왔냐고 애들 기다린다고 그렇게 해요. 그래서 무슨 일이 생기면, 진짜 특별한 일이 있으면 그냥 해도 되고 여기는 걱정하지 말고 다른 분 하면 된다고 그러고. 그리고 처음에는 진짜 운전 못 해서 교회 차로 30분? 40분 걸려요. 버스 타면 1시간 정도 걸려요. 오래 걸려요. 버스가 좀 빙글빙글 해가지고. (웃음) 멀어요. 그래서 사람 와서 데리러 와요. 오실 수 있게 사람 와요. 그래서 좀 감동이었어요. 근데 한 사람 아니고 좀 여러 명. 다섯 명, 여섯 명? 일이 있어서 못 가면 다른 사람 시켜서 오고 그래서 너무 감동이었어요." (연구참여자 6)

이 밖에도 다문화가족지원센터의 역할이 강화되면서 결혼이주여성들은 한국에서 다양한 지원서비스를 이용한다. 연구참여자 6은 출산 이후 가족지원센터에 신청해서 돌봐주시는 산후 도우미 선생님의 도움으로 많은 것을 배울 수 있었다.

"방문교사로 해요. 집에서. 아기 때문에 못 나가니까. 그리고 아기도 어떻게 키우는지. 나도 처음 엄마였잖아. (웃음) 필리핀은 그냥 자연스럽게 키우는데 여기는 추운 날도 있고 더운 날도 있고 추운 날도 있으니까…. 그리고 6개월 안에 아기 병원…. 다 가르쳤어요. 아기 음식 어떻게 만들어야 돼요. 필리핀에서랑 다르잖아요. (웃음) 그다음에 여기 아기 낳고 우리 몸을 어떻게 어떻게 할까…. 어떻게 하는지. 이렇게 힘들지 않게 아기 어떻게 세우는지 다 알려줬어요. 그런 거 다 배웠어요. 다문화센터에다가 신청했어요. 그때는 내가 ○○○○ 사는데 뒤에 다문화센터 있어요. 바로 진짜 가까워요. 그래서 무슨 일이 생기거나 통역하는 분 있어요. 제가 이거 필요 있고 이거 필요 있고 하면 좋아요." (연구참여자 6)

결혼이주여성들은 제한된 자원에서 한국 사람들과의 교제를 이어나가고 있었다. 그들은 아직 지역주민과의 소통이 원활하지 않았고 위축되어 있었지만, 그래도 조금씩 현실을 타개하고자 노력하고 있었다. 잦은 접촉을 통해 지역주민과의 관계 향상과 서로에 대한 신뢰감 형성이 중요함을 알 수 있었다. 그들은 자신들의 노력을 통해 한국 사회에 더 나은 구성원으로 통합되려는 욕구를 드러내고 있었다. 사회적 지지를 경험한 결혼이주여성들은 문화적응의 혼란과 어려움 속에서 긍정적인 생각을 할 수 있었고, 궁극적으로 사회적 지지는 그들의 건강한 생활을 영위하는 중요한 조건으로 작동되고 있었다. 따라서 결혼이주여성들의 지역사회 참여를 촉진시킬 수 있는 지속적인 프로그램이나 대안 제시가 필요하다. 또한 결혼이주여성들의 지역사회 참여가 대부분 다문화가족지원센터 중심으로 이루어지고 있음에 주목하여 다문화가족지원센터를 활용한 지역사회 참여를 활성화시킬 필요성도 알 수 있었다.

3) 자조모임

(1) 내 마음의 안식처

국내 다문화 구성원의 숫자가 점차 많아지고 거주유형도 장기거주가 많아지면서 결혼이주여성들은 이제 혼자가 아닌 자신들만의 소소한 커뮤니티를 형성해가며 그 속에서 안정감을 되찾고 한국 사회에 적응해 나가고 있었다. 같은 출신국 친구들 또는 결혼이주여성 친구들과의 모임을 통해 그들은 답답한 현실에서 탈출구를 찾고 위로를 받으며 정보교류를 통해 외로움을 달래고 있었다.

"아 친구들. 그냥 자기들이 쇼핑하러 가자고. 이렇게 1주일 일하면서 힘들잖아요? 또 만나기도 쉽고 우리나라 말로 우리들이 말하잖아요? 만나면 그렇게 많이 우리 친정 쪽으로 생각을 하는 것 거의 없어지는 거예요. 그래서 뭐 친구들 만나고 오고 나서 그냥 친정에 갔다가, 친정에 있었다고. 자기 그렇게 친구들 만나면 모여 가지고 이야기하면 아 진짜 나는 내 나라 있구나 싶고 그런 것도 많이 하고요. 그렇게 생각 많이 해요. 왜냐하면 여기 계속 한국말만 해야 되잖아요? 집에서도, 일할 때도. 거기 가면 편하게 내 나라말이 말하고 그냥 친정 생각나면 그거 잊어버릴 수도 있어요. 친구들을 자주는 못 만나요. 왜냐하면 다들 일하니깐. 주말에 만나고." (연구참여자 1)

같은 나라 출신의 결혼이주여성들은 서로 교제를 통해 편안함을 느끼고, 가끔씩 이루어지는 모임을 통해 친정에 가지 못하는 회포를 푼다. 같은 나라 친구들은 한국 사회에서 그들에게 또 다른 친정의 역할을 해주고 있었다.

연구참여자 4는 인도네시아 음식점을 운영하면서 인도네시아 근로자들, 그리고 결혼이주여성을 망라한 영역이 넓은 커뮤니티를 형성하고 자신이 그 안에서 주체적으로 도움을 주고 모임을 주도해나가고 있었다. 이런 모임을 통해 그는 인도네시아 근로자들을 도와주고 커뮤니티를 통해 사업도 확장해나가고 있었다.

"식당에서도 어쩌다 손님 오면 인도네시아 근로자니까. 아는 분들은,

우리 아들 아니까 어쩌다 같이 이야기하고, 일하는 사람도 같이 이야기 하고. 그렇게. (그럼 지금 운영하시는 인도네시아 식당에는 인도네시아 근로자 많이 오세요?) 네. (아, 그래서 선생님이 인도네시아 커뮤니티 중심이라고 하시는구나.)" (연구참여자 4)

이렇게 모인 커뮤니티는 연구참여자에게 다양한 사업의 기회를 제공하고 있었다. 연구참여자 4는 식당에 모인 근로자들과의 교제를 통해 외국인 근로자들의 직장 내 어려움도 상담해주고, 한국 생활의 편의를 위한 대행 서비스도 제공하고 있었다. 이러한 인맥들은 그가 사업을 인도네시아로 확장하는 데 도움을 주고 있었다.

"그리고 비행기 표도 팔고 뭐하고 그렇게 해요. 왜냐하면 혼자 돈 벌어야 하잖아요? 누가 주문하고, 보통 온라인 쇼핑은 주문 못 하잖아요. 그래서 주문해주는 사람들이 뭐 만 원이나 이만 원이나 수고비 주고 그렇게 했으니까. 그리고 만약에 커뮤니티도 좀 커요. 주부 커뮤니티나 뭐 여러 가지 다 있어요. 왜냐하면 식당 있으니까, 인도네시아 근로자들도 뭐 필요하면 뭐 도움이 필요하면 식당 와서 잘 되고. 이것 좀 같이 도와주세요, 내가 할 수 있으면 내가 다 도와주는 거예요. (인도네시아 커뮤니티 모임 장소나 회포 풀거나 이런 장소도 되고 연결고리도 되고 그러는 거군요?) 네." (연구참여자 4)

호네트(1992)는 문화적 공동체에 대한 인정요구가 단지 공동체 구성원의 사회적 처지를 개선하는 것만이 아니라 무엇보다 자신들의 특수한 생활방식을 보장하는 데 있다고 보고 있다. 연구참여자들은 자국 또는 결혼이주여성 커뮤니티를 통해 아직은 위로를 받는 정도의 상호인정 단계에 머물러 있었다. 그들은 개인적인 차원에서만 인정투쟁을 진행하고 있었는데, 호네트의 연대작용을 통한 이주민 사회의 평등한 권리 주장을 위한 사회적 투쟁으로까지 승화되어 나타나지 못하고 있었다. 이러한 부분에서 소수자라는 사회적 지위의 한계점을 여실히 알 수 있었다.

(2) 정보교류와 역량강화

결혼이주여성에게 지원교육 프로그램, 지역사회 활동 등의 참여는 답답한 현실의 돌파구이자 한국 사회에 동화될 수 있는 학습과 실습의 장이며, 결혼이주여성은 이와 같은 활동에 참여함으로써 한국 사회에서 자신의 존재감을 찾고 적응해간다고 추론할 수 있다(이형하, 2010). 문화적응 스트레스는 이주자의 문화적응에 매우 부정적 영향요인이지만, 경험한 사건에 대한 관점의 전환을 견인할 수 있는 개인특성 및 사회적 지지로 말미암아 완화될 수 있다(Sam & Berry, 2010). 따라서 가족 및 정부 차원에서 결혼이주여성들의 자조모임 및 센터 등을 통한 교류를 적극 지지해줄 필요가 있다. 이는 그들의 삶을 건강하게 할 뿐만 아니라 건강한 가정을 지켜내는 완충지대 같은 곳이다.

"친구들 만나러 가거나 애들이 놀러 데리러 가고 친구들 만나가지고. 친구들 만나서 그냥 재미있게 이야기하고 놀고 구경하고 애들이 놀이터에 놀아주고 그래요. 그냥 우리 사는 것 이야기. 그냥 이렇게 어떻게 살아야 되나? 이렇게 애들보다 더 많이 이야기하고. 애기엄마들이니깐. 애기엄마들은 나는 애기 이렇게 이렇게 했다. 너네, 너네 애기가 이렇게 하더라. 자기 애기 이렇다. 그렇고 애기들을 많이 이야기해요. 공부 잘한다. 못한다. 그런 것. 네팔 친구들. 근데 가끔씩 어떤 베트남 친구나 캄보디아 친구는 그런 것 같아서 또 주변에서 사는 친구들이 있잖아요. 친한 엄마들이? 그분들이 같이 만나서, 만나가지고 나라에 대해서 이야기도 하고 애들. 엄마들이 만나면 애들 때문에 다 이야기해요. 나는 애기가 빨리 컸다. 똑똑하다. 이렇게 저렇게 그런 것. 나 한국말 잘한다. 그런 것." (연구참여자 1)

커뮤니티를 통해 서로의 삶을 나누고, 내가 겪고 있는 어려움이 나만의 어려움이 아니라 공동의 어려움임을 인식하면서 그에 대한 개선책도 토론하고 정보도 교류하면서 그들은 그렇게 힘겨운 이주민으로서의 일상을 완성해나가고 있다. 결혼이주여성 자조모임은 이주여성 모국과의 연결고리 등으로 초국적인 영역으로 볼 수 있으며 성장의 동력으로 활용되고 있었다. 하지만 연구참여자들의 자조모임은 친목 형태로만 형성되어 있기에 적극적인 사회활동 참여까지 이어지지는 못하고 있었다. 그들의 모임이 지역사회 차원에서 상호교류하고 연대하고 사회적 문제에 적극 동참하고, 공공외교 차원에서도 역할을 하게 하기 위해서는 그들을 위한 시민교육이 필요한 시점이다.

5.
사회적 영역에서의 주체적 삶

1) 직장 상사 및 동료와의 관계

(1) 삶의 활력을 더해주는 직장생활

아시아계 결혼이주여성에게 취업은 실제적인 개인의 필요와 욕구를 충족하며 한국 사회와 소통할 수 있는 기회의 문을 의미한다(김효순, 2013; 박미은 외, 2012). 결혼이주여성은 일을 함으로써 소득을 얻고, 개인적 임파워먼트를 경험하고, 사회적 관계를 확장하며 더욱 면밀하게 한국의 언어 · 문화 · 사회 · 경제 · 정치 등에 대한 지식과 경험을 축적한다. 즉, 취업은 결혼이주여성에게 본인의 한국 사회 적응을 촉진시키는 기회를 의미한다(Gordon, 1964: 81; Putnam, 2000; Negy & Woods, 1992). 이주자의 자발적인 사회활동 참여가 그들의 사회적 관계 형성에 영향을 줌으로써 적응을 견인하는 긍정적인 효과가 있음을 인정하고 있다. 본 연구에 참여한 결혼이주여성들의 취업 동기는 외로움, 적응을 위해, 그리고 남편을 도와주고 싶어서, 마지막으로 생존을 위해 등 다양한 동기가 작동되고 있었다.

"(아이가 세 살 때부터 일을 시작하셨다고 하셨잖아요, 아르바이트도 하고 출장도 가고.) 네. (혹시 그래도 지금 아기가 많이 어리고 둘째도 있고 그런데, 이렇게 일을 시작하신 이유가 있을까요?) 그냥 집에 혼자 심심해서요. 그리고 일하면은 다른 공부보다 일하면은 더 많이 늘어요. 한국말도 잘하고 싶어서. 다문화센터에서 한국어 수업을 듣는 것보다 일을 할 때 한국말을 더 많이 쓰게 돼서. 그래서 한국어 능력도 더 많이 좋아지고." (연구참여자 2)

연구참여자 2는 직장생활을 통해 사회생활을 경험하면서 한국어 능력과 소통능력이 향상되었다고 한다. 또한, 직장생활은 그들이 가족에게 그들 자체만의 능력을 인정받을 수 있는 또 다른 시도였다. 취업의 긴급성, 자녀 양육과 병행하는 어려움, 취업이 가능한 일자리의 한계 등의 장애요인들은 결혼이주여성들이 보편적으로 겪는 취업의 어려움이다. 이러한 이유로 인해 결국 결혼이주여성들은 쉽게 구하고 쉽게 그만둘 수 있는 주변부의 일자리를 선택하는 모습도 보여준다. 그럼에도 불구하고 다양한 취업 시도들을 통해 한국 사회에 적응하고자 노력하는 그들의 강인한 의지를 확인할 수 있다.

"솔직히 어머님이 반대하셨어요. 근데 이 일을 시작하는 것도 어머님 덕분이에요. 어머님이 되게 지혜로우시니깐 저는 이렇게 토픽 자격증을 따놓고 이렇게 막 일자리 알아볼 때는 이런 것 있다. 그래서 어머님한테 물어, 여쭤 해보았죠. 어머님, 이런 것 제가 지원해도 되냐? 일하는 것 물어보는데 어머님은 어, 해라 지원해도 돼. 왜냐 어머님이 그 당시에 이렇게 생각하고 계신 거예요. 얘는 왜 지원해봤자 안 될 거야. 그리고 한국에 온 지 얼마 안 되고 설마 얘가 되겠니. 만약에 지금 안 되라고 말하면 고부갈등 바로 일어나잖아요. 저 서운하는 맘은 왜 나 못하게 하지? 그렇게 막 가슴 속에 뭐라고, 뭐지? 안 좋은 감정이 생길까 봐. 어머님은 해. 근데 어머님 입장에서 얘는 안 될 거야. 그렇게 생각하시는 거죠." (연구참여자 2)

연구참여자 2는 다문화가족지원센터에서 한국어교육을 받았고, 한국어능력시험도 4급을 받았다. 그는 다문화가족지원센터 통 · 번역사 모집에 지원했고, 선발절차를 통과하여 합격했다. 시어머니는 어리고 한국어도 서툰 며느리가 합격할 수 있을 것이라고 생각을 못했기에 연구참여자가 취업을 한다고 하자 당황스러움을 금할 수 없었다.

"근데 막상이 되었어. 시험도 여기에 저 서류에 제출하고 서류에 합격하고 또 외대에 가서 전문평가의 시험도 봐요. 전문평가. 그것도 봐야 되고 면접시험, 거기 외대 교수님이랑 거의 통역하는 그런 능력? 통역 능력도 평가해요. 자격증이 없고 이렇게 이 사람이 통 · 번역이라는 능력을 갖고 있는지 그렇게 전문평가 해주시니깐 그거에 통과해야 우리는 근무할 수 있거든요. 그냥 무작정 가는 거 아니에요. 그러면 그 과정을 어머님한테 말씀드리니깐 어머님이 더 안심이 되죠. 얘는 안 될 거야. 그랬는데 정말 운이 있나 봐요. 통화하고 여기 와서 붙게 하는 거예요. 집에 가서 어머님, 제가 그게 성공했어요. 취직 되었어요." (연구참여자 2)

연구참여자 2는 취업 경험을 통해 성취 경험을 하게 되고 자신감이 붙었다. 본인의 노력으로 취업에 성공한 것이고, 자신의 역량을 잘 발휘할 수 있는 직업이었기에 더욱 간절했다. 하지만 자녀가 어려서 직장을 다니려면 시어머니의 허락과 도움이 필요했다.

"어머님이 딱 인상이 멈추고 정지하고 정색하고 그러면 하룻밤에 못 자시는 거예요. 주무시지 못하고 새벽에 저 깨우시는 거예요. '야 애미야, 내 생각은 조금 여기 멀고 돈은 나중에 벌고 겨울이 되면 껌껌하고. 네가 출퇴근하는 데 힘들지 않을까?' 그러면 저도 그때 좀 약간 어머님한테 속았죠. '네. 그렇네요. 지금 생각해보니깐. 근데 어떡해. 제가 실제 계약서까지 다 썼는데. 지금은 계약서를 취소할 수 없는데요. 파괴할 수 없는데요. 그러면 어떡하지?' 어머님 어쩔 수 없이 그냥 허락해주시는 거예요." (연구참여자 2)

결혼이주여성들은 외국에서 왔고 나이가 어렸기에 가족들한테도 아무것도 못할 것이라는 무시를 경험하고 있었다. 하지만 자신의 능력을 입증하고 직장을 구했을 때 가족으로부터 인정의 경험을 받으면서 자존감이 높아지는 것을 느낀다. 한국다문화가족지원센터 등 여러 곳에서 진행하는 참여자 취업교육은 효율적인 질적 성장보다는 무분별한 양적 성장으로 기울고 있다는 비판을 받고 있다. 그럼에도 불구하고 결혼이주여성들은 이러한 교육 활동 속에서 한국 사회를 간접적으로 경험하고 적응의 기회를 확장해나갔다.

이들은 사회활동에 참여함으로써 가족 외의 사람들과 사회적 관계를 형성하고, 관계 안에서 정서적 · 물질적 지원을 비롯하여 정보와 실질적 도움을 주고받음으로써 사회자본을 배양하고 있었다(김영경 · 이정향, 2014; 황정미, 2010). 결혼이주여성들의 경제활동 참여는 재산이나 생활비 등 가족생활 의사결정에서 실질적인 영향력 강화 및 문화 활동의 참여를 높여주는 긍정적인 효과가 있으며, 또한 경제적 독립성 확보를 넘어 가족생활에서 차지하는 지위 개선으로 지역사회 및 가족생활 적응에 중요한 요인이 될 수 있다(김병숙 외, 2010). 결혼이주여성들은 수용사회에서 일함으로써 남편에게 경제적으로 의존적인 구성원이 아닌 독립적인 구성원으로 자유를 얻고 있었다. 그들은 경제적으로 어느 정도 독립함으로써 사회적 정체성을 확보하고 남편 앞에서 자신감도 얻었다.

(2) 직장생활을 통해 인정받기

직장생활은 또 다른 배움의 장으로 결혼이주여성들은 직장생활을 하면서 새로운 배움을 경험하게 된다. 그들은 어려움을 극복해나가면서 관계 안에서 성취감을 느끼고, 자신의 가치를 인식하며, 정체성의 회복을 경험하고 있었다. 그리고 가정에서도 자신의 힘으로 남편을 도와줄 수 있다는 자신감을 얻을 수 있었다. 직장생활은 그들이 가정에서 느끼는 무력감에서 벗어나 자신이 할 수 있는 일을 찾아 노력하면 잘할 수 있다는 자신감을 심어주는 좋은 경험의 장이 되고 있었다.

> "남편 혼자 일하지만 괜찮은데, 그래도 같이 도와주고 싶어요. 그리고 요즘 저도 일을 좀 좋아해요. 그리고 올해는 돈을 좀 많이, 잘 벌었어요. 통역은 한 번 가면, 어려운 곳을 가면 하루 오십만 원. 그런 것 때문

에 괜찮아요. 제가 지금 한국말은 잘 못하는데, 라오스 말은 잘하거든요. 제가 한국말 듣기를 조금 잘해서 듣고 라오스 말로 통역하는 것 설명을 잘해요. (통역을 잘하기 위해 어떻게 했어요?) 뉴스요. 그냥 다 모든 뉴스요. 한국 뉴스요. 유튜브에서요. KBS 24시간 뉴스가 있어요. 그걸 하루 종일 듣고 그랬어요. 어떤 단어를 모르면 남편에게 물어보고 찾아보고 그랬어요." (연구참여자 3)

연구참여자는 직장생활을 통해 경제력을 가진 공적 주체로 전업주부, 자녀 양육의 스트레스에서 벗어날 수 있었고, 무보수 노동에서 벗어나 행동의 주체로서 자신감을 보여주고 있었다. 그들은 단순히 '돈을 벌고 싶다'는 것보다 좀 더 넓은 관점에서 '새로운 인생구조'를 확립해나가고자 노력하고 있었다.

"(왕성하게 사회활동 하시는데 힘들지 않으세요?) 힘든데, 경험돼요. 이것도 한번 해보고 싶고, 저것도 어떻게 한번 해보고 싶고. (웃음) 저도 학교 다닐 때 그랬어요. 고등학교 다닐 때 졸업하면 대학교 다녀야지 하고, 욕심이 나요. 대학 다니는 동안 알바도 했어요. 알바 하는 동안 저기 인제 졸업, 3년 다니다가 그때부터는 알바 가는 시간을 맞출 수 있으니까 알바 하고 졸업하자마자 바로 회사 들어가고 일하고 그래요. 그리고 하고 싶은 거는 딱 생각하면은 제가 할 수 있다 마음먹으면 제가, 이제 하는 거예요. (웃음) 보통 한국에서는 일을 하면 어떤 한국인은 외국인이 하니까 같이 일하는 건 안 될 거 같다. 느낌이 와요 어쩌다가. 근데 저는 지금까지는 그런 거는 없지만 다른 분들은 그런 걸 느낌이 많이 와요. 어차피 외국인 하니까 못할 수 있고 이런 것도 있고. 저는 이태까지 그런 거 없어요. 왜냐하면 다 한국인하고 같이 지내고 이것저것도 같이 일할 수 있으니까 어려운 건 없는데, 다른 분들이 친구분들이 어려운 거 많이 있어요. 저는 사업도 하고 사업자등록증도 혼자 신청했어요. 근데 네이버에서 알아보고 그랬는데, 보통 다른 외국인들은 그런 거는 아직 몰라요. 그래서 누구한테 부탁하고 뭐하고 그렇게 하니까." (연구참여자 4)

연구참여자 4는 남편과 이혼하고 친정 부모님께 자녀 양육을 맡기고 자신은 생계를 위해 다양한 직업을 전전한다. 그는 친정어머니의 음식솜씨를 이용하여 인도네시아 식당을 차려 커뮤니티를 형성하고 통역 등 비즈니스도 함께 운영한다. 이러한 직업경험을 통해 한국 사회에서 외국인도 할 수 있다는 자신감을 획득하면서 건강한 정체성을 형성해가고 있었다. 맥클렌드(McCelland, 1965)는 높은 성취욕구를 가진 사람은 개인적인 책임을 지고 문제해결책을 찾아내려 하고, 상당히 어려운 목표를 설정한 후 어느 정도 위험을 감수하며, 성과에 대해서는 구체적인 피드백을 기대하는 경향이 강하다고 주장했다. 이런 특성 때문에 때로 강한 성취욕구를 가진 사람은 창업자 또는 사업자가 될 가능성이 높다고 주장했으며, 이를 뒷받침하는 연구 결과를 제시하고 있다. 본 연구의 참여자 중 인도네시아 출신 연구참여자 4는 성공적인 자립과정을 마친 강한 성취욕구의 소유자임이 분명했다.

연구참여자들은 사회인으로서 자신의 정체성을 갖기 위해 적은 급여에도 불구하고 일하기를 선호한다. 이들은 특히 초국적 정체성을 가진 이주민으로서 자신의 장점을 이용해 일하는 경우가 많다. 이들은 출신사회 맥락에서 습득한 능력이 필요한 직장이 있을 경우에 그곳에서 일하기를 선호하고 있었다. 이를 통해 자존감을 회복하고 성장을 이어가고 있다. 인생의 목적은 성장이며, 목표를 추구하는 과정에서 인생의 의미는 나타난다. 결혼이주여성들 역시 성장을 통해 더 나은 다른 존재가 되어가는 삶을 살아가고 있었다.

2) 초국적 관계

(1) 친정의 돌봄 노동 활용

결혼이주여성의 초국적 형태는 주로 사적 영역에서 모국 가족에 대한 송금, 전화나 인터넷을 통한 연락, 상호방문 등으로 나타난다. 본 연구에 참여한 연구참여자들은 친정의 도움을 받아 자녀 양육의 어려움을 해소하고 있었다. 그들은 대부분 자녀 양육보다 사회생활을 원했고, 어린 자녀를 친정 부모님께 맡기고 직장에 다니고 있었다.

> "엄마가 집에 가서 네팔 갔다가 지금까지 세 번 갔다 왔어요. 왔다 갔다 세 번 하고 엄마가 여기 4년 정도 살다가 8월에 가신 거예요. 같이 살다가. 애기 봐주시고. 제가 여기저기 일 다니고 알바 같은 것 하다가. 그냥 벼룩신문 보고 아니면 누가 소개시켜주고." (연구참여자 1)

연구참여자 중 1, 2, 3, 4는 모두 친정 가족의 도움으로 자녀 양육을 하고 있었으며 직장생활을 선호한다. 자녀 양육보다는 좀 더 적극적으로 한국 사회에 대해 알기 원했고, 자신들의 경제적 지위 향상을 통해 성취감을 느끼고 있다. 한국 사회의 제약적인 자녀 양육 서비스로 인해 아직은 돌봄 노동 형태로 자국의 자원인 친정 가족을 활용하고 있다. 결혼이주여성들의 나이가 어려 친정 부모들이 어린 자녀를 돌볼 수 있을 만큼 건강하고, 무엇보다 한국에서 자녀 돌봄 서비스를 이용하기에는 경제적인 부담이 너무 컸다. 이 같은 친정을 활용한 네트워크는 친척들의 동반이주를 유발하기도 하면서 그들의 소소한 가족 커뮤니티가 형성되는 모습도 보여주고 있었다.

(2) 초국적 행위 전략

결혼이주여성은 이주한 후에도 지속적으로 '모국'과 '정주국' 사이를 가로지르는 유대관계를 형성하고, 그사이에서 다양한 커뮤니케이션 전략을 구사하며 자신의 사회적 위치와 정체성을 재구축하는 과정을 경험하고 있다(김영순 외, 2014). 결혼이주여성은 본국 가족과의 유대를 유지하면서 친정 부모 초청이나 친척들의 연쇄 이주를 불러오는 등 다양한 사회적 네트워크를 만들어가면서 이를 사회적 자본으로 활용하고 있다. 결혼이주여성의 초국적 행위는 결혼이주 후의 삶에 내재된 모순과 장벽을 극복하기 위한 개인적인 생존전략이라고 본다.

"처음에 큰애는 제가 혼자 봤고, 그리고 엄마요. 친엄마. 친정엄마요. 친정엄마도 도와줬고. 태어날 때는 엄마가 3개월 정도 왔어요. 그리고 큰아들은 세 살 정도 됐을 때 어린이집에 보내고 제가 간단하게 아르바이트 정도 했어요. 그때부터는 간단하게 일도 하고 출장도 가고 그리고 둘째 임신 때 엄마도 5~6개월 정도 다시 왔어요. 같이 살면서 도와줬고 그리고 엄마 갔을 때 조카가 왔어요. 제 조카. 라오스 있을 때 친척 조카요. 스물네 살이에요. 와가지고 도와줬어요. 1년 정도요. 그리고 남편도 소개해줬고 지금 한국에 결혼해서 있어요. 3개월 있다가 가서 다시 와가지고 3개월 또 가가지고 3개월 이렇게. 그 라오스 친구 지금 인천에서 살고 있어요." (연구참여자 3)

연구참여자 3은 자녀 양육 때문에 친정과 밀접하게 연결되어 있고, 이러한 네트워크로 인해 조카도 한국 남자와 결혼하면서 한국에서 자국 네트워크를 활성화시켜나가고 있었다. 물론 이러한 밑바탕에는 남편의 적극적인 지지가 있었다. 서로 사랑해서 결혼한 남편은 결혼 전부터 연구참여자에게 하고 싶은 모든 것을 해도 된다고 약속했고, 아직 그 약속을 지키고 있어서 연구참여자는 친정의 도움을 받을 때 어려움이 없었다.

연구참여자 4는 남편과의 이혼으로 친정 부모에게 의지하면서 자신의 삶의 영역을 초국적 영역으로 확장시킨 사례다. 그는 이혼하면서 경제적으로 자립을 해야 했기에 자연스럽게 자녀 양육에 대해 친정 부모님의 도움을 받았다. 그러다가 음식솜씨가 좋은 친정어머니 덕분에 한국에서 인도네시아 식당도 차리게 되고, 그 속에서 인도네시아 사람들과 커뮤니티를 형성하면서 그들을 도와주고 국제적 비즈니스도 할 수 있게 된다.

"우리 엄마는 지금 같이 살고 있어요. (웃음) 어머님은 한국어 조금씩 할 수 있어요. 여기 와서. 그러다가 엄마가 애기 돌봐주니까, 우리 아들이랑 같이 이야기하다 보니까, 그렇게 배웠어요. 남편이랑 2년 정도 같이 살다가. 그때… 애기 태어나려고 그래서, 그전 남편은 엄마 부르라고. 여기서 부모님… 어차피, 보통 한국 엄마들은 친정엄마가 옆에 있으면 좀 편하잖아요. 애기 낳을 때. 그래서 불러가지고 같이 살았어요. 태어날 때부터, 1년 있다가 갔어요. 갔다가 1년 이후로 또다시 왔어요. 한국에. 7년 정도 인도네시아 왔다 갔다 하세요. 만약에 방학 동안, 학교 방학 하면 우리 아들하고 같이 갔어요. 갔다 왔어요. 제일 늦게도, 한 달 전에, 방학 끝나기 전에 다시 한국에 와요. 오빠 집에 가고, 그래서 우리 아들도 가면 인니어, 인도네시아어 배울려구. 저랑은 한국어 쓰는데, 중간중간 이야기할 때 인도네시아어 하고 그러는데 잘 이해하고, 답변도 인도네시아어 답변하고. 애 마음이에요. (웃음) 좀 그렇게 하면 한국어 답변하고. 그런데 우리 엄마랑 하면, 엄마가 일부러 시키는 거예요. 인도네시아어. 잘 기억하라고. 아무래도 한국에서는 인도네시아어 사용 관계가 엄마랑 외할머니밖에 없으니까 기억하라고 했어요." (연구참여자 4)

본국으로부터의 돌봄 지원은 이혼 후 생계 부양과 자녀 양육의 책임을 동시에 완수해야 하는 한부모 결혼이주여성에게 더욱 절실해진다. 자녀를 돌보기 위해 본국의 어머니 혹은 다른 여자형제 및 친척을 초청하는 새로운 돌봄이주를 발생시킨다. 여성들은 원가족의 복지보다 자신의 발전과 더 밝은 미래 생활을 중요시하는 행위자 주체성을 나타낸다. 포르테스 외(Portes et al., 1997: 2003)에 의하면, 이주자의 초국적 형태는 정착지 사회에서의 지위와 이주자의 밀집 정도와 상관이 있다. 이주자들은 정착지 주류사회에서 소외되어 밀집해 있는 경우 강한 초국적 형태가 나타난다. 따라서 초국적 활동은 정착지 사회의 차별과 하층 동화에 저항하고 자신의 존엄성을 보호하기 위한 전략이나 방편이다. 이러한 초국적 형태는 소외되고 가난한 계층의 전유물이 아니라 더 많은 인적 · 물적 자원을 가진 이주자들에게도 존재한다. 또한 이주자의 인적 · 물적 자본의 소유 정도는 그들의 초국적 활동 형태와 밀접한 관계가 있다.

초국적 형태는 사적 영역과 공적 영역에서의 경제 · 정치 · 사회문화 활동으로 구분하는데, 많은 인적 · 물적 자본을 갖고 있는 사람은 공적 영역에서의 초국적 활동에 참여할 가능성이 높으며, 반대로 적은 인적 · 물적 자본을 가진 사람의 초국적 활동은 사적 영역에 치우치는 경향이 강하다. 본 연구참여자들은 인적 · 물적 자본의 결핍으로 아직은 사적 영역에서 초국적 활동을 하고 있는 경향을 드러냈다.

6.
주체적 삶과 사랑을 꿈꾸며

이 장에서는 동남아시아 출신 결혼이주여성들의 주체적 삶 이야기 속에서 그들이 세계화 시대의 초국적 이주를 통해 주체적으로 한국에서의 삶을 선택한 것임을 알 수 있었다. 결혼이주여성들은 언어적인 결핍, 문화적인 차이 속에서 견뎌내기, 살아내기 과정을 통해 아내로서, 자녀의 어머니로서 치열한 삶을 살아가고 있다. 인간은 누구나 무엇에든 강제 받지 않고, 얽매이지 않고 스스로 삶의 주인공이 되어 주도적으로 살고 싶어 한다. 즉, 자신의 삶을 자신의 주도로 영위하기 원한다. 결혼이주여성도 마찬가지다. 결혼이주여성들은 비록 결혼, 이주라는 생애 전환경험으로 위기상황에 놓이게 되지만, 이러한 위기를 새로운 도전의 기회로 삼아 자신의 최선을 다해 현실에 적응하며 살아가고자 노력하고 있었다. 연구 참여자들이 자신의 경험을 통해 보여주는 인정투쟁 경험은 적극적인 삶의 주체로 더 나은 삶을 위한 끊임없는 노력이었고, 시댁 그리고 지역사회 및 직장에서 유연한 정체성으로 대처하면서 자신들의 환경과 상황을 수용하여 자신을 발전시키는 모습이었다.

그들은 다양한 관계망 속에 위치 지어 있었으며, 가정에서는 자녀와의 관계에서 자신들만의 교육관이 있어 시댁이나 남편과 가끔 갈등을 빚어내기도 한다. 그들은 학부모 위주인 한국의 사교육 풍토와 거리 두기를 하고 있었으며, 자녀의 행복과 선택을 존중하고 싶어 한다. 남편과의 관계에서도 사랑으로 모든 어려움을 포용하거나, 자신을 무시하는 남편에 대해서는 한국어 능력이 향상됨에 따라 점점 정당하게 대응하고 자기주장을 펼치는 당돌함도 보여주고 있었다. 본 연구의 참여자들은 자녀교육으로 시어머니와 갈등을 빚은 연구참여자 2를 제외하고는 대부분 시어머니와 좋은 관계를 유지하고 있었으며 한국에서 한국어 능력향상, 문화적응을 가르치는 첫 멘토로 시어머니를 꼽고 있었다. 따라서 그들은 시댁과의 관계에서도 자신의 노력으로 인정받고 있었고, 이러한 인정경험을 토대로 가족의 구성원으로 자리매김해나가고 있는 모습을 보여주었다.

지역사회 영역에서 결혼이주여성들은 학부모와의 관계에서 외국 출신배경으로 위축되어 있었지만, 자녀를 위해 한 걸음씩 다가서는 모습으로 적응해나가고 있었다. 또한 영어를 잘하는 결혼이주여성은 영어를 매개로 자녀 친구의 어머니들과 교제를 이어가고 자녀 친구들한테서 인정받고 있었다. 그들은 부모로서 자신의 역할이 매우 중요하고 학교교육 참여가 필요하다는 것을 인식하고서도 자신감이 부족하거나 혹은 무엇부터 어떻게 시작해야 할지 몰라 자신이 없고 당황스러운 상황에 부딪힐 때가 많았다. 그들은 대부분 지인을 통한 자국 커뮤니티 그리고 다문화가족지원센터를 통한 결혼이주여성 자조모임에 참여하고 있었는데, 그 안에서 자유를 누리고 위로를 받고 있었으며 정보 교류도 하고 있었다.

이 밖에도 사회적 영역에서 연구참여자들은 대부분 직장 경험이 있었고, 구직 경험 및 직장 경험을 통해 가정에서도 인정받고, 한국어 능력이 향상되었으며, 한국 사회에 더 잘 적응했다. 그들의 경제활동은 경제적으로 남편으로부터 조금이라도 자유로워짐으로써 자신감을 가지게 했고, 남편을 도와줄 수 있음에 뿌듯해하고, 시댁에서도 인정받을 수 있는 계기가 되었다. 그들은 대부분 아르바이트성 단순노무에 노출되어 있거나 다문화가정지원센터에서 하는 통역 봉사, 학원 강사 등 독립적인 일을 하기에 직장 상사나 관계의 어려움에 대해서는 크게 토로하지 않았다. 오히려 직장생활을 통해 성취 경험을 하게 되고 자신감이 증가하는 모습을 보여주었다. 아직 자녀들이 어리기에 대부분 친정 부모의 도움으로 직장에 다닐 수 있었고, 일부는 시댁 부모님의 도움으로 직장생활을 유지했다.

본 연구에 참여한 동남아 출신배경 결혼이주여성들은 친정 가족을 의지한 초국적 관계를 유지하고 있다. 그들은 '친정'이라는 자원을 활용하여 자녀 양육에 도움을 받고 있었고 본국과도 왕래하고 있다. 또한 돌봄, 자매들의 연쇄적인 결혼이주를 통해 한국에서 초국적 가족을 형성해 감으로써 결혼이주여성을 중심으로 새로운 친족망을 형성해나가고 있는 모습도 볼 수 있다. 자녀들은 그러한 영향 속에서 자연스럽게 이중언어를 습득하고 엄마나라에 대해 좋은 감정을 가진다. 그들은 본국에서 직장 경험이 있었고, 한국에 와서는 가족의 소중함을 지키고자 가족과 함께 한국에 머무르기를 희망하고 있었다. 연구참여자들은 모두 친정에 대한 경제적 지원은 없었고 사회생활 참여, 그리고 경제적 여유를 누리며 한국에서 더 나은 삶을 위해 직장생활을 하고 있다.

결혼이주여성들의 삶에 관한 이야기를 통해 한국 사회 통합에 대한 제언을 하면 다음과 같다. 결혼이주여성들은 주체적으로 자신의 삶을 선택하고 기꺼이 어려움을 감내하면서 가족을 지키고자 노력하고 있다. 그들은 대부분 다문화가족지원센터를 통해 정보를 습득하며 취업에 대한 욕구가 높았다. 따라서 다문화가족지원센터 중심으로 하여 지속적 · 체계적으로 다양한 교육지원이 이루어질 필요가 있으며, 내실 있는 체계적인 취업교육이나 인적자원개발이 이루어져야 할 것이다. 또한 국내 결혼이주여성들의 거주의 장기화에 따라 다문화가족지원센터에만 한정시키지 말고 평생학습기관, 취업교육센터 등에 대한 홍보를 활성화하여 한국인과 함께 어울려 공부하는 환경도 조성하여 직업환경에 대한 적응력을 강화해야 할 것이다.

다문화교육에서 다른 사람의 이야기에 주목해야 하는 것은 공감을 통해 그들의 진짜 삶의 과정에 다가가기 위함이다. 여기서 중요한 것은 서로의 긍정적인 상호작용과 갈등조절의 시간을 통해 타자를 이해하고, 공존의 가능성을 찾아나가는 것이다. 낯선 것을 익숙하게 하는 데는 서로 간에 시간이 필요하다. 이는 관계 맺음의 결과로 나타나는 삶의 다양한 문화적 양상에 대한 깊이 있는 이해에 필수조건이다. 결혼이주여성들의 긍정적인 이야기들이 이 글을 읽는 많은 이들에게 진실하게 다가가고, 이를 통해 국내 결혼이주여성에 대한 사회적 편견이 해소되며, 인정하는 분위기를 만드는 것이 우리가 해야 할 일이다. 결혼이주여성들은 이주를 경험하면서 정체성의 위기나 삶의 불안감 속에서 심각한 스트레스를 경험할 수밖에 없다. 국내 결혼이주여성들의 행복한 삶을 위해서는 그들에 대한 교육이 단순히 한국어교육, 한국 문화교육의 차원을 넘어서 단계별 · 유형별 심리치료 상담 프로그램, 부모교육, 인권교육, 미디어교육, 세계시민성 교육 등이 도입되어야 한다. 또한 결혼이주여성들은 성인이 되어 한국에 진입했기 때문에 그들의 성공적인 사회통합을 위한 다양한 취업교육 및 성인교육 프로그램 개발이 필요하다.

우리는 결혼이주여성들의 주체적 삶에 대한 연구를 통해 그들의 의지와 노력 속에 담긴 가능성에 주목하여 그들을 위한 사회적 통합이 결국 잠재된 자원개발임을 알 수 있었다. 결혼이주여성들의 역량강화를 위한 노력은 본인의 의지에 맞춰 사회적 지지가 함께 이루어졌을 때 시너지 효과가 발휘된다. 결혼이주여성과 지역사회의 연결고리를 강화하여 그들을 자원으로 하여 동반 성장할 수 있기를 기대해본다.

3장

결혼이주여성의 모성과 어머니 되기

1. 결혼이주여성과 모성
2. 내러티브 연구방법
3. 투쟁하는 주체자로서의 어머니 되기
4. 이주해온 타자로서의 어머니 되기
5. 일반화된 모성으로서의 어머니 되기
6. 주체적 어머니로 거듭나기

1. 결혼이주여성과 모성

1) 모성 이데올로기

2000년대 중반 이후 지속적으로 증가하고 있는 결혼이주로 인해 정부의 다문화가족 지원정책은 결혼이주여성의 한국 사회 적응에 초점을 맞추어왔다. 결혼이주여성은 임금을 목적으로 한 이주노동자나 학업을 목적으로 한국에 입국하는 외국인유학생과 달리 혼인을 통해 한국 사회 구성원이라는 법적 지위를 획득하게 된다. 이들은 특별한 이유가 없는 한 자녀를 출산하고, 양육하면서 한국에 정주하게 된다(한국보건사회연구원, 2007). 따라서 결혼이주여성의 결혼 및 출산과 양육의 문제는 사회적인 측면에서 한국 사회의 저출산 현상에서 매우 중요한 의미를 지니며, 결혼이주여성의 개인적인 측면에서도 단순한 발달과업을 넘어 치열한 한국 사회로의 진입과정을 경험하는 데 많은 혼돈과 정체성의 어려움을 겪을 수 있다.

일반적으로 한국 사회에서 '어머니', '모성'은 자식과 가족을 위해 모든 희생을 감내하는 이미지로 그려지곤 한다. 그러나 이러한 어머니상, 모성의 이미지는 사회 · 경제적 배경을 초월해서 언제나 같은 이미지로 나타나는 것은 아니다. 바람직한 어머니상도 각 시대마다 다른 양상을 띠었다. 가부장제 질서와 깊숙이 연관되면서 모성과 상충할 때는 가부장제 이념이 모성보다 우선시되는 현모양처 이데올로기가 있었고, 교육열과 친밀성에 근거한 현대판 모성도 있다. 또한 엄격하고 냉정한 어머니상이 바람직한 어머니의 모습으로 상정되기도 하지만, 어머니와 자녀 간에 친밀한 관계와 정서적 돌봄이 강조되기도 한다(김세서리아, 2009). 이처럼 한 사회 내에서도 시대적인 흐름과 변화에 따라 모성에 요구되는 이미지가 다르게 나타남을 알 수 있다.

2019년 대한민국은 출산율 합계 0명대 시대에 진입했다. 사실상 세계에서 유일한 '출산율 1명대 미만' 국가가 된 것이다(중앙일보, 2019). 한국 사회에서 많은 여성들이 어머니 되기를 포기하고 있는 듯하다. 저출산 현상은 우리의 삶에서 더 이상 아이가 중요하지 않은 것인지, 아이를 낳지 못할 만큼 '이기적'이 되었는지, 아니면 아이가 여전히 중요한 의미를 가짐에도 불구하고 어머니가 되는 것이 어려워진 것인지, 나아가 오늘날 어머니가 된다는 것은 과연 어떤 의미를 갖는 것인지 고민하게 된다(천선영, 2002).

이러한 한국 사회의 상황 속에서 결혼이주여성들은 '이주민'과 '어머니'라는 두 가지 삶의 자리를 견뎌내야 하는 현실과 마주하게 된다. 이러한 마주함을 통해 결혼이주여성들은 기존의 정체성과 새롭게 요청되는 정체성 사이에서 혼란에 빠지게 된다. 이 연구에서는 결혼이주여성이 한국 사회에서 한 아이의 어머니로서 삶의 과정을 통해 '어머니 되기', 즉 '모성'에 대한 정체성을 어떻게 형성해나가는지 탐구해보고자 한다.

이에 앞서 모성 이데올로기에 대해 한번 생각해보자. 이 사회의 구성원들은 모두 좋은 어머니에 대한 일종의 환상을 가지고 있다. 일반적 공감대를 이루는 좋은 어머니는 자신의 욕망을 드러내지 않은 채 자녀들을 격려하는 충실하고, 종속적이며, 정숙한 기혼여성으로 이미지화된다(박미경 역, 1995). 이러한 모성 이데올로기는 역사적 상황 속에서 만들어지는 사회적 · 문화적 구성물로, 그 시대 여성들의 역할을 규정하고 통제하는 역할을 한다(윤택림, 2001). 이런 측면에서 모성 이데올로기는 한국 사회 어머니들에게 많은 영향을 미쳐왔다.

현대사회는 여성의 사회 진출이 계속적으로 증가하고 있지만, 남성과 달리 여성들은 직장일과 더불어 가정에서의 책임을 더 많이 감당해야 하고, 여전히 자녀 양육의 일차적 책임을 지고 있는 것이 현실이다. 이는 남성은 사회생활을, 여성은 가정일을 해야 한다는 성별 분업 이데올로기에 따른 것이다(Galinsky & Bond, 1996). 이러한 현실은 취업모의 경우 어머니의 취업이 경제적 · 정신적으로 바람직하고 필요하다는 근대적 가치관과 좋은 어머니는 가정에 있어야 한다는 전통적 가치관 사이에서 충돌하게 된다. 무엇보다 어머니가 자녀 양육을 해야 한다는 전통적인 사고가 여전히 강하게 존재하는 상황에서 자녀를 직접 돌보지 못하는 어머니로서의 심리적 죄책감이나 불안감을 경험하며 심리적 갈등과 스트레스를 겪게 된다(신송이, 2017).

발달심리학에서는 1900년대 초부터 자녀 양육에 있어 어머니의 중요성을 강조했다. 생의 초기에 이루어지는 양육자인 어머니와의 애착이 유아의 생에 중요한 영향을 미친다고 주장한다. 특히 볼비(Bowlby, 1953)는 어머니와 유아의 지속적인 친밀한 관계가 유아의 발달에 필수이고, 이러한 관계를 생의 초기에 형성하지 못하면 유아의 발달에 지속적인 손상을 입게 된다는 연구를 발표했다. 즉, 애착이론이 출현하게 된 것이다(김진영, 2013). 한편, 과학 분야의 발전은 양육의 과학화에 영향을 주었고, 이는 과학적 양육 지식의 증가와 전문가의 권위를 확고하게 하는 역할을 했다. 과학적 지식을 생산하는 전문가의 영향은 가정에서 어머니들의 새로운 규율을 정하는 양육 방식을 만들어내게 되었고, 결과적으로 양육을 더욱 어렵게 만들었다(신은숙, 2005; 김윤희, 2012; 김보성 외, 2014). 신은숙(2005)의 연구에서는 아이의 두뇌발달이나 사회성, 정서함양 등 습득해야 할 과학적 지식은 점점 증가하고 있고, 여성들은 좋은 어머니가 되기 위해 각종 육아 서적과 미디어 등을 이용하여 쏟아져나오는 정보들을 통해 좋은 어머니가 되는 법을 배우게 된다고 했다. 그러나 어머니에 대한 이상적인 역할 증대와 아이에 대한 집중된 관심은 교육, 정서, 건강 등 다양한 분야에서 어머니 된 여성에게 부담감을 안기고 긴장감을 주며, 어머니 역할에 더 많은 계획과 투자가 필요함을 의미한다고 지적한다. 이처럼 앞서 언급한 발달심리학과 과학 분야의 발전은 양육에 대한 지식의 증가와 더불어 어머니에게 더욱 집중적인 양육을 요구하는 모성 이데올로기를 만들어낸 것이다.

이러한 모성 이데올로기는 여성이 있어야 할 자리는 가정이며, 가정에서 여성의 역할은 자녀를 돌봄과 동시에 교육하며, 가족구성원들을 심리적 안정을 제공하며 보살핀다는 것이다. 가족의 이해는 곧 여성의 이해이며, 가장으로서 돈을 버는 아버지, 육아를 담당하는 어머니로 구성된다. 여성의 이러한 역할들은 남녀의 구별에서 정당화된다. 성별 분업에서 서로 다른 역할은 상호보완을 위해 불가피하다는 논리다. 그러므로 결혼한 여성이라면 취업을 했든 안 했든 가사노동, 자녀의 양육 및 교육 그리고 결혼에 이르기까지 일차적인 책임을 어머니가 맡게 된다(심영희 외, 1999).

가난했던 지난 시절 우리의 어머니들이 노동과 양육을 병행하며 삯바느질과 떡장사, 공장 노동자로 자식의 출세를 위해 헌신과 희생을 아끼지 않았던 모성의 이미지는 드라마 속에서 흔하게 보였다. 이는 모두 전통적인 강인한 어머니상을 나타낸다. 하지만 현대를 살아가고 있는 지금 여전히 이러한 어머니상에 감동받고 설득당하여 받아들이고 있을지 궁금하다. 그럼에도 불구하고 우리는 위기 때마다 강인한 어머니를 그리워한다. 하지만 강인한 모성으로의 회귀는 부정적인 의미를 지니고 있다고 지적된 바 있다(이광규, 1975; 조혜정, 1988). 강인한 모성을 부정적으로 바라보는 것은 사회·경제적으로 힘들수록 여성에게 희생적인 모성, 즉 안전판의 역할을 요구하는 사회적 관행 때문이다(최주원, 2016). 강하지만 희생적인 어머니는 자신의 권리를 주장하려는 의지가 없고, 사회적 위기 시 가장인 남성의 역할 부재에서 생겨났다. 그리고 그 위기가 지나고 나면 다시 본래의 자리로 돌아간다(심영희 외, 1999).

이처럼 한국의 전통적인 모성상은 헌신적이고 강하다. 단군신화에 나오는 주몽의 어머니 유화부인에게서도 그 유래를 찾아볼 수 있다. 유화부인은 쫓겨나는 아들 주몽에게 자신이 지닌 곡식을 모두 싸주는 희생적인 어머니의 모습을 보인다. 이러한 희생적인 모습은 사회적 위기 때마다 여성에게 요구하는 규범으로 수용되었다(심영희 외, 1999). 또한 조선시대는 유교가 뿌리내린 사회로 여성은 첫째, 남아를 출산할 의무를 지녔다. 아들을 낳아 대(代)를 이어야 하는 것이다. 둘째, 일상적·세대적 재생산의 노동을 했다. 여성은 자신이 낳은 자녀뿐만 아니라 부모를 잃은 친족의 자식도 돌보았다. 이는 국가가 수행해야 할 사회보장제도의 기능을 가족이 떠맡게 되는데, 이 역시 여성의 몫이었다(최재석, 1983). 셋째, 아들을 교육시켜 출세하도록 자녀의 양육과 교육을 담당했다. 그러나 실제 생활에서 여성이 수행해야 할 역할은 이 밖에도 생산노동자로서 사회적 위기, 특히 남성의 부재 시 생존을 책임져야 하는 실질적 가장, 즉 모성 중심적 가족의 성격으로 변모하게 된 것이다(조혜정, 1988).

현실에서 어머니 역할이 모성 이데올로기라는 영향 아래에 놓여 있고, 성별 분업에 기반을 둔 남녀 역할에 대한 고정관념이 유지되고 있는 한국 사회에서 여성의 어머니 되기는 큰 비중을 차지하고 있다(윤택림, 2001). 그렇기 때문에 자녀 양육에 대한 어머니들의 부담감은 커질 수밖에 없다. 어머니로서 느끼는 가사노동이나 자녀 양육에 대한 부담과 스트레스는 왜 여성들에게 유난히 집중하고 있는 것일까?

여성의 어머니 노릇에 대한 설명 중 하나는 주로 수렵 · 채취사회에 대한 기능주의적 설명과 '인간 남성의 기원'에 관한 진화론적 설명을 결합한 인류학자들이 강조하는 성별 노동 분업의 기능과 연결된 사회진화론적 주장이 있다. 이러한 주장들은 민첩함, 힘, 빠르기 그리고 공격성에서 남성의 우위로 그들이 사냥하는 것이 자연스러운 것이 되도록 했고, 그래서 여성은 채집을 하고 아이를 돌보았다고 주장한다(Rossi, 1968). 여성은 임신과 아이 돌보기 요구에 있어서 수유기 여성의 경우 대부분의 시간을 그들이 양육(nursing)하는 유아와 가까운 곳에 있을 필요가 있고, 여성의 임신과 수유는 사냥할 때 일반적으로 그 집단에 비능률적이거나 위험한 것이 되게 했다(Brown, 1970). 게다가 수렵 · 채취 무리의 크기가 작고 유아 사망률이 높기 때문에 집단이 유지되기 위해서는 모든 여성이 자신의 가임기간이거나 임신 중일 때는 위험한 상황에 노출되지 않아야 하는 것이 보통이었다. 일부 여성이 남성보다 더 나은 사냥꾼이 될 수 있는 강함, 빠르기, 기민성을 가지고 있더라도 이 여성들에게 사냥을 하도록 하는 것은 그 집단에 비능률적인 일이다. 왜냐하면 남성은 아이를 낳거나 양육하지 않을 것임이 확실하기 때문이다. 대부분의 진화기능론자들은 남성의 생물학이 사냥에 더 적합하다고 주장하지만, 수유 말고는 여성이 남성보다 더 나은 어머니 노릇할 능력을 가졌다고 주장하지는 않는다. 오히려 그들은 남성이 아이들을 돌보지 않는 것이 편리하며, 수렵 · 채취 무리의 생존을 위해 필요한 것이라고 주장한다(Nancy, 2008). 이와 관련하여 한국문화인류학회(2003)의 '남성 사냥꾼 가설'과 '여성 채집자 가설'의 논의를 통해 좀 더 구체적인 성역할에 대한 진화사를 살펴보자.

먼저, 진화사의 '남성 사냥꾼 가설(Man the Hunter Hypothesis)'은 1950년대 이후 진화사의 주요 모델이 되었는데, 짝 결속과 남성 생산, 여성 생식이라는 성별 노동 분화를 근거로 진화의 역사를 남성 중심적 시각으로 구성해왔다. 남성 사냥꾼 가설은 다윈의 성 선택(sexual selection theory)에 기원한다. 동종 동성의 다른 개체들에 비해 상대적으로 생식활동이 우세하면 성적 '선택'에서 유리하고, 이 때문에 수컷 간에 경쟁이 생겨나게 된다. 수컷은 경쟁에서 승리하기 위해 능동적이고 공격적이 되며, 암컷은 남성 간의 경쟁의 결과로 '선택'되는 대상이므로 수동적이고 성적으로 소극적이라는 것이다. 남성 사냥꾼 가설은 이러한 과정을 통해 성별 노동 분화를 설명해낸다. 즉 남성은 성적 경쟁을 통해 여성을 선택하고, 여성은 주로 출산과 육아 기능을 담당해야 하기 때문에 생산에 참여하지 못하게 된다. 이 가설은 남성들이 대규모 사냥을 통해 집단에 먹을 것을 제공해야 할 생존의 필요성으로 인해 모든 인간다운 것들의 진화가 시작되었다고 주장한다.

한편, 1970년대 들어 여성들이 인류학, 고고학, 영장류학 분야에 진출하게 되면서 이러한 남성 사냥꾼 가설은 도전을 받기 시작했다. 영장류학에서는 암컷의 선택도 수컷의 경쟁만큼 중요한 성 선택의 기제임을 밝히면서 암컷도 적극적으로 성을 추구하는 능동적인 전략가로 분석되고 있다. 특히 태너(Tanner)와 질먼(Zilman) 같은 여성 고인류학자들은 남성 사냥꾼 가설의 대안으로 '여성 채집자 가설(Woman the Gather Hypotheis)'을 발전시켰다. 초기 인류가 사냥으로 얻은 동물성 식량은 일상적인 음식이 아니었고, 채집을 통해 얻은 식물성 식량이 주요 생계원이라는 점을 강조하면서 채집자로서의 여성들이 남성보다 오히려 인류 진화에 더 기여한 것으로 분석되고 있다. 즉 도구의 발명도 뿌리류를 캐는 등의 채집 활동과정에서 발전한 것이며, 음식을 저장하기 위한 바구니 등의 발명도 여성이 주도했다는 것이다. 여성이 가끔씩 겪게 되는 출산 때문에 생산자로서의 활동에 제약을 받아 남성들에게 의존할 수밖에 없었다는 남성 사냥꾼 가설은 생산자로서 여성의 일상적 역할을 간과한 것이다. 오히려 식량을 운반하기 위해 아이를 옆에 끼고 두 발로 걷는 신체적 진화가 여성들에게 먼저 일어났으며, 음식을 공유하는 특질도 '어미-자식' 관계에서 발전되었다고 본 것이다. 그러므로 인류 진화의 핵심적 관계를 암-수 관계의 성적 선택으로 보기보다는 어미-자식 관계로 규정한다.

인류의 진화를 설명하는 '여성 채집자 가설'이라는 여성 채집자 모델은 기존 진화사의 남성 편향적 시각을 변화시키는 데 일정한 영향을 미쳤지만, 여전히 증거가 부족한 편이다. 이러한 논쟁을 거치면서 초기 인류의 경우 엄격한 성별 노동 분화가 존재하지 않았고, 남성과 여성 모두 채집자로서 존재했을 가능성이 큰 것으로 견해가 모아지고 있다. 박재용(2017)에 따르면, 진화란 생태계 내부에서 일어나는 일로, 생명들은 저마다 생태계 내에서 자신의 자리를 두고 경쟁자와 다툰다. 이들의 자리다툼은 당사자 스스로 다툰다는 의식을 가지고 이루어지기도 하고, 그저 본능대로 행동한 것에서 결과적으로 이루어지기도 한다. 다툼에서 이긴 생명들은 자신의 유전자를 가진 자손을 퍼뜨리고, 결과적으로 진화가 이루어지는 것이다. 그 과정에서 생명들은 생태계 내의 숱한 다른 생명들과 여러 관계를 맺게 되고, 어느 한 곳에서 시작된 진화는 관계를 맺고 있는 다른 생물에게 연달아 진화를 요구한다. 즉, 모든 진화는 공진화(coevolution)라는 것이다.

또한 헨리히(Henrich, 2004)는 문화의 진화에 대해 다음과 같이 설명한다. 문화진화는 인간사회에서만 발견되는 고유한 진화과정이라고 하더라도 생물학적 진화과정의 자연선별로부터 완전히 독립적일 수는 없으며, 궁극적으로 어떠한 문화전수 메커니즘이 선별되어 작동할 것인지를 인간 유전자의 생존 가능성에 의존한다. 그러나 문화전수 메커니즘은 집단선별이 작동할 수 있는 유리한 환경을 조성하여 친사회적 유전자의 생존 가능성을 높인다는 것이다. 앞서 기술한 인류학자들의 여러 견해를 살펴본 바, 인류가 진화해오면서 한쪽 성이 주도적인 역할을 담당했다기보다는 양성 간의 생식 전략이 상호 결합하여 진화가 이루어졌다는 '상호공진화' 가설이 더욱 설득력을 가질 수 있다고 본다.

2) 결혼이주여성으로서 어머니 되기

어머니가 되는 것은 여성의 삶에 있어 중요한 역할 중 하나이며, 어머니로서의 역할 전환을 위해서는 어머니의 지위를 획득해야 한다(Mercer & Walker, 2006). 어머니 역할은 출산을 통해 어머니가 된 사람에게 기대되는 일련의 행동으로, 모아(母兒) 관계에서 일어나는 인지적 · 정의적 속성 및 일련의 양육행동이라 할 수 있으며(장순복 · 송주은, 2000; 이은숙, 1992), 직관적인 여성의 기능을 통해서가 아니라 문화적 영향과 개인적 경험, 그리고 학습에 의해 획득되는 것이다(이영은, 1991).

리스(Rees, 1980)는 어머니 역할은 어머니로서 어머니다운 마음가짐과 실제적 영아 돌봄으로 구성되는 양육행위가 관련된 개념으로, 영아를 중심으로 새로운 신념, 태도, 책임감 및 관계가 형성되고, 새로운 역할로 재조직화되는 것이라고 했다. 루빈(Rubin, 1976)은 어머니 역할은 산모 자신이 스스로 어머니임을 인식하고 긍정적으로 스스로를 하나의 독립된 개체로 받아들이게 되는 상태로, 어머니의 역할이 융합된 상태를 '모성 역할 획득'이라 했다. 나아가 머서(Mercer, 1986)는 모성 역할 획득이란 확립된 역할 안에서 모성행위를 통합하여 능력을 성취하는 과정으로, 모성 역할 획득에 대한 실증적인 지표는 영아 돌보기 활동에 대한 모성의 자신감이라고 했다. 또한 모성 역할 획득에 영향을 주는 변인으로 모성의 연령, 출산경험에 대한 지각, 자아개념 및 성격, 모성 측의 질환, 양육에 대한 태도, 영아의 기질, 영아 측의 질환, 모아 조기분리, 사회적 스트레스, 지지체계, 사회경제적 수준, 문화적 차이를 보고했다.

모성을 뜻하는 영어 단어로는 maternity와 motherhood가 있는데 maternity는 '어머니임', '어머니다움' 등의 뜻으로 제도적 · 규범적 모성의 성격이 큰 반면, motherhood는 '어머니인 상태', '어머니가 됨', '모성'을 뜻하는 말로 어머니가 되어가는 과정에서의 경험과 이를 통해 충분히 '어머니가 되었다'고 지각되는 시기 등을 의미한다(손승아, 2000). motherhood라는 용어에는 어머니다운 감정과 어머니의 역할이라는 두 가지 의미가 함축되어 있다. 약간의 차이는 있지만 모두 학습에 의해 습득된 것으로, 어머니가 아기와의 접촉에 의해 시간이 지나감에 따라 발달하는 정서적인 감정인 motherliness와 아기의 발달과정에 대한 이해와 기술에 관여되는 어머니의 역할인 mothering의 의미가 내포되어 있다(이경혜, 1982; Bobak, Lowdermilk & Jensen, 1995).

> *당신은 아이들에게 나는 법을 가르치겠지만, 아이들은 당신의 비행기를 조종하지 않을 겁니다. 당신은 아이들에게 꿈꾸는 법을 가르치겠지만, 아이들은 당신의 꿈을 꾸지는 않을 겁니다. 당신은 아이들에게 살아가는 법을 가르치겠지만, 아이들은 당신의 삶을 살지는 않을 겁니다. 그러나 모든 비행과 모든 삶과 모든 꿈에서 당신이 가르친 방법의 흔적은 언제나 존재할 것입니다.* (마더 테레사)

테레사 수녀가 말하는 '어머니의 존재'는 앞서 서술한 바와 같이 어머니가 된다는 것, 어머니로서 산다는 것이 단순히 아이를 낳고, 모유를 먹이며, 기저귀를 갈고, 아이와 이유식 등으로 씨름하는 것만을 뜻하지는 않는다. 어머니가 된다는 것은 자신의 삶과 시간, 사고방식을 아이들을 위해 바꾸는 것을 의미한다. 아이들이 자라는 동안 이러한 어머니의 사랑과 수고와 헌신을 깨닫지 못하는 순간에도 테레사 수녀가 언급한 것처럼 어머니의 가르친 흔적은 존재한다. 이러한 기대로 수많은 고통을 견뎌내는 것이 우리 어머니의 삶일 것이다.

그러나 우리 사회에서 많은 예비 어머니들은 사회적으로 다양하게 요구되는 현실 앞에서 좌충우돌하며 아이를 낳고 키우는 것을 어려운 과제로 받아들이고 있다. 이민아(2013)에 따르면, 현대의 기혼남녀들은 결혼하면 아이를 갖는 것을 당연시하지 않고 무자녀 계획을 세우는데, 여기에는 다양한 사회구조적 · 문화적 · 인지적 맥락이 존재한다. 이들은 지나

친 자녀 중심성과 양육 현실을 비판하기도 하고, 자녀에 대한 부모의 자격과 책임에 중요한 가치를 부여하기도 한다. 또한 개인 중심 가치관의 변화도 간과할 수 없다. 오늘날 의학적으로는 더욱 안전하게 아이를 낳을 수 있지만, 역설적으로 어머니 되기는 훨씬 어려워지고 있음을 볼 수 있다. 어머니에게 있어서 아이는 더할 나위 없는 기쁨과 보람을 안겨주는 삶의 의미인 것은 사실이지만, 동시에 '가까이하기엔 너무 어려운' 대상이 되어가고 있는 것이 우리 사회의 현실이다(최선영, 2002). 하물며 어머니 나라를 떠나 낯선 타국에서 자신의 삶도 적응하기 힘든 결혼이주여성들에게 있어서 '어머니 되기'란 어떤 의미일까?

머서(1981)는 모성 정체성과 모성 역할 획득을 거의 동의어로 사용했는데, 루빈(1984)은 모성 정체성에 대해 아기의 어머니로서 이상적인 이미지를 만들기 위해 바람직한 태도와 능력을 갖춘 모델을 찾고, 환경과 기억을 탐색하여 모방을 통해 자신의 모습으로 통합하는 것이며, 어머니로서의 정체성은 임신부터 출산 후까지 연속되는 과정에서 형성되는 것이라고 했다. 모성 정체성은 아기의 출산 후 어느 순간 형성되는 것이 아니라 임신부터 출산 후 그리고 양육과정 중에 계속적인 생활주기의 경험으로 생기는 내적 자본과 같은 것이며(Rubin, 1976), 어머니 역할은 어느 한순간에 이루어지는 것이 아니라 여성의 생애 전 과정을 통해 연속적으로 진행되는 것이므로 항상 준비가 필요하다(Lowdermilk & Perry, 2004; Mercer, 1995).

결혼이주여성들은 모국의 문화나 언어와 다른 낯선 환경에서 자녀의 건강관리 행위에 필요한 양육 지식과 기술 부족으로 모성에 대한 정체성이 저하될 수 있으며, 이렇게 획득되지 못한 모성 정체성은 곧 영유아 건강에 영향을 미친다(안채순, 2010). 또한 방미란 외(2000)의 연구에서 경산모의 경우 이미 경험했음에도 불구하고 이전 경험에 대한 인지 정도에 따라, 그리고 자신의 신체 · 심리적 회복 정도에 따라 어머니 역할 학습이 지연되어 어머니로서의 정체성 형성에 어려움을 겪기도 한다는 연구 결과를 볼 때 초산모뿐만 아니라 경산모도 학습을 통해 모성 역할이 획득됨을 알 수 있다.

이러한 맥락에서 결혼이주여성의 다층적인 정체성에 대해 고려할 필요가 있다. 국경을 넘는 인구 이동이 자본의 이동, 교통수단, 미디어 테크놀로지의 발달과 함께 지속적으로 증가하고 있다. 그동안 초국적 이주자들은 본국과 새로운 정착지 간의 지리적 · 시간적 분리로 인해 어디에도 속하지 않는 주변인으로 여겨졌다. 그러나 최근에는 초국적 이동이라는 시각에서 이주자들은 새로운 삶을 개척하는 능동적 행위자이며, 하나의 정체성을 넘어서 다양한 정체성을 구성하는 사람들로 인식되고 있다(김연희 · 이교일, 2017).

주체성과 주체라는 용어의 표현과 개념 정의는 사회학, 정신분석학, 탈구조주의, 페미니즘, 탈근대적 접근 등 시대와 영역에 따라 다르게 정의되어왔다(김효숙, 2017). 엘리엇(Elliott, 2001)은 사회이론가와 사회과학자들이 '정체성(identity)', '주체(subjective)'나 '주체성(subjectivity)', '자아(self)'라는 용어를 사용하는데, 이 용어들은 주로 개인이 주체성과 맺고 있는 관련을 뜻하기 위해 사용될 수 있기 때문에 용어의 차이가 언제나 특별히 중요한 의미가 있는 것은 아니라고 주장했다. 즉, 이러한 용어의 개념들이 각각 독자적인 의미를 갖기보다는 정초한 역사적 · 사회적 맥락에 따라 다르게 표현되어왔기 때문에 매우 유사한 의미를 지니고 있다. 우리가 '주체성'이라고 표현하고자 하는 개념은 미드(Mead)가 말한 'I', 다른 영미학자들이 말한 'self' 혹은 'identity'로 표현하거나, 독일어의 'Subjectivität'라고 표현되는 것들이다(이규호, 2005).

미드(1934)는 인간이 다른 사람들로부터 받아들이는 기대와 같이 사회체계에 의해 만들어진 목적격 자아(me)뿐만 아니라 다른 사람들의 기대에 대한 나의 대답, 즉 사회체계를 변동시키는 주격 자아(I)를 인간의 '주체성'이라고 했다. 또한 인간의 주체성이 가장 중요한 교육학적 개념이며, 이는 곧 인간 존재의 능동적인 핵심을 의미한다고 했다. 또한 마르쿠제(Marcuse, 1967)는 인간에게는 사회에 적응하는 측면과 사회를 초월하는 측면이 있어야 한다고 했다. 여기서 사회를 초월한다는 것은 사회 변동의 동력이 될 측면을 강조하는 것이라고 할 수 있다. 이는 인간이 늘 일정한 조건 속에서 적응하며 살아가지만, 때로는 그 조건들을 뛰어넘으면서 나름의 독특한 삶을 창조하기도 한다는 것이다. 그런 조건들을 인식하고 넘어서는 실천을 '주체성'이라고 표현했다(이규호, 2005).

현대의 초국적 사회에서는 국제결혼이 날로 증가하고 있다. 특히 국내에서 외국인 배우자의 대부분은 여성이 차지하고 있다. 이로 인해 결혼이주여성의 위치는 점점 중요해지고 있다.

그러나 대부분 저개발국의 정부는 결혼이주여성들의 국제적 이동을 자국인의 해외취업으로써 적극적으로 권장하고 있으며, 자국의 젊은 여성이 국제결혼을 위해 이주하는 것을 방관하고 있다. 왜냐하면 이주노동자와 결혼이주여성의 송출을 자국의 주요 외화 획득의 원천으로 보고 있기 때문이다(김오남, 2008). 극심한 빈곤과 실업에 시달리는 저개발국의 여성들이 상대적으로 자신의 나라보다 잘사는 국가로 끊임없이 이주하는 가장 큰 이유는 '빈곤' 때문이라는 것이다. 이렇듯 이주를 통해 삶의 기회를 확대하고 생활수준을 향상하고자 하는 것이 대다수 결혼이주여성의 기대사항이라고 할 수 있다. 다시 말해, 가난과 실업이 만성화된 저개발국 여성이 자신과 가족의 경제상황을 향상시키기 위해 상대적으로 좀 더 부유한 나라의 남성과 결혼을 통해 대단위로 이주하고 있는 것이다. 이러한 현상은 경제적 안정을 추구하려는 저개발국 외국인 여성들의 욕구와 국내결혼이 어려운 한국인 남성들이 독신에서 벗어나기 위한 욕구가 상호 부합하여 국제결혼이 증가하는 결과를 초래했다고 할 수 있다.

그럼에도 불구하고 국내의 결혼이주여성들은 젠더와 세계화 및 이주 현상으로부터 복합적으로 영향을 받고 있다. 그들은 친정과 시댁의 생계를 책임지는 자(worker)이면서 아내, 엄마라는 가족 내의 다중적 지위를 가짐과 아울러 두 나라에서 교차하는 복합적인 영역에 자리 잡고 있다(보건복지부, 2005).

결혼이주여성은 한국인 남성과 결혼하여 한국인 자녀를 낳은 어머니임에도 불구하고 장소와 인종, 성이라는 중첩된 장벽에 직면하여 힘들게 살아가는 사회적 약자로 존재하고 있다. 결혼이주여성이 직면하고 있는 현실은 대부분 그저 '못사는 나라 출신'으로 '돈 때문에 팔려와 매 맞고 사는 불쌍한 여성'일 뿐 충분한 능력을 갖춘 사회 구성원으로서 현실의 문제를 함께 고민하고 미래를 만들어갈 존재는 아닌 것으로 인식되었다(김이선, 2008). 그리고 여전히 결혼이주여성이 차지하고 있는 위상은 가난한 나라에서 신분상승을 위해 온 여성이다(김진희, 2016).

이 연구는 결혼이주여성이 언어와 문화가 달라 자녀 양육의 어려움 속에서 한국에서 어머니 되기를 경험하는 가운데 '부족하고 결핍된' 어머니로 규정된다는 문제인식에서 출발했다. 이러한 문제인식과 함께 결혼이주여성의 자녀 양육 경험을 통해 모성 이데올로기라는 사회적 규범 속에서 결혼이주여성이 어머니로서의 정체성을 어떻게 형성해가는지 살펴보고자 했다. 이는 결혼이주여성이 한국의 모성 규범과 문화 속에서 자녀 양육의 어려움을 겪는 타자로서가 아니라 한 인간으로서 그 위치와 정체성을 조정하고 협상하는 행위 주체임을 함께 고민해보자는 것이다.

3) 이주여성의 어머니 되기에 관한 선행연구

전통 사회에서나 현대 한국 사회에서 '어머니', '모성'은 자식과 가족을 위해 희생하고 모든 것을 견뎌내는 헌신 · 봉사의 아이콘으로 그려지고 있다. 그러나 이러한 어머니상이 사회 · 경제적, 국경의 배경을 달리하고 있는 이주여성들에게서 어떤 양상으로 나타나고 있는지 탐구하기 앞서 선행연구를 통해 어머니에 대한 고찰이 어떻게 이루어져왔는지 살펴보고자 한다. 먼저 학술연구정보서비스에서 학위논문을 제외한 국내 학술지 논문만을 대상으로 기본 검색어로 '결혼이주여성'을 넣고, 결과 내 재검색으로 '어머니', '어머니 되기', '모성' 등의 주제어를 입력하면 약 160여 편의 논문이 검색된다. 이렇게 검색된 논문들은 전홍주 외(2008), 유향선 외(2011), 윤재희 · 유향선(2011), 이화진(2012), 한경님(2012), 이채원 외(2013), 황정미(2012), 이은아(2013), 김경숙 · 김민경(2014), 강혜경 · 어성연(2015), 이유나(2015), 최대희(2015), 김경애 · 김정순(2015), 강복정 외(2016), 갈라노바딜노자 외(2016), 한명숙(2017), 김경민(2018), 박봉수 · 김영순(2018) 등이 있다.

이 연구의 유형을 나눠보면, 결혼이민자 어머니들이 자녀들의 미래를 위해 모국어와 한국어를 병행하는 이중언어교육에 치중하는 교육자로서의 모성에 관한 연구(유향선 외, 2011; 이은아, 2013; 갈라노바딜노자, 2016; 한명숙, 2017; 박봉수 외, 2018 등)가 있고, 결혼이민자 어머니들이 한국어 능력의 한계와 자존감 결여 등으로 인해 자녀 양육에 있어 심리적 위축감 등을 느끼며 어려움을 겪고 있는 약자로서의 모성에 관한 연구(전홍주 외, 2008; 한경남, 2012; 황정미, 2012; 장인실, 2013; 최대희, 2015; 강복정 외, 2016 등), 한국으로 이주해온 여성들이 자녀 양육 및 교육을 담당하면서 어머니 역할을 찾아가는 과정에서 자녀를 위해 주체성을 가지고 적극적으로 방어하고 자기계발을 해나가는 모성에 관한 연구(윤재희 외, 2011; 이채원 외, 2013; 이유나, 2015; 이아민 외, 2017; 김효숙 외, 2018 등) 등으로 구분할 수 있다.

먼저, 결혼이주여성들이 이중언어교육에 어떠한 의미를 두고 자녀를 위해 양육하고 있는지를 다른 연구들을 구체적으로 살펴보면 다음과 같다. 유향선 외(2011)는 결혼이주여성이 자녀에게 두 가지 언어를 지도한 경험을 탐색했다. 이를 위해 몽골, 중국, 일본, 태국 출신의 결혼이주여성 4명을 심층면담했다. 구체적인 연구문제는 결혼이주여성 어머니가 자녀에게 집중적으로 지도하는 언어, 특정한 언어를 지도하는 이유와 방식, 두 언어를 지도하며 직면하는 갈등에 관한 것이다. 두 가지 언어를 지도하는 근거나 지속 여부와 관계없이 연구참여자들은 자녀에게 두 가지 언어를 지도하며 다양한 갈등을 경험했다. 이런 갈등은 어머니 본인의 한국어 능력에 대한 불안과 주변의 부정적 시선, 한국어 중심의 교육기관 등과 연관되어 있었다. 그러나 이들은 자신이 직면한 갈등을 극복하며 자녀의 언어발달에 적극적인 역할을 수행했다. 이러한 결과는 결혼이주여성이 자녀에게 언어를 지도하는 경험을 더욱 심층적으로 이해할 수 있는 계기를 제공하여 결혼이주여성 자녀를 위한 언어교육에 대한 논의를 확장시키는 데 기여한다고 볼 수 있다. 이은아(2013)는 언어와 문화가 다른 결혼이주여성이 '한국인 어머니'가 되기 위해 사회통합과 동화가 요구되고 사회적 지원이 필요한 '불안'한 어머니로 재현된다는 문제인식에 대해 탐색했다. 이에 결혼이주여성은 더 열심히 자녀교육에 매진하기도 하고, 한국의 모성 문화에 대한 비판적 거리 두기를 하며 자기계발의 동기로 자녀교육 중심의 열정을 쏟고 있었다. 그러나 이러한 어머니 노릇이 한국이 모성 규범의 제한적 수용에 따른 결과라는 것과 이중언어교육이라는 또 다른 어머니 노릇의 강화, 그리고 여성이 자녀교육을 전적으로 책임지는 젠더 규범의 한계를 지적하고 있다. 갈라노바딜노자 외(2016)는 언어가 의사소통의 수단일 뿐만 아니라 세상을 바라보는 눈이며, 아이가 태어나 맨 처음 사용하는 언어가 아이의 모국어가 된다고 했다. 어릴 적 아기들은 자기를 낳고 돌봐주는 사람을 엄마라고 인식하지만, 커가면서 '엄마'라는 단어는 더 넓은 의미가 포함되어 있다는 것이다. 따라서 어머니를 통해 어머니뿐만 아니라 어머니가 사는 나라, 어머니가 사용하는 언어도 좋아하게 된다. 이처럼 모국어에 대한 깊은 의미를 재조명하기 위해 우즈베키스탄계 고려인 결혼이주여성의 우즈베키스탄과 러시아, 한국의 세 나라 언어와 문화 그리고 사고방식이 혼합되는 문화융합 경험에 대해 탐색했다. 연구 결과, 자녀들의 이중언어교육을 위해 한국어는 아버지가, 러시아어는 어머니가 가르치고 있었으며, 교육환경으로 베이비시터와 우즈베키스탄 할머니, 그리고 말하는 인형, 말하는 책, 러시아 동화, 애니메이션 등을 적극적으로 활용했다. 그러나 다양한 방법의 이중언어교육을 통해 언어적 혼합사용과 음성적 결손 등의 문제점도 발견되었다. 이러한 과정을 통해 이중언어교육의 어려움과 그에 대한 환경조성이 절실히 필요하다는 것이 드러나고 있다. 박봉수 외(2018)는 중국계 결혼이주자 6명의 심층인터뷰를 통해 그들의 자녀를 위한 이중언어교육의 현황이 어떠한지, 이중언어교육을 함에 있어 걸림돌 요인이 무엇인지를 탐구했다. 연구 결과, 모국어를 가르치는 것에 대해 '자녀의 언어발달지체에 대한 우려',

'학교 및 지역사회에서 차별에 대한 우려', '가족구성원의 부정적인 인식' 등의 부정적인 우려감이 나타났다. 다음으로 '조선족 발음 및 사투리에 대한 우려', '경제적인 어려움으로 인한 사교육의 한계', '사회적 지지기반 빈약', '결혼이민자의 자존감 결여 및 교육방법 미숙' 등의 쉽지 않은 교육 환경을 알 수 있다. 이러한 환경을 극복하기 위해 '중국 유학', '방학을 활용한 친정 방문', '외할머니 초청' 등 모국을 활용한 자녀의 이중언어 교육 방법을 선택하고 있는 것으로 나타났다. 이를 통해 결혼이주여성의 자녀 교육에 있어 이중언어교육에 대한 중요성과 이에 대한 인식 및 교육환경의 개선이 필요함을 시사하고 있다.

두 번째로 결혼이주여성들이 한국어 능력의 한계와 자존감 결여 등으로 인해 자녀 양육에 있어 심리적 위축감 등을 느끼며 어려움을 겪고 있는 약자로서의 모성에 관한 연구들을 살펴보면 다음과 같다. 전홍주 외(2008)는 결혼이민자 가정에서 이루어지는 자녀교육의 실제와 의미를 다각적으로 조망하고자 필리핀과 일본 출신 결혼이민자 어머니 16명과 보육시설장, 보육교사, 한국어 방문교사, 언어치료사 등 지원체계 종사자 5명과의 면담을 통해 자료를 수집했다. 연구 결과, 결혼이민자 어머니들은 교육이 자녀들의 삶을 더욱 풍요롭게 할 것이라는 기대를 가지고 가정에서 자녀교육을 위한 심리적인 지원을 했다. 또한 자녀교육에 대한 실제적 지원으로 자녀들의 한국어 습득을 위해 가정에서 한국어만 사용하고, 교육적인 환경을 조성하는 등의 지원을 했으나, 숙제를 도와주고 준비물을 챙겨주는 등 직접적으로 자녀를 지원하는 데 있어서는 여러 가지 어려움을 겪고 있었다. 이 연구는 결혼이민자 어머니들이 자신들의 한국어 능력의 한계와 그로 인한 심리적 위축으로 인해 자녀들의 교육에 대한 직접적인 지원을 하는 데 있어서 스스로 본인의 역할을 축소시키고 있음을 보여주고 있다. 따라서 결혼이민자 어머니들의 한국어 능력을 향상시켜 그들이 심리적 위축에서 벗어날 수 있도록 적극적인 방안이 모색되어야 함을 시사한다. 한경님(2012)은 다문화가정 자녀 양육을 위한 부모교육 프로그램을 개발하기 위해 다문화가정 자녀 양육의 어려움을 알아보고 부모교육 내용에 대한 요구를 살펴보았다. 이들은 자녀 양육에 있어 가장 큰 어려움은 아이를 잘 키울 수 있을지에 대한 자신이 없고, 부모의 역할에 대한 부족함을 많이 느끼며, 이를 위해 부모교육이 필요하다고 인식했다. 이에 이주여성들은 한국에 적응하지 못한 상태에서 임신과 출산의 어려움, 그리고 자녀 양육의 어려움을 겪고 있음에 대해 적절한 부모 역할과 자녀 양육의 구체적인 교육방법이 이루어지기를 희망했다. 그러므로 특히 결혼 초기 다문화가정의 경우 어머니의 생활문화가 다르고 언어능력이 부족하기 때문에 건강하고 효능적인 자녀 양육을 위해 구체적이고 체계적인 부모역량을 강화시키는 프로그램이 필요한 시점임을 제안했다. 황정미(2012)는 결혼이주여성은 노동이주여성에 비해 정책의 혜택을 받고 있지만, 자녀의 성공적인 교육과 계층 상승이동을 위한 어머니의 역할을 중요시하는 한국 사회의 모성 규범이 이주 어머니의 결핍을 더욱 크게 느끼게 하여 의존적인 모성, 즉 타자화된 모성을 만들고 있다고 보았다. 따라서 이주 어머니에 대한 국가 정책과 공적 담론이 단지 한국 가족의 재생산에만 초점을 맞추는 것에 대한 경계와 아동의 양육을 직접 담당하고 있는 이주 어머니의 권리가 국적이나 체류자격과 다른 차원에서 모성의 기본권이나 시민권으로 재조명되어야 한다고 주장했다. 장인실(2013)은 마르시아의 이론에 근거하여 직업, 종교, 정치, 결혼 관련 질문을 통해 결혼이주여성의 출신국가별로 다양한 수준의 정체감 유형을 살펴보았다. 결혼이주여성의 정체감 수준을 한국 상황에 근거하여 정체감 확립, 정체감 유예, 정체감 상실, 정체감 혼란의 관점에서 특성을 기술했다. 결혼이주여성의 정체감 형성에 영향을 미치는 결정 요인은 출신국의 문화, 한국어 숙달도 및 교육수준, 아이에 대한 양육과 교육, 남편을 비롯한 다른 가족구성원의 태도, 가족구성원으로서의 존재감 등으로 나타났다. 따라서 결혼이주여성을 대상으로 하는 대부분 연구는 그들의 다양성을 존중하기보다는 동일화하는 경향이 있었다. 그러나 향후 진행하는 연구는 이주여성들의 국가별 정체감 형성과정을 면밀히 살펴보고 그에 따른 특성을 고려하여 교육정책 입안이나 교육과정 프로그램 개발을 지향하고, 국가별 특성을 고정관념화하기보다는 각 국가별로 존재하는 다양성을 인정함으로써 결혼이주여성이 한국 사회에 적응하는 과정에서 변화되는 정체감을 이해하고 공감하는 자세가 필요함을 시사한다. 최대희(2015)는 이주여성에게 자녀는 낯설고 아직 사랑이 무르익지 않은 부부관계를 이어주는 끈과 같은 매개 역할로 여기고 있다. 따라서 한국 엄마가 되어 한국식 교육을 스스로 체화하여 자녀들이 다수사회로 편입할 수 있기를 열망한다. 왜냐하면 결혼이주여성의 '어머니 됨'은 남편과 시댁으로부터, 그리고 한국 사회로부터 인정받을 수 있는 통로이기 때문이다. 그럼에도 불구하고 '베트남 엄마'가 아닌 '한국 엄마'로 살아가기 위해 늘 불안과 긴장에 휩싸이고, 한국의 교육열과 교육비에 좌절하여 자녀에게 죄의식을 느끼며 살아가고 있다. 이를 통해 이주여성들로 하여금 민족정체성에 대한 고민을 하게 하며 한국 사회에서 거부당한 자국의 언어, 문화에 대해 깊이 성찰하는 계기를 준다. 강복정 외(2016)는 방문 자녀생활서비스를 이용하는 유아 및 초등학생 자녀를 양육하고 있는 결혼이주여성을 대상으로 그들의 자녀 양육 경험과 정신건강 간의 관계를 살펴보았다. 연구 결과 결혼이주여성의 한국어 능력, 월평균 가구소득, 자녀 양육의 변인인 부모 역할 인식, 양육 스트레스, 자녀발달에 대한 지식, 가족 및 사회 관련 변인 등으로 정신건강에 부정적인 영향을 받았다. 이를 통해 자녀 양육에 따른 부담감 감소 및 부모 역할 효능감을 향상시키기 위한 부모교육 서비스 등의 지원이 필요함을 제안했다.

세 번째로, 한국으로 이주해온 여성들이 자녀 양육 및 교육을 담당하면서 어머니 역할을 찾아가는 과정에서 자녀를 위해 주체성을 가지고 적극적으로 방어하고 자기계발을 해나가는 모성에 관한 연구들을 구체적으로 살펴보면 다음과 같다. 윤재희 외(2011)는 이주여성이 자녀를 양육하는 어머니로 살아가는 체화된 경험을 고찰했다. 이주여성 어머니들은 자신이 성장한 문화와는 이질적인 한국 문화에서 주체적으로 어머니의 역할을 수행하고 있으며, 다양한 동반자들과 전략적인 관계를 유지하며 그들의 도움을 받고 있었다. 하지만 교육기관의 조직 및 운영방식, 자녀의 행동을 이해할 수 있는 준거의 혼란 등으로 어머니 역할로부터 소외되고 있었다. 이에 다양한 유아교육 관련자들이 이주여성 어머니의 자녀 양육을 새로운 관점에서 조명할 수 있는 계기를 제공하고, 이들이 유능한 어머니가 되도록 지원하는 실질적인 방안을 제시했다. 이채원 외(2013)의 연구에서는 한국 사회의 결혼이주여성들이 자녀를 키우면서 사회적 돌봄 및 공적 교육제도와의 접점에서 어머니로서 자신의 역할을 어떻게 찾아가고 정립해나가는지를 심층면접을 통해 살펴보았다. 이를 통해 중심현상은 '낯선 곳에서 길 잡기'로 나타나고 있으며, 작용/상호작용 전략으로 '문화적 배경 활용하기', '한국교육 따라잡기', '버티기', '우호적 환경 만들기'와 이에 영향을 미치는 중재적 조건으로 '남편과의 관계', '주변의 도움' 같은 지지체계를 활용하고 있고, 이러한 작용을 통해 '당당한 사람으로 키우기', '국제적으로 키우기', '흘러가는 대로 키우기'의 세 가지 유형으로 나타나고 있음을 제시했다. 따라서 결혼이주여성들은 낯설고 잘 알지 못하는 상황 속에서도 자녀를 위해 어머니로서 최선을 다해 길을 잡아가고 있으며, 주체적인 어머니의 역할을 찾아가고 있는 것으로 나타났다. 이유나(2015)는 연구에 참여한 일본 결혼이주여성들이 역할긴장기, 역할갈등기, 역할정착기, 역할강화기 등의 과정을 겪으며 실행주체로서 당당하고 적극적인 어머니가 되기 위해 노력하고 있음을 보여주었다. 이들은 자녀들과 여유롭게 소통하고 지지해주는 좋은 어머니가 되고 싶어 한다. 예를 들어 자녀들이 한국인 속에서 다양한 문화의 가치를 이해하고 자녀들의 개성과 소질을 찾는 데 어머니로서의 역할을 기대하고 있다. 그러나 국가의 지원체계만으로는 한국 사회에서 자녀들과 살아가기에 역부족이라고 생각한다. 유아교육기관이나 학교에서의 다문화교육과 프로그램이 한시적으로 운영되고 특정 범위에 제한되어 있기 때문에 이들의 바람처럼 좋은 어머니가 된다는 것은 이상과 현실에서의 괴리감 차이로 어려우며 사회나 국가의 노력이 더욱 필요함을 시사한다. 이아민 외(2017)는 결혼이주여성의 지역사회 참여에 주목하여 지역사회 참여가 결혼이주여성의 양육효능감에 긍정적인 영향을 미칠 것으로 보고 이를 실증적으로 검증했다. 이를 위해 경기도지역의 결혼이주여성 396명이 응답한 자료의 위계적 회귀분석을 수행했다. 연구 결과, 한국어 실력, 거주기간, 양육 스트레스, 가족관계가 결혼이주여성의 양육효능감에 영향을 미쳤으며, 지역사회 참여수준은 이러한 변수들을 통제한 이후에도 결혼이주여성의 양육효능감에 유의미하게 긍정적인 영향을 미치는 것으로 나타났다. 이를 통해 이주민의 양육효능감은 지역사회 참여를 통한 사회통합감 및 주체성 확립과의 관련성 속에서 고려하는 것이 중요함을 제안했다. 김효숙 외(2018)는 결혼이주여성이 자신이 처한 문제 상황을 인식하고 문식성 교육을 통해 비판적으로 성찰함으로써 사회적 불평등을 변혁하기 위한 주체성을 형성해나가는 과정을 밝히고자 했다. 이를 위해 결혼이주여성 중 한국어능력 중급 이상인 6명을 대상으로 실행연구방법을 활용했다. 연구 결과, 문제 제기 단계에서 결혼이주여성이 침묵문화로부터 벗어나기 시작했으며, 경청해주지 않는 주변의 태도에 대한 문제를 인식했다. 대화와 토론 단계에서는 개인의 문제를 사회적 차원으로 연계시켜 문제의 원인을 파악하면서 비판적 사고와 다양한 관점, 공감능력을 나타냈다. 실천 단계에서는 작은 실천과 공유를 통해 불평등한 관계와 소외극복을 위한 노력으로 자신의 삶에 대한 자율권을 위해 노력했다. 성찰 단계에서는 상호작용과정을 통해 편견, 차별에 대한 저항 방법을 공유하고, 저널 쓰기를 통한 비판적 성찰과정이 활발했으며, 의존적인 삶에서 조금씩 벗어나려고 노력하면서 미래에 대해 계획을 세우기 시작했다. 이에 근거하여 앞으로 이주민을 위한 한국어교육이 실시될 경우에는 더욱 당당한 삶의 주체로서 주체성을 형성할 수 있도록 비판적 문식성 교육이 이루어져야 한다는 점을 시사한다.

이와 같은 선행연구를 바탕으로 결혼이주여성을 연구참여자로 만나 한국에서의 어머니 되기에 대한 경험과 그 여정이 어떠한지 탐색해보고자 한다.

2.
내러티브 연구방법

1) 내러티브 연구방법

사전적 정의에 따르면 '내러티브'란 이야기를 뜻한다. 짧은 형태의 이야기(story)와 비교하여 일반적으로 내러티브는 비교적 긴 호흡의 개인적 경험이나 역사적으로 전해 내려오는 이야기를 정리한 형태를 지칭한다. 내러티브는 어원적으로 '말하다', '서술하다'라는 뜻인 라틴어 'narro'와 '알다', '친숙하다'를 뜻하는 라틴어 'gnarus'에서 유래되었다(이흔정, 2004). 어원의 의미를 새겨보면 내러티브는 '익히 알고 있는 것을 말하다'라는 뜻으로 해석할 수 있다. 즉, 화자의 입장에서 이미 경험하여 알고 있는 사건을 청자에게 '내러티브'라는 매개체를 통해 전달해주는 것이다. 내러티브를 전달하는 사람의 견해, 내러티브 속 주인공들의 다양한 경험, 내러티브가 존재하는 사회의 문화와 역사 등이 고스란히 담겨 있다. 따라서 내러티브 속에는 인간 삶의 복합성이 통합적으로 그려져 있다(Webester

& Mertova, 2007). 따라서 결혼이주여성들이 이야기를 통해 낯선 타국에 이주하여 한국 어머니로 살아가는 자신들만의 경험을 전할 수 있기 때문에 내러티브 연구방법은 매우 적합하다고 볼 수 있다.

사회과학 측면에서 내러티브를 살펴볼 때, 사회과학은 일반적으로 인간이해를 목적으로 인간과 인간, 그들 자신과 환경과의 관계를 탐구하는 학문이다. 그러나 삶의 주체가 되는 인간이해를 위해 인간이 테스트와 예측 가능한 변화의 대상으로 수치에 의해 다루어질 수는 없다. 리서치(research)를 경험 탐구라고 볼 때, 사회과학은 경험 연구에 기초해야 하며 모든 사회과학 연구의 핵심은 경험이 되어야 한다(홍영숙, 2015). 인간의 경험을 연구하는 데 있어 적합한 연구방법에 대한 고민은 인류학자들로부터 시작되었으며, 고민에 대한 해답으로 등장한 질적 연구방법론은 그 시조가 19세기까지 거슬러 올라간다. 20세기 초부터 제2차 세계대전 이전까지 질적 연구의 기초가 형성되었고, 제2차 세계대전 이후부터 1970년대 중반까지 질적 연구방법이 더욱 구조화되었다(Hatch, 2008). 교육연구에서 보면, 지난 30년에 걸쳐 서구 유럽에서부터 질적 연구가 연구방법론으로 자리를 잡게 되었고, 우리나라의 경우에는 1990년대 이후로 보고 있다(김영천, 2006). 이후 인류학자들의 원주민 문화기술을 기점으로 하여 연구자가 인간 경험에 집중하여 관심을 갖는 다양한 형태의 질적 연구방법론이 등장했다. 각각의 질적 연구방법론은 인간 경험에 대한 이론적 · 인식론적 접근에서 다소 차별성을 보이지만, 질적 연구의 주목적으로 이해되는 '인간 경험의 의미를 이해하는 것'이라는 부분에서는 상당 부분 일치한다(홍영숙, 2015). 인간이해를 위한 탐구는 일반화에 가치를 부여하는 집단으로서의 인간이 아니라 개별적인 인간의 경험을 다루는 것을 의미한다. 따라서 이 연구가 한국 사회 안에서는 낯선 경험이지만 결혼이주여성이 자녀를 양육하면서 비로소 알게 되고 경험하게 되는 모성, 즉 인간의 보편적인 이해를 목적으로 하는 사회과학 측면에서 의미가 있다.

이와 같이 내러티브는 질적 연구의 한 분야로, 그 목적은 다수의 연구대상자를 통한 일반화가 아닌 특정 연구참여자의 경험에서 나타나는 의미를 찾아내고, 삶의 맥락 안에서 실제적으로 이해하는 데 있다(서원주, 2010). 한 개인의 이야기는 경험, 즉 여러 조각으로 채워져 있고 이야기화된 순간들로 되살아난다. 또한 인생의 의미는 삶의 경험에 대한 이해에서 비롯되고, 경험에 대한 이해는 이야기를 통해 일어나며, 그 이해의 과정은 의미부여와 해석으로 이어진다(Clandinin & Connelly, 2000).

따라서 이 장에서는 내러티브적 접근을 활용하여 결혼이주여성들이 살아온 삶의 경험요소들이 현재 한 자녀의 어머니로서의 역할과 태도에 영향을 주고 있는지, 또 미래의 삶에 어떠한 영향을 주는지 등에 관한 초점을 가지고 이야기를 중심으로 분석하고자 한다. 또한 내러티브는 객관적으로 존재하는 인생 경험의 조직이 아니라 한 개인의 일생을 어떻게 경험했는지를 보여주는 틀이 되기 때문에 결혼이주여성 한 개인의 삶의 경험, 즉 그들의 이야기를 통해 낯선 타국에서 어머니로 살아가는 과정과 그 의미에 대해서도 살펴보고자 한다.

2) 연구참여자 소개

연구참여자들은 다문화융합연구소가 맺고 있는 다문화가족지원센터 네트워크를 통해 섭외하여 연구의 성격과 진행절차를 소개하고, 자녀를 양육하며 어머니로서의 삶을 공유할 수 있는 결혼이주여성을 중심으로 선정했다. 또한 이 연구에 참여의사를 밝힌 결혼이주여성 중에서 9~10년 이상 한국에 거주하고 있는 분들을 선정했으며, 그 가운데 중국 출신 5명(한국계 중국인 2명, 한족 3명)과 베트남 출신 2명을 연구참여자로 선정했다. 연구참여자들의 특성은 〈표 3-1〉과 같다.

각 연구참여자들의 특성을 간략히 기술하면 다음과 같다.

연구참여자 1은 중국(한국계 중국인) 출신으로 2008년에 결혼하여 한국으로 이주해왔으며, 이주한 지 10년 정도에 이른다. 연구참여자 1은 한국 사람처럼 한국어를 잘 구사하고 있었으며, 중국에서 2년 정도 유치원 교사 경험을 가지고 있다. 그 경험으로 한국에서도 유아교육 일을 이어서 하고 싶었으나 중국에서의 경력이 인정되지 않아 좌절감을 겪기도 했다. 하지만 2010년 '취업 성공 패키지'라는 다문화가정 여성들을 위한 취업 상담을 받고 나서 한국의 어린이집에서 9개월 정도 보육교사로 일할 수

〈표 3-1〉 연구참여자의 특성

(2019년 5월 기준)

구분	출신국가	나이	결혼년도	이주기간	학력	자녀 수/나이
연구참여자 1	중국(조선족)	39세	2008년	10년	대졸	아들 1명/9세
연구참여자 2	중국(조선족)	46세	2007년	11년	대졸	아들 1명, 딸 1명/모름
연구참여자 3	중국(한족)	32세	2009년	9년	고졸	아들 1명/8세, 딸 1명/6세
연구참여자 4	중국(한족)	47세	1999년	20년	고졸	딸 2명/17세, 15세
연구참여자 5	중국(한족)	47세	2007년	11년	고졸	딸 1명/10세
연구참여자 6	베트남(낀족)	40세	2004년	15년	대졸	아들 2명/초4, 초1
연구참여자 7	베트남(낀족)	34세	2010년	9년	중졸	아들 2명/초2, 7세

있었다. 연구참여자 1은 아들 1명을 양육하고 있는데, 아들이 초등학교 2학년 때 심각한 학교폭력을 당하여 엄마로서 자녀를 지키기 위한 조치로 학부모 모임을 조직하여 대응하기도 했다. 또한 자녀의 이중언어교육에도 깊은 관심을 가지고 있어 주말에 ○○대학에서 하는 글로벌 브리지 과정 멘토링 수업에도 참여시키고 있다. 이처럼 자녀의 교육에 깊은 관심을 가지고 있기도 하고 본인 스스로도 방송통신대학교 중어중문학과에 입학하는 등 한국에서도 주체적인 엄마로 살아가기 위해 고군분투하고 있다.

연구참여자 2는 중국(한국계 중국인) 출신으로 중국에서 대학을 졸업하자마자 결혼했다가 이혼한 경력이 있으며, 이주기간은 11년 정도 되었고, 전남편과의 사이에 딸 1명이 있다. 연구참여자 2는 그 후 결혼중개업소를 통해 지금의 남편을 만나 2009년도에 결혼하여 한국으로 이주해왔고, 남편 역시 사별하여 연구참여자 2와 재혼했다. 남편은 전처와의 사이에 딸 1명, 아들 1명을 두고 있는데, 큰딸은 현재 오사카의 면세점에서 일하고 있고, 아들은 군대 제대 후 같이 살고 있다. 자녀의 나이는 정확히 묻지 않았으나, 모두 20세가 넘은 성인 자녀임을 알 수 있다. 연구참여자 2는 이주 초기에는 결혼이주여성이기 때문에 생산직 외에는 취업하기가 매우 힘들었으며, 추후 우연히 학습지의 중국어 강사로 취업한 것이 인연이 되어 현재는 다문화가족지원센터에서 이중언어 코칭 강사를 하고 있다. 코칭 강사를 하며 많은 상담을 하는 중에 다문화가정 자녀들에게 가장 시급한 것은 이중언어라는 것을 깨닫게 되었으며, 미래사회를 위해서도 다문화가정 자녀들을 방어해야 하는 존재가 아니라 함께 살아가야 하는 존재임을 알고 우리 사회의 인식 개선이 필요하다는 교육관을 지향하고 있다.

연구참여자 3은 중국(한족) 출신으로 중국에서 유아교육을 전공했고,

남편과 연애를 하여 2009년에 결혼하고 한국에 이주해왔다. 한국어를 유창하게 구사하지만, 토픽시험을 보지 않아서 점수는 알 수 없는 상태다. 연구참여자 3에게는 초등학교에 다니는 아들 1명, 딸 1명이 있으나, 학교에서 다문화가정 자녀라는 이유로 차별을 당한 경험이 없다고 한다. 연구참여자 3은 첫째아이 임신 중에 남편이 사업차 한국에 먼저 들어갔기 때문에 중국에 혼자 있게 되었는데, 그 무렵 외로워서 책을 읽거나 노래를 듣는 등 태교에 전념하여 첫째아이가 둘째아이에 비해 더 똑똑하다고 생각하고 있다. 연구참여자 3은 파룬궁이라는 종교를 가지고 있는데, 이 종교의 교리는 자녀 교육에서 인성 부분을 매우 중요하게 다루고 있어 자녀에게 파룬궁에 따른 교리를 가르치고 있다, 이에 한국의 지나친 경쟁 위주의 교육 때문에 자녀들이 성인이 되면 한국이 아닌 다른 나라에서 살기를 원한다. 연구참여자 3은 이와 같은 종교관에 따라 자녀교육에 대해 남다른 소신을 갖고 남편의 반대에도 무릅쓰고 중국어교육과 한국어교육, 즉 이중언어교육에 치중하고 있으며, 엄마들의 이중언어교육에 대한 인식개선을 위한 프로그램이 필요하다는 생각을 가지고 있는 매우 주체성이 높은 성향을 나타내고 있다.

연구참여자 4는 중국(한족) 출신으로 보따리장사를 하는 현재의 남편과 연애결혼하여 중국에서 살다가 1999년 한국으로 이주하여 20여 년간 살고 있다. 슬하에 2명의 딸이 있는데, 이주 당시 다문화가정에 대한 한국사회의 관심이 크지 않아 한국어를 가르쳐주는 곳이 있다는 사실도 모르고 지냈기 때문에 자녀들이 하는 학습지로 자신도 한국어를 공부하곤 했다. 큰딸이 4~5학년이 되었을 무렵 처음으로 다문화가족지원센터에 가서 3개월 동안 한국어를 배워 토픽 6급을 땄는데, 거의 독학한 셈이었다. 연구참여자 4는 자녀들이 초등학교에 입학하여 학령기를 맞이하는 동안 자녀들의 학교에 가고 싶었으나 자신이 외국인이라는 것이 밝혀지면 부담이 될 것 같아 가지 않았다. 특히 남편은 엄마가 외국인이라는 것이 밝혀지면 아이들이 왕따를 당할 수 있다며 학교에 가는 것을 막았다. 반면, 연구참여자 4는 자녀들이 중국어를 배워서 중국어 교사가 되기를 희망한다. 그래서 자녀들에게 중국어를 직접 가르쳤으나 엄마가 가르치기에는 한계가 있었고, 다른 교육기관에 보내기에는 경제적으로 어려워 엄마 노릇하는 것에 대한 버거움이 있다. 중국은 학교에서 교육을 책임지고 부모는 집에서 숙제만 봐주면 되는데, 한국에서는 학교가 너무 일찍 끝나서 맞벌이하는 부모에게는 육아에 대한 부담이 크다. 그래서 자녀를 양육하는 문제와 사교육을 제대로 시킬 수 없는 경제적인 문제 때문에 엄마로서의 안타까움이 더해졌다.

연구참여자 5는 중국(한족) 출신이며, 중국에서 전문학교를 졸업하고 회사에 다니다가 결혼중개업소를 통해 남편을 만나 결혼하여 2007년에 한국으로 이주해왔다. 슬하에 초등학교 4학년인 딸을 1명 두고 있는데, 중국어는 할 줄 알지만 쓰기는 못한다. 연구참여자 5의 딸은 엄마와 외출했을 때는 중국어를 사용하지 말라고 하며, 엄마가 외국인이라는 것이 노출되는 것을 꺼려했다. 이와 달리 연구참여자 5는 자신이 중국인이라는 것을 특별히 감추려고 하지 않았으나, 어느 날 딸의 학교에 학부모 모임이 있어서 참가하게 되었을 때 학부모들 사이에서 차별당하는 느낌을 받아 딸도 그러할까 봐 조금 염려되기도 했다. 다행히 딸은 아직 친구들로부터 차별받은 경험은 없다고 하지만 엄마는 늘 조심스러울 뿐이다. 연구참여자 5의 딸은 그림 그리는 것을 좋아하지만 전공을 할 정도는 아니라고 냉정하게 평가하고 있다. 오히려 중국어를 잘해서 무역 쪽으로 진로를 정하기를 바라고 있으며, 자녀의 미래를 위해 오후 시간에는 늘 자녀와 함께 보내며 교육에 투자하는 열성적인 엄마 역할을 하고 있다.

연구참여자 6은 베트남에서 대학을 졸업하고 중국 무한에 교환학생으로 갔다가 당시 중국에 유학을 온 현재의 남편을 만났다. 남편과는 한 살 차이가 나는데, 매우 자상하고 따뜻한 사람이어서 마음에 들었다. 처음에 한국 남자와 결혼한다고 했을 때 부모님이 해외에 나가서 살면 외롭고 힘들다고 반대하셨으나, 잘 설득하여 마침내 허락을 받아 한국에서 결혼식을 올리고, 베트남에서도 결혼식을 올렸다. 슬하에 아들 2명이 있으며, 큰아들은 올해 초등학교 5학년, 작은아들은 초등학교 1학년이다. 연구참여자 6은 자녀들이 스스로 공부하기를 원한다면 얼마든지 지원해줄 수는 있지만, 한국 엄마들처럼 억지로 여러 군데 학원을 보내거나 하지는 않는다고 한다. 다시 말해, 아이들이 스트레스를 받지 않는 선에서 행복하게 자라기를 바라고 있다. 그리고 아이들의 학교 행사에 참여하려고 노력하지만, 직장문제로 참여하지 못하는 것이 못내 미안하고, 그럴 때마다 선생님께 양해를 구하고 상담을 하곤 한다. 또한 아이들에게 한국어와 베트남어를 모두 가르치고 있으며, 계속적으로 베트남어를 하게 하는 것이 엄마의 교육목표라고 했다.

연구참여자 7은 '사진신부' 형태로 결혼했다. 남편과의 나이 차이는 16세이고, 남편만 경제활동을 하고 있으며, 남편은 착하지만 매우 수동적이고 가정일을 잘 도와주지 않는다. 연구참여자 7은 어렸을 때 아빠가 일찍 돌아가셔서 엄마와 남동생하고만 지냈는데, 경제적으로 어려워 중학교까지만 졸업하고 엄마의 농사일을 도우며 집안 살림을 하다가 우연히 언니의 소개로 남편을 만나게 되었다. 현재 슬하에 아들 2명이 있으며, 아홉 살 그리고 일곱 살로 초등학교와 유치원에 다니고 있다. 연구참여자 7은 한국어 학습기관 등을 이용하여 한국어를 배우지 않았고, 지인 또는

TV 드라마 등을 통해 배웠다. 그래서 한국에 온 지 9년이나 되었지만, 아직 한국어가 서툰 편이다. 자녀들은 다문화지원센터로부터 다문화지도사의 지원을 받아 일주일에 2회씩 학습지원을 받고 있으며, 이 지원 기간이 1년이라서 마치고 난 이후가 매우 걱정이라고 한다. 왜냐하면 경제적으로 넉넉지 않아 다른 아이들처럼 학원을 많이 보낼 수 없기 때문이다. 연구참여자 7은 자녀들이 스스로 자립할 수 있도록 도와주는 좋은 엄마가 되고 싶은데, 한국어가 서툴고 경제적으로도 넉넉하지 않아 엄마의 역할을 제대로 할 수 없는 것이 매우 큰 근심이다.

3) 내러티브 분석

내러티브 연구에서 자료를 분석하는 방법의 큰 특성은 자료를 세분화하여 이해하기보다는 전체 이야기의 배경 안에서 분석한다는 점이다. 질적 연구에서 일반적으로 사용되는 반복적 비교분석법을 이용하여 자료를 분석할 경우 다양한 사건들을 코딩된 자료들로 세분화하여 세분된 자료의 유사점과 차이점을 비교하는 작업을 하게 된다. 하지만 내러티브 연구의 자료 분석법은 자료를 세분화하기보다는 자료가 포함되어 있는 하나의 이야기 안에서 자료를 이해하게 된다(Ezzy, 2002). 즉 이야기 안에 포함된 하나의 사건 배경을 이해하기 위해 그 사건의 과거, 현재, 미래의 맥락을 고려하게 된다는 것이다. 다시 말해, 세분화된 자료와 자료를 비교하여 분석하기보다 한 사람의 이야기와 다른 사람의 이야기를 비교하고 분석하는 작업이다.

이 연구는 이지(Ezzy, 2002)의 두 가지 내러티브 분석방법을 사용했다. 먼저 이야기 속에 존재하는 중요한 사건에 초점을 맞추어 분석했다. 웹스터와 메르토바(Webster & Mertova, 2007)에 따르면, 이야기는 중요한 사건을 듣는 사람에게 전달해주는 매개체 역할을 하기 때문에 내러티브 분석에서 중요한 사건을 찾는 것이 우선시되어야 한다. 여기서 중요한 사건이란 이야기하는 사람의 세계관의 변화를 드러내는 계기를 의미한다. 이 연구에서는 한국으로의 이주와 자녀 양육에 영향을 준 사건 등을 뜻한다. 내러티브 안에 중요한 사건을 찾게 되면 이 사건 안에서 시간, 인물, 사건, 환경 등에 초점을 맞추어 사건을 분석하는 것이 도움이 된다. 두 번째로 사람들이 어떻게 말하는가에 초점을 맞춘 방법으로, 문화적 · 사회적 배경이 이야기에 어떠한 영향을 미쳤는지를 분석하게 된다. 또한 내러티브 안

〈표 3-2〉 내러티브 기술을 위한 분석 틀

범주		내용
투쟁하는 주체자로서의 어머니 되기	내 아이를 지켜내기 위한 노력	• 학교폭력위원회를 결성하여 항의했어요. • 왕따 시키는 아이를 직접 찾아가서 야단쳤어요.
	살아내기 위한 자기계발	• 자격증 취득하기 • 학업을 계속하고 싶어요.
이주해온 타자로서의 어머니 되기	모국어를 지키기 위한 이중언어교육	• 어려서부터 집에서 모국어로 대화해요. • 모국어를 잘해서 무역회사에 다니기를 바라요.
	그림자처럼 살아가야 하는 외국인 엄마	• 남편이 학교에 찾아가지 말래요. • 우리 아이가 밖에서는 중국어 하지 말래요.
일반화된 모성으로서의 어머니 되기	따라잡을 수 없는 한국 엄마의 교육열	• 영어학원은 너무 비싸요. • 다른 엄마들처럼 아이들을 교육시키려면 엄청 힘들어요.
	늘 모자라는 엄마의 마음	• 경제적으로 어려워 학원을 못 보내서 미안해요. • 한국어가 부족해서 미안해요.

에는 연구참여자의 경험, 경험에 대한 해석, 신념, 삶의 우선순위 등이 포함되어 있다(Grbich, 2007).

따라서 이 연구는 연구참여자가 속한 사회적 배경, 문화뿐만 아니라 연구참여자의 삶에 영향을 미친 그들만의 역사적 배경을 포함하고 있다. 이러한 점을 고려하여 연구참여자의 이야기를 있는 그대로 해석하기보다 이야기의 내용을 사회적 상황, 문화적 상황 등에 연결시켜 이해하려고 했다. 이 연구의 내용을 분석하기 위한 내러티브의 틀은 〈표 3-2〉와 같다.

3.
투쟁하는 주체자로서의 어머니 되기

1) 내 아이를 지켜내기 위한 노력

연구참여자 1에게는 초등학교 2학년 아들 민우(가명)가 있다. 어느 날 민우의 담임교사로부터 연락을 받았다. 학급에서 운영하고 있는 우체통에 학급 아이들이 쪽지를 넣었는데, "죽고 싶다. 자살하고 싶다"라는 내용이 들어 있었다는 것이다. 그중에 연구참여자 1의 아들인 민우도 있었다고 연락을 해온 것이다. 이러한 일은 학급에 부모가 이혼하여 조부모와 함께 지내는 아이가 1명 있는데, 그 아이 때문에 발생한 사건이었다. 그 아이는 굉장히 폭력적이어서 다른 아이들에게도 피해를 주고, 심지어 교감의 멱살도 잡은 적이 있으며, ADHD*보다 심한 증세를 갖고 있었다고 한다. 그런데 가끔 민우와 부딪힌 적이 있었고 그때마다 민우를 심하게

* 주의력 결핍 및 과잉 행동 장애(attention deficit hyperactivity disorder)

가해했다. 연구참여자 1은 교사에게 이러한 일을 전해 듣고 놀라기도 하고 너무 화가 났다. 학급 어머니들과 모여 간담회를 갖기도 했으나, 학교에서 미진하게 대처하는 바람에 주위의 어머니들과 단체 카톡방을 만들어 학교장을 찾아가 적극적으로 항의했다.

> "'죽고 싶다. 자살하고 싶다.' 이런 표현을 하는 것이에요. 그중에 내 아이가 있는 것이에요. 저는 일 갔다가 깜짝 놀랐죠. 담임선생님이 왔어요. 황당한 것이에요. 다른 아이들도 피해를 주고 선생님들도 피해를 받았고 오죽했으면 아이가 교감 선생님 멱살까지 잡는다고 그래서 어머님들이 모여서 간담회도 갖고 그런데 학교에서는 대책을 처음에 잘 안 해줬어요. 조용하게 넘어가려는 분위기였어요. 이것은 아니다 싶어서 어머님들 주위에 아는 분들 카톡 만들어서 이것은 아니다 학교 찾아가자고 했어요. (중략) 그러면 그 집 어머님 연락처 달라고 했어요. 그런데 함부로 못 주고 하니까 '교장 선생님 연락처 주세요.' 그랬어요. 간담회를 하고 다시 어머님들 모여서 4명 정도의 어머님이랑 같이 또 교장선생님 찾아갔거든요. 저희가 어머님들 다 모였는데 시간상으로 다 오지는 못 했지만 교육청에 다 신고하고 하겠다고 그랬더니 교장선생님이 '잘하셨어요. 신고하세요.' 막 그러는 거예요. 그래서 '학교에서 어떻게 조치를 하실 거예요?' 그랬더니 지금 학교폭력조직위원회라고 따로 있더라고요." (연구참여자 1)

연구참여자 5는 초등학교 3학년 딸이 1명 있다. 어느 날 딸이 학교가 끝나자마자 숨이 차게 뛰어왔다. 그 이유를 물으니 학교에서 반 아이들이 너희 엄마 중국 사람이니까 한국에 있지 말고 중국으로 돌아가라며 때렸다고 한다. 이 말을 듣고 딸은 울면서 집으로 달려온 것이다. 연구참여자 5는 여느 어머니와 달리 학교에 찾아가서 딸을 때린 아이들에게 일일이 따져 물었다. 주변에서는 가지 말라고 말리는 사람이 있었지만, 참을 이유가 없다고 생각했다. 내 아이가 이렇게 맞고 울고 왔는데 엄마의 마음은 그 이상 괴롭고 아파 견딜 수가 없었기 때문이다.

> "초등학교 3학년 애기들이 중국 엄마 때문에 왕따 시켰어요. 학교 끝나자마자 바로 집에 뛰었어요. 왜 그러냐고 물어보더니 애기 뒤에서 때렸어요. '너희 엄마 중국 사람이니까 중국에 가. 왜 한국에 있어'라고 했어요. 나중에 학교에 가서 그 애기들 한 명 한 명 다 찾아서 싸웠어요. (중략) 무슨 일이 있으면 꼭 가야 돼요. 선생님이 전화했으면 반드시 가야 돼. 무슨 연유든 상관없이 꼭 가야 돼요. 말이 안 통하면 통역하는 사람 찾아서라도 가야 돼. 애기가 무슨 일이 있으면 엄마의 마음은 아파서 죽을 것 같아요. 설령 나를 괴롭히더라도 그래서 내가 매일매일 딸한테 물어봐요. 너를 괴롭히는 사람 있냐고. 지금은 안 물어봐요. 옛날에는 많이 물어봤어요. 사실 물어봐도 소용없어요. 애기들은 알려주지도 않고, 엄마가 몰라도 된다고 해요. (중략) 내가 왜 한국 애기 엄마들 피해요? 나도 옛날 들은 적이 있어요. 중국 사람을 무시해요. 그래서 일부러 피해요. 그냥 그것처럼 만나야 갈등이 생기지, 만나지 않으면 갈등 같은 것 생긴 기회도 없어요. 이것 때문에 일부러 피해요. 나하고 이야기하고 싶으면 나도 잘 해주고, 나랑 이야기하기 싫으면 나도 그쪽하고 이야기 절대 안 해요. 내가 '중국 엄마다, 무식하다' 그런 말을 들은 적이 있어요. 저는 그냥 그하고 이야기 안 해요. 내가 당신보다 잘하니까 너랑 이야기하기 싫다 어쩔래." (연구참여자 5)

연구참여자 1과 연구참여자 5의 경우처럼 다문화가정 자녀들 가운데 부모가 외국인이라는 이유로, 그리고 외형이 조금 다르고 언어가 서툴다는 이유로 따돌림이나 놀림, 심지어는 폭력까지 당하는 경우가 있다. 2012년 〈KBS스페셜 특별기획 다문화 아이들 2부〉 '아버지의 마지막 선택'이 방영된 적이 있다. 이 방송에서는 방글라데시 출신 아버지와 한국 출신 어머니 사이에서 태어난 이스마엘이라는 다문화가정 소년이 학급 친구들에게 폭력과 괴롭힘을 당한 사연이 소개되었다. 방글라데시 출신 아버지는 "초등학교 4학년 아들이 갑자기 학교에 가기 싫어하더니 고통 없이 죽을 수 있는 방법을 물었습니다"라며 눈물을 흘렸다. 이후로 아버지는 더 이상 한국 학교에 아들을 머물게 할 수 없어 어린 나이에 제3의 나라인 캐나다로 떠나보냈다. 이때 아버지와 어머니는 학교에 강하게 항변 한번 해보지 못하고 이러한 결정을 내렸다. 그들은 국제결혼한 것을 당당하게 밝히기 힘들었기 때문이라고 한다.

일반적으로 양육과 돌봄은 노동이기도 하지만 타인에게 영향력을 행사할 수 있는 근거가 되기도 한다. 특히 자녀 양육에 있어서 어머니의 간섭은 일종의 권력자원으로 여겨질 수도 있다. 하지만 결혼이주여성에게는 아이가 성장하여 학령기가 되면서 자신의 어머니가 한국말이 서툴고 피부색이 달라 가족이나 이웃으로부터 소외당하는 것을 느끼게 된다. 이런 이유로 결혼이주여성들은 자녀의 학교 활동에 참여하지 않는 경향이 있다(황정미, 2012). 이유나(2015)의 연구에서도 결혼이주 어머니들은 대부분 자녀가 교육기관에 다니기 시작하면서 본격적인 자녀교육에 대한 걱정이 시작된다고 했고, 이들은 자녀의 피부색이나 외모 때문에 또래나 교사로부터 따돌림이나 차별, 부당한 대우를 받지 않을까 노심초사한다고 했다. 설동훈 외(2005)의 연구에서는 다문화가정의 자녀 가운데 또래 친구들로부터 집단 따돌림을 경험한 비율이 17.6%라고 보고하고 있다. 집단 따돌림의 원인은 개인적 성격이나 특성과는 상관없이 어머니가 외국인이거나 외모가 달라서라는 이유였다. 이처럼 결혼이주 어머니들은 한국인 어머니들과는 다른 이유로 자녀 양육에 어려움을 겪고 있다.

그러나 연구참여자 1과 연구참여자 5는 자신의 자녀들이 학교에 가서 엄마가 외국인이라는 이유로 학급 아이들에게 따돌림을 당하고 폭력의 대상이 되는 것에 대해 참지 않고 적극적으로 항의하고 대처하는 모습을 보였다. 이는 중국 출신 어머니들의 사회 · 문화적 특성과 관련이 있어 보인다. 박찬옥 · 이은경(2012)에 따르면, 중국 출신 다문화가정 어머니들은 근본적으로 학교교육을 강조하고 있으며, 이러한 교육을 위해 부모가 나서야 한다는 점에서 한국 어머니들과 매우 유사하다. 연구참여자 5의 경우에도 중국에서는 학생들이 학교에서 아침부터 밤까지 공부하는 양이 많고, 숙제도 많이 내주어 집에서도 부모의 도움이 많이 필요했다. 그러나 한국 학교에서는 일찍 끝나고, 숙제도 별로 없고, 가방도 매우 가볍다며 중국과의 교육 차이를 언급한 바 있다. 이처럼 중국 출신 이주 어머니들은 학교교육을 중요하게 여기고 있으며, 학교에 많은 부분을 의존하는 것으로 판단된다. 따라서 자녀들의 학교생활 역시 경시할 수 없는 부분으로 생각하고 있다. 이민경(2015)은 고학력 중국 결혼이주여성들은 자아정체성이 높고 자신들의 자리에 대한 민감성이 더욱 강하게 작동하는 가능성이 크다고 보았다. 이는 물리적 · 사회적 이동을 동반하는 이주가 한 개인의 '사회적 인정'에도 영향을 미칠 수밖에 없고, 사회가 그 구성원에 대해 인정해주지 않으면 그 개인에게는 '사회적 · 심리적 죽음'을 의미하기 때문이다(Gaulejac & Taboada-Léonetti, 1994; Kaufmann, 2004).

이러한 사회적 인정 부분에서는 자아정체성 그리고 주체성과 함께 생각해볼 수 있다. 자아정체성은 동일성과 연속성을 유지하면서 현실에서 부딪히는 내적 충동과 욕구, 외부 자극, 그리고 도덕적 가치들을 수용하여 자기 나름의 고유한 방식으로 자신을 재통합함으로써 형성된다고 했다(Erikson, 1980). 테일러(Taylor, 1994)는 자신이 누구인지에 대한 이해이자 인간으로서의 근본적이고 명시적 특성이며, 이는 부분적으로 인정에 의해 정체성이 형성된다고 했다. 주체성은 자기동일성, 자기정체성, 자아의식, 자기완성 등 다양하게 표현되고 있으며, 자기의 재질, 역량, 가능성 위에서 장래의 목표를 설정하고 이를 달성하기 위해 착실한 삶을 영위해나가는 모습을 자기주체성이라 한다. 연구참여자 1과 연구참여자 5가 자신의 자녀가 학교에서 따돌림이나 부당한 불이익을 당했을 때 한 치의 망설임도 없이 매우 적극적이고 능동적으로 대처한 상황들은 중국 출신이라는 사회 · 문화적 배경과 맞물려 생각해볼 수 있다. 물론 모성본능에 의해 작용한 측면도 있겠으나, 모성에 대한 부분은 차후 살펴보고자 한다.

2) 살아내기 위한 자기계발

결혼이주여성들은 우리 사회에 새롭게 이주해오면서 성공적인 정착을 기대하지만, 적지 않은 문제에 직면하게 된다. 이들은 사회적 지지체계가 약하고, 개인적 자원들이 부족하여 적응과정에서 부딪히는 많은 문제를 해결하기 위해 역량을 발휘하는 데 한계가 있다(차윤석, 1996). 그럼에도 불구하고 일부 결혼이주여성들에게서 자신의 역량을 개발하기 위해 부단히 애쓰고 있는 면모를 볼 수 있다.

연구참여자 1은 이주여성들끼리 모여 '라이중국어'라는 모임을 만들고 굳이 잘하지 못하는 한국말 대신에 자신들의 강점인 중국말을 오히려 더 잘하기 위해 중국어 수업을 하고 있다. 연구참여자 1은 누구보다 모국에 대한 자부심을 가지고 있었으며, 앞으로 글로벌 시대에는 중국어가 훨씬 효과가 높을 것이라는 기대를 가지고 열심히 공부하고 있다. 또한 좀 더 미래에는 한국 사회에서 구청이나 여러 기관들에서 다문화와 관련하여 다양한 정책이나 지원이 확장될 것이라는 안목을 가지고 복지사 자격증에 대한 도전도 꿈꾸고 있다. 연구참여자 3 역시 여러 지역구에서 시행하고 있는 다양한 프로그램을 적극적으로 이용하며 영어회화, 운전교육, 한국어 수업 등에 참여하고 있었다. 연구참여자 3은 영어공부를 왜 하느냐는 연구자의 질문에 아이들 때문이라고 대답했고, 집에서도 핸드폰을 활용하여 모르는 단어나 문장들을 찾아가며 매우 적극적이고 능동적인 모습을 나타냈다.

"저희 엄마들끼리 다문화, 이주여성 중국 엄마들끼리 모이는 수업이 있어요. 모여서 동아리 활동하고요. 작년부터 시작해서 '라이중국어'라고요. (중략) 저는 한국말을 못하는 것을 굳이 하려고 하지 않았으면 좋겠어요. 아이가 엄마의 장점을 살려가지고 아이한테 중국말을 오히려 더 잘하게끔 나중에는 글로벌 시대이다 보니 중국어가 효과가 더 높지 않을까 생각을 하거든요. 못하는 언어보다 잘하는 개성을 살리는 것이 더 낫다고 생각해요. 그런 얘기를 해줘야죠. (중략) 요즘은 복지사 자격증이라고 할까요. 이것을 배우고 하고 싶은데요. 앞으로는 구청이나 이런 기관들에서 다문화 쪽 사람들을 더 많이 쓰지 않을까 싶거든요. 이것도 나쁘지 않아 도전해볼 필요가 있다고 생각해요." (연구참여자 1)

"처음에는 남동구, 그다음에는 남구, 동구, 그리고 지금도 부평구, 프로그램 여러 가지, 처음에는 한국어 수업이, 그다음에도 교육을 시키는 거, 교육을 받은 거. 그리고 운전 수업을 했어요. (중략) 영어, 영어 대화, 회화, 필리핀 사람들 선생님한테 전문적으로 회화를 공부했어요. 거의 6개월 동안, 같이 만나고도 그때 직접 수업 같이 1주 동안 한 기숙사에서 살고, 계속 영어로 대화하고. 지금 그 책으로. 어떤 때는 그냥 영화, 전문적으로는 아니고 영화 보고. 또 제가 찾아가요. 필리핀 사람이 있으면 만날 수 있다면 영어로도 이야기하고 그러고 또 어른 엄마 영어책 습관적으로 매일매일 말할 수 있는 그런 거 있잖아요. 그 책을 보고. 그리고 제가 집에서는 말할 수 있는 영어. 일은 영어로 애들에게 영어로 얘기해요. 그래서 만약에 '일어났다' 영어로 어떻게 하는지 그거 핸드폰을 보면서 찾아요." (연구참여자 3)

연구참여자 4도 연구참여자 3의 경우와 같이 자녀들에게 학습지 교육을 시키면서 엄마 역시 함께 배우기 위해 노력하는 모습을 볼 수 있다. 자녀들이 조금 큰 다음에는 다문화센터 등을 찾아다니며 중급반, 고급반에 들어가 한국어를 배웠다. 연구참여자 6의 경우는 베트남 출신으로 대학을 졸업하고 중국에 어학연수를 갔다가 지금의 남편을 만났는데, 결혼을 통해 한국으로 이주해와서도 자녀교육뿐만 아니라 자신의 역량 개발을 위해 한국에서 석사과정까지도 생각하고 있다. 현재는 아이들이 유치원, 초등학교 저학년이기 때문에 엄마의 손이 많이 필요하여 잠시 접고 있지만, 아이들이 조금 성장한 다음에는 반드시 대학원을 다니고 싶다며 연구자에게 알아봐 달라고 했다.

"공부는 그냥 우리 애들 큰애 입학하기 전에 학습지 시키면서 저도 그것으로 배웠어요. 재능교육. 아기 국어, 수학, 영어. 그래서 그때는 애들하고 같이 이렇게 무슨 뜻인지 이렇게 다 찾아서 그렇게 배우고. 그리고 나중에 애들 4, 5학년일 때, 그때 누구 소개로 다문화 중급반 가서 3개월 배우고, 고급반 들어가서 3개월 배우고 그랬어요." (연구참여자 4)

"제 생각에는 어디든지 중국이든, 베트남이든, 한국이든 다 똑같다고 생각해요. 여기는 훨씬 더 잘산다. 이거는 그렇게 생각하지 않아요. 사실은 행복하고 잘사는 거는 본인에 따라 다르다고 이거 생각하고요. 사실 베트남에서도 열심히 살고 돈 잘 벌면 행복하게 살 수 있어요. (중략) 사실은 제가 아쉬운 점이 있어요. 제가 한국에 와서 석사과정을 좀 하려고 했거든요. 그래서 ○○대학교 가서 3개월 공부 좀 하고 그리고 석사과정 하려고 하는 그때 첫째 생겼어요. 입덧이 너무 심해서 그때는 그냥 공부하는 거는 접었어요. 근데 더 하고 싶은데 그래서 제가 거듭 말씀 드린 거는 대학원 좀 다니고 싶고. 그냥 일반 한국어교육 공부하고 싶고." (연구참여자 6)

윤혜미(2009)에 의하면, 임파워먼트(empowerment)는 사회복지실천의 핵심적인 개념으로 사회복지의 맥락 안에 존재한다. 임파워먼트는 권한부여, 역량강화, 능력고취 등을 통해 개인의 능력에 대한 자신감을 강화하고 사회적 관계를 통해 자신의 잠재력을 키움으로써 자기 삶의 무기력, 억압, 절망 상태로부터 변화와 성장의 가능성을 향상시키는 것이다. 이는 개인이 자신에 대한 믿음과 신뢰를 바탕으로 자기 삶의 문제들을 해결하고 통제할 수 있는 자기 능력에 대한 자아기능 강화, 자신의 주도권 획득,

자신의 활동능력 강화 등을 위한 것이다.

이러한 사회복지실천에서 임파워먼트의 접근은 아동, 여성, 노인, 심신장애인, 다양한 문화권의 사회적 소수자 등 심리, 경제, 사회, 정치적으로 위축된 입장에 처한 사람들에게 적용된다(박선영, 2007). 특히, 임파워먼트의 실천 가치는 개인의 적응 가능성을 강화하고, 개인 및 집단의 행동을 통해 환경적 · 구조적 변화를 추구함으로써 임파워먼트를 획득하며, 개인의 변화를 유지하도록 지지하는 것이다(정순둘 외, 2012). 이처럼 참여자들의 인터뷰 내용에서 살펴본 바와 같이 지속적으로 자격증을 취득하고 싶어 하고, 영어, 중국어, 한국어 등의 수업에 열심히 참여하는 것은 윤혜미(2009), 박선영(2007)의 연구에서처럼 타국에서 소수자로서의 위기감을 인지하고 자신의 활동능력, 즉 임파워먼트를 획득하여 자신의 삶의 통제력을 확장해나가고 싶어 하는 열망이 심리적 기제로 작용하는 것으로 판단된다.

4.
이주해온 타자로서의 어머니 되기

1) 모국어를 지키기 위한 이중언어교육

언어는 의사소통의 수단뿐만 아니라 정보를 받거나 전달하는 수단이며, 세상을 바라보고 이해하는 눈이기도 하다(갈라노바딜노자, 2016). 결혼이주 어머니들은 한국어 사용에 있어 가족 간의 원활한 소통에 어려움을 겪고 있으며, 자녀의 양육과 교육을 담당함에 있어 자녀들의 언어발달, 또래관계 형성 및 정서발달 등 부정적인 문제에 부딪히기도 한다(최윤경 외, 2011; 홍영숙, 2007).

그러나 본 연구의 연구참여자들은 대부분 자녀들에게 모국어교육과 한국어교육을 병행하도록 이중언어교육에 힘쓰고 있었다. 먼저 연구참여자 1은 자녀와 대화를 나눌 때 중국어로 할 때도 있고 한국어로 할 때도 있다. 그럴 때면 자녀는 오히려 "엄마, 중국어로 해"라고 말하기도 한다. 장차 글로벌 시대에 중국과의 교류가 활발해질 수 있기 때문에 중국어를 사용하는 것이 더욱 효과적이라고 생각하고 있다. 그래서 자녀를 매주 토요일마다 ○○대 글로벌 브리지(Global Bridge) 과정 프로그램*에 참여시키고 있으며, 학교 동아리 활동에서도 멘토링 수업까지 참여하게 하고 있다. 이렇게 자녀가 굳이 잘 못하는 한국어를 강요하기보다 자신의 장점인 중국어를 더욱 잘 사용할 수 있도록 중국어를 배우는 시간을 많이 할애하는 것이 낫다고 생각하기 때문이다.

> "중국어로 할 때도 있고 한국말로 할 때도 있는데 오히려 '엄마, 중국어로 해' 이러거든요. 얘가 토요일마다 ○○대 글로벌 브리지 과정 매주 토요일마다 수업을 가요. 이중언어로 중국어 두 시간 하고 오후는 동아리 하고 멘토링 수업까지 받고 오면 3시 넘어서 오거든요. 한국연구재단인가 거기서 하는 글로벌 브리지 과정이라고 전국에 몇 개 대학교에서 한다고 하더라고요. 매년 5월부터 시작해서 2월 말인가 2월달에 끝나요. (중략) 아이가 엄마의 장점을 살려가지고 아이한테 중국말을 오히려 더 잘하게끔 나중에는 글로벌 시대이다 보니 중국어가 효과가 더 높지 않을까 생각을 하거든요. 못하는 언어보다 잘하는 개성을 살리는 것이 더 낫다고 생각해요." (연구참여자 1)

연구참여자 2는 이중언어 코디사업을 하고 있다. 이것은 결혼을 통해 한국에 이주해온 이민자들과 자녀를 대상으로 엄마나라 말을 많이 사용할 수 있도록 일상생활에서 할 수 있는 놀이나 여러 가지 방법을 가르

* 한국 사회의 미래 핵심 주역인 다문화가정 자녀의 역량 강화를 목표로 하는 사업으로서, 다문화가정 자녀가 부모의 모국 언어와 문화를 습득하여 부모의 모국을 이해하고 결혼이민자 부모를 존경하도록 하며, 또한 다문화가정 자녀의 자기계발 및 취미활동 영역을 확보해줌으로써 자신의 역량을 강화하고, 자신감을 가지고 즐거운 생활을 할 수 있도록 지원하는 프로그램이다.

쳐주고 공유하면서 조기정착을 유도하는 프로그램이다. 특히 결혼이주 어머니들의 인식교육에 치중하고 있으며, 인식교육으로 인해 이주 어머니들을 더욱 당당해지게 하는 것이 이 프로그램의 큰 목표다. 즉, 어머니의 교육관, 생활습관이 바뀌어야 아이 또한 엄마나라의 문화를 이해하고, 모국어를 잘 알아들을 수 있다고 생각하고 있다.

"다문화가정의 자녀라면 그 부모도 그렇고 꼭 이 교육을 들으면 좋긴 할 것 같아요. 특히 아이들한테 모르고 있다면. 한 개 나라 말만 갖고 가는데 알고 있으면, 우연하게 엄마나라 말을 어릴 때부터 그냥 공부를 안 하고 놀이하면서 가르칠 수 있으니까, 아이가 어릴 때부터 두 개 나라말을 자연스럽게 갖고 가니까 아이 성장에는 아주 나중에 가서도 도움이 많이 되겠죠. (중략) 이중언어 같은 경우는 중국어 가르치는 게 아니라 엄마나라 말을 아이한테 하게끔 엄마를 교육시키는 거예요. (중략) 아이들 같이 놀 때, 같이 아이 눈높이에서 이렇게 놀이하면서 가까워지니까 그때 엄마나라 말을 엄마가 자연스럽게 하면 아이가 자연스럽게 듣고 대답을 하고 이제 이 방법을 저는 택해서 해요. 그래서 놀이 위주로 그담은 만들기 위주로 아이랑 같이. 첨엔 많이 어려웠어요. 근데 3월에 들어와서 한 8개월 정도 이제 되다 보니까 조금 요령도 생기고 이제 나름 보람도 느끼고 있어요. 내가 엄마들한테 이렇게 해서 이 교육을 통해서 엄마가 진짜 아이한테 엄마나라 말을 가르치는 걸 내가 인식을 했다면 생활이 습관이 바뀌고, 아이가 또 엄마나라 말을 들을 수 있음으로써 커서 따로 모국어를 돈 주고 안 배우더라도 어느 정도 인식은 되어 있잖아요. 그러니까 그때 가서 배우기가 쉽겠죠." (연구참여자 2)

"집에서는 중국어로 대화해요. (중략) 제가 처음에 애들 중국어를 가르쳐주었을 때, 우리 남편도 반대했어요. 애들 아직 혹시 한국어도 잘하지 않는데 다른 국어를 같이 공부하면 혹시 헷갈릴까 봐. 그것 때문에 조금 반대했어요. 근데 제 전공은 유아교육이라 무시하고 계속해서 출산하자마자 계속 애들 중국어로 대화를 했어요. 그래도 같이 어렸을 때부터 중국어 노래를 틀어서 놀면서도 그냥 틀어놓고 틀어주고 그런 식으로. 또 중국어 동화책 이런 것 제가 운이 너무 좋아 근처 다문화 도서 이런 거 많아요, 중국어. 그래서 같이 빌리고 같이 읽어주고 그리고 우리 엄마 아빠 여기 계시니깐 그런 환경이 있기 때문에 그래서 계속해서. 제일 제가 유효한 방법은 어렸을 때 계속해서 말하기, 계속 중국어 노래 간단한 거 틀어주기, 시간이 있으면 동화책도 많이 읽어주기, 중국어로. 그리고 카드, 집에서 시간 있으면 중국어 카드도 만들어주고 같이 놀이로 화투처럼 그것도 같이 놀면서 같이 공부해요." (연구참여자 3)

연구참여자 3은 집에서 항상 아이와 중국어로 대화한다. 남편은 반대하기도 하지만, 내 나라의 언어를 포기할 수 없었다. 연구참여자 3은 결혼하기 전 중국에서 유아교육을 전공하여 유아시기에 언어교육이 중요하다는 것을 알고 있었다. 임신했을 때부터 태교로 동화책을 읽어주고 음악도 많이 들려주었으며, 출산하자마자 아이와 계속 중국어로 대화했다. 아이가 자라면서 더욱 효과적인 모국어교육을 위해 태교 때처럼 동화책 읽어주기, 중국어 음악을 들려주었고, 카드를 직접 만들어서 카드놀이를 하며 지속적으로 모국어를 익힐 수 있는 환경을 만들어주는 것이 무엇보다 중요하다고 생각한다.

연구참여자 5 역시 집에서 중국어를 사용한다. 다행히 아이의 학교

담임교사는 다문화가정이라 해서 차이를 두지 않고, 간단한 중국어를 배워 인사를 나눌 정도로 관심을 많이 가져주신다고 했다. 예를 들어 아이가 중국에 갔다오면 "중국에서는 어떻게 발표해요?" 등 엄마나라에 갔다온 것에 대한 질문을 하여 반 친구들이 함께 호기심을 갖고 배울 수 있도록 메신저 역할을 하고 있다. 특히 연구참여자 5는 중국인이라는 것에 대한 큰 자부심을 가지고 있다. 그래서 자녀에게 "다른 친구들은 돈을 주고 배워도 너보다 못해"라며 중국어를 사용하는 것에 대해 부끄러워하지 않도록 가르치고 있다. 베트남 출신 어머니인 연구참여자 6과 연구참여자 7도 베트남어를 지속적으로 사용할 수 있도록 노력하고 있고, 가끔씩 자녀들을 베트남에 데리고 가서 외할머니와 만나는 시간을 갖게 해주고 있다. 베트남 출신 어머니들은 중국 출신 어머니들에 비해 매우 적극적이지는 않지만, 아이들이 스트레스 받지 않는 한도 내에서 교육하기를 원하고 있다.

> "강제로 중국말로 해 집에서. ○○이 한국말로 하면, '엄마는 지금 한국에서 왜 중국말로 해요?' 내가 말해요. 엄마는 중국 사람. 엄청 좋아요. 지금 ○○이 알아요. 학교에서 선생님도 항상 우리 중국에 갔다가 와서, '○○이 이것 중국에서 어떻게 발표해요?' 나도 선물 조금 준비해요. 중국 선물, 애기들 선생님도 ○○이한테 배워요. '*你好*', 인사말, 무슨 무슨. ○○이 반 지금 중국 사람 두 명 있었어요. 저 반 애기 안 돼요. 중국말 조금 알아요. 애기들 다 ○○이 부끄러워요. 비행기도 타고, 중국도 갔다왔어요. 중국말도 잘, 네, 선생님도 항상 ○○이도 예뻐요, 예뻐요. 거의 엄마 중국 사람 부담 없어요. 나, ○○이한테 말했어요. '너 엄마는 그냥 중국 사람이야. 그런 것 아무 상관없어. 누가 이런 것 가지고 말하면 엄마한테 오라고 해. 최소한 나는 중국어 할 수 있는데 그는

할 수 있을까?' 나는 우리 딸한테 이렇게 이야기했어요. (중략) 나는 자랑하고 싶은 거 아니에요. 그냥 우리 딸한테 자극을 주려고 '다른 사람들이 엄마가 중국 사람이라서 너를 무시해도 너는 그렇게 생각하지 마라. 우리 똑같이 잘 살고, 너가 좋아하는 것 다 사줄 수 있고, 배우고 싶은 거도 다 시키고, 게다가 너는 중국어도 잘해, 중국어는 안 배워도 돼, 그들은 돈 주고 배워야 돼. 그래도 너보다 못 해.'" (연구참여자 5)

"큰애하고 작은애 중 큰애는 훨씬 더 잘하고 이렇게 대화할 정도이고, 작은애는 제가 하는 말은 알아듣는데. (중략) 제가 챙겨서 계속 베트남어 하고 있어요. 그거는 제 목표예요." (연구참여자 6)

"예전엔 제가 조금 가르쳐줬는데, 시어머니 그냥 모른 척했어요. 근데 잘하는데, 제가… 근데 엄마 베트남 사람, 다문화가족이잖아요. 그래서 따라서 많이 봐요. 가끔 베트남말, 엄마 베트남어 하고, ○○ 엄마한테 한국어 가르쳐주고 했는데 '싫어요, 하지 마요'라고 했어요." (연구참여자 7)

이처럼 이중언어교육에 대한 연구참여자들의 소신과 경험들은 결혼이주여성의 모국어 사용이 자녀가 부모 양국의 언어와 문화를 배우게 됨으로써 이중언어와 문화에 대한 정체성을 갖도록 도울 뿐만 아니라 자녀가 건강하게 성장하기 위한 환경을 제공하여 국제적인 인적자원으로 자라 사회에 공헌할 수 있도록 지원한다(Save the Children, 2011)는 연구와 같은 맥락을 취하고 있다. 또한 아동의 이중언어 경험은 아동의 인지발달 및 사회, 정서적 발달 등에 긍정적인 영향을 준다는 연구 결과(박현선 외, 2012;

이귀옥 · 이혜련, 2006; 장명림 외, 2011; Baker, 1996 등)와도 유사함을 알 수 있다. 또한 이중언어를 균형적으로 사용하는 사람이 상위인지, 상위언어, 사회적 언어에서 우수함을 보이고 단일 언어 사용 아동보다 언어구조를 빨리 습득할 뿐만 아니라 학업성취 능력도 뛰어나 긍정적인 자아정체성을 갖는다는 연구도 있다(Bialystok, 1988; Ramirez, Perez, Valdez & Hall, 2009; Tunmer & Myhill, 1984; Zhang & Koda, 2011). 따라서 결혼이주 어머니들이 자녀들에게 이중언어교육을 자신감 있고 당당하게 시킬 수 있는 사회 분위기를 조성할 수 있도록 체계적인 노력이 필요하다.

2) 그림자처럼 살아가야 하는 외국인 엄마

결혼이주여성들은 낯선 타국에서 생활문화 양식 및 언어에 대한 적응, 새롭게 형성된 가족들과의 관계 적응만이 아니라 자녀 양육에 대한 다양한 어려움을 경험한다. 특히 한국 사회는 자녀 양육에 대한 일차적 책임을 어머니에게 기대하고 있기 때문에 결혼이주여성들이 경험하는 자녀 양육에 대한 부담감은 클 수밖에 없다. 자녀가 유치원이나 학교에 입학하게 되면 공식적인 행사도 많아지게 되고, 비공식적인 학부모 모임도 갖게 된다. 주로 어머니들이 주축이 되는 학부모 모임은 친목 도모뿐만 아니라 자녀교육과 관련된 정보도 서로 교환하고, 자녀의 교우관계에도 적잖은 영향을 미친다(이은아, 2013).

연구참여자 3은 자녀가 학교에서 생활하다가 무심코 모국어를 사용할 때 학급 친구들이 "어우, 무슨 이상한 소리 하는 거야? 뭐지?"라는 반응을 보이거나, "너네 엄마는 외국 사람이지?"라는 말을 듣게 되면 심리적인 위축감으로 모국어를 사용하지 않으려고 한다고 했다. 그리고 자녀가 조금 다르다는 이유로 친구들에게 놀림이나 왕따를 당하는 것에 대해 엄마 역시 심리적인 부담을 느끼고 괴롭다. 이러한 상황이 발생하는 것이 두렵기 때문에 엄마가 외국 사람인 것을 들키고 싶어 하지 않게 되고 뒤로 물러서게 된다.

연구참여자 4도 마찬가지다. 자신이 외국 사람이기 때문에 학교에 가는 것이 부담스럽다고 말한다. 학교에 가게 되면 어떤 말을 해야 하는지도 모르고, 무엇을 물어봐야 하는지도 모르고, 오히려 자신이 잘못 말하면 아이에게 안 좋은 일이 일어날까 봐 노심초사다. 학교에서 학부모 청소가 있어 몇 번 참여해보았으나 다른 학부모는 모두 한국인이고 자신만 외국 사람이어서 너무 부담스러워 그다음부터는 참여하지 않게 되었다고 한다. 그럼에도 불구하고 큰딸이 중학교에 입학할 때 남편이 자신에게 학교에 가지 말라고 한 것을 무척 서운하게 생각하고 있다. 물론 아이를 위해 외국 사람인 것을 알리고 싶지 않다고 스스로 생각하고 있었지만, 남편으로부터 직접 그런 말을 들었을 때는 다르게 다가온 것이다.

연구참여자 5는 딸과 함께 외출을 자주 하곤 한다. 딸이 엄마를 여기저기 안내하며 다니는 것을 좋아한다. 그리고 주로 중국어로 대화한다. 하지만 버스를 타게 되면 작은 목소리로 "중국말 하지 말고 한국말 해"라고 한다. 타인에게 외국인인 것을 알리고 싶어 하지 않기 때문이다. 이럴 때면 마음이 버겁고 힘들어진다.

"애들이 '아, 너네 엄마는 외국 사람이지' 그래서 제가 말을 했을 때 외국어로 했잖아요. '어우 무슨 이상한 소리 하는 거야? 뭐지?' 그래서 그 아기가 그때부터 엄마 모국어는 말하지 않아요. 왜냐하면 조금 다른 애들과는 차이가 있기 때문에 그저 놀려서…. (중략) 애들이 다른 사람 앞에서 엄마가 외국인이라서 튀게 하고 싶지 않아 해요. (중략) 자기 애가 다른 애들한테 우리 애가 외국 사람 아기인 거 들키게 하고 싶지 않고 숨기고 싶어 해요." (연구참여자 3)

"솔직히 말하면 제가 외국 사람이잖아요. 학교 가는 것 조금 부담스러워요. 어떤 말을 해야 하는지도 모르고 뭐 물어봐야 하는지도 모르고 선생님이 우리 애기 내가 잘못 이야기하면 우리 애기 안 좋은 것 일어날까 봐. 외국 사람들 특별히. (중략) 학교에서 청소 같은 거 참여하고 몇 번 갔는데. 그다음은 안 갔어요. 왜냐하면 부모님이 다 한국 사람, 저만 외국 사람이어가지고 그냥 가기 좀 부담스러웠어요. (중략) 중학교는 거의 안 가니깐 아마 대부분 우리 큰딸 엄마는 외국 사람인 것을 모르실 수도 있어요. (중략) 우리 큰딸, 처음에 입학할 때는 우리 남편이, 엄마가 학교 가야 하는데 안 가도 좋다고. 애들한테 왕따 시킬까 봐. 엄마가 외국 사람이라서. 오히려 우리 남편부터 그런 생각을 가지게 되는 거예요." (연구참여자 4)

"2학년부터 우리 밖에 있어요. 항상 ○○이 데리고 어디어디 가요. 나도 중국말로 해요. 우리 버스 탈 때, '엄마, 중국말로 하지 마, 한국말로 해'(작은 목소리, 애기 목소리 흉내 냄). 지금은 안 해요. 엄마 무슨 말 하면 다 괜찮아요. 옛날엔 항상 '엄마, 한국말로 해요'(작은 목소리) 이렇게, 내가 '엄마는 중국말로 해.' 그럼, '엄마, 지금 한국에 있어요. 중국에 아니에요'라고 ○○가 말해요." (연구참여자 5)

앞에서 기술한 바와 같이 결혼이주여성들은 낯선 타국에서의 생활문화 적응에 어려움을 겪고 있으면서 한국 사회의 고정관념과 차별적 대우로 인한 삶의 스트레스로 이중고를 경험한다. 차별은 결혼이주여성의 사회문화적 적응을 방해하고(Park, 2011), 자존감을 떨어뜨리며(Tajfel & Turner, 1986), 한국 사회에서의 삶의 질을 낮추는 치명적인 요인으로 작용한다.

차별은 상황에 관계없이 비합리적인 근거로 개인에게 영향을 주는 부당한 대우를 경험하는 것으로(Antonovsky, 1960), 특정 개인이나 집단을 기피 혹은 배제함으로써 부당한 대우를 받는 것을 의미한다. 이러한 차별은 많은 이민자 연구에서 우울증 같은 심리적 장애(Berry, 1997)나 주관적 건강 수준과 깊은 관련이 있는 것으로 보고되고 있으며(Willama & Mohammed, 2009), 연구 결과 결혼이주여성의 경우에도 차별은 신체적 · 정신적 건강에 치명적인 영향을 주고 있는 것으로 밝혀지고 있다(Kim, Son & Kim, 2015). 하지만 결혼이주여성에 대한 차별은 단순히 이들 본인뿐 아니라 그 자녀와 남편을 포함한 전체 가족에게 부정적인 영향을 미칠 수 있다는 점에서 더욱 중요하게 접근할 필요가 있다. 연구참여자들은 이러한 경험을 알고 있기 때문에 자녀들에게 이러한 차별을 대물림하고 싶지 않아 엄마이지만 학교 그리고 다른 학부모들 앞에 당당하게 나서지 못하고 있다. 따라서 결혼이주여성들이 경험하는 차별이 결혼이주여성 자신의 경험에만 국한되는 것이 아니라 자녀가 겪는 차별이나 자녀가 차별받을 것에 대한 염려, 이에 대한 책임감이나 고통과 연결되어 있다는 점을 고려해야 할 것이다. 이에 결혼이주여성들이 적절한 어머니의 역할을 할 수 있도록 부모역량을 강화한다든지 사회적 지지체계로서의 인식 프로그램 등을 강화할 필요가 있다.

5. 일반화된 모성으로서의 어머니 되기

1) 따라잡을 수 없는 한국 엄마의 교육열

교육열은 우리나라에서 일반적으로 널리 나타나고 있는 행동양식으로부터 추정해낸 개념이다. 한국 사회에서 이른바 '교육열'이라는 용어는 학부모의 교육열을 의미한다고 볼 수 있다(이종각, 2003). 특히, 어머니가 자녀의 성적 또는 교육수준을 높이기 위한 노력의 정도가 한국인의 교육열의 중심에 자리 잡고 있다(김유진 · 오성배, 2013). 이종각(2003)은 교육열의 의미를 규정하기 위해 교육행위에 초점을 두고 분석했는데, 교육열은 행위의 능동성을 높이고 강화시켜주는 원인이 되는 것으로 파악할 수 있다고 했다. 교육열은 어떤 교육 행위에 대한 열정이며, 이로 인해 어떤 교육현상을 강화시켜주는 요인이 된다고 보고, 교육열이라는 개념을 교육 동기의 정도를 표현하는 한 가지 언어로 파악할 수 있다고 주장했다.

이와 달리 김희복(1990)은 경험적 연구로 참여관찰을 통해 한국인의 교육열을 한국의 사회문화적 맥락 속에서 교육과 관련된 사회현실에 대한 인식, 자녀교육에 대한 기대, 그리고 자녀교육을 위한 교육지원 행위를 포함하는 교육에 대한 열의로 정의했다. 이돈희(1985)는 통찰적 연구를 시도하여 교육열을 한국인이 소유하고 있는 강한 교육적 열기로 정의했으며, 김영철 · 박덕규(1996)의 연구에서는 학부모의 교육열을 자녀의 학교교육에 대한 부모의 기대와 지원활동으로 보았다.

이처럼 한국 사회에 만연한 교육열은 특히 유교적 가족주의와 연결되어 한층 심화된 모습으로 나타나고 있다. 물론 핵가족의 형태가 지배적인 현대사회에서 가족주의는 가문이나 문중을 중심으로 한 전통적 의미의 가족주의와는 구분되며, 핵가족에 기반을 둔 가족주의 형태를 이루고 있다. 하지만 가족주의 역시 또 다른 형태일 뿐이며, 따라서 자녀교육에 대한 투자와 노력이 가족의 장래를 위한 투자라고 인식하고 있다(김세서리아, 2009). 이와 같은 상황에서 한국에서의 자녀교육은 더 나은 미래의 삶을 위한 수단으로 이해되며, 한국 가족에게서 다른 어떤 것보다 중요한 문제로 여겨진다. 한국 사회에서 자녀교육에 과하게 소비하고 있는 것은 우리 사회에 오랫동안 뿌리박힌 학력지상주의, 세계화와 더불어 진행되는 고용의 불안정성, 생존경쟁의 심화, 청년실업의 증가, 계급 간의 불평등, 계층이동 기회의 제한성 등 전반적인 특성들이 총체적으로 관련되어 있다(한국가족문화원, 2005).

이 연구의 연구참여자들이 선행 연구들에서 정의 내린 교육열을 근거로 자녀의 성적 또는 교육수준을 높이기 위해 어떠한 노력을 하고 있으며, 어떠한 고민이 있는지를 살펴보면 다음과 같다. 연구참여자 3은 자녀에게 지식적으로 영어교육을 시키고 싶지만, 영어학원비가 너무 비싸서 고민이 많다. 영어학원을 둘러보니 대부분 원어민 선생님이 아니고 필리핀 사람이 수업을 진행하고 있었다고 한다. 그들은 필리핀 방언 티가 너무 많이 나서 경제적 비용의 효율성을 고려할 때 학원을 보내야 할지 망설이게 된다는 것이다. 연구참여자 4의 경우에도 큰딸을 위해 영어, 수학 학원을 보내고 싶어서 알아보니 한 달에 60만 원 전후로 교육비가 든다고 했다. 아이들이 어렸을 때는 태권도나 보습학원 정도만 보냈는데, 이제 중 · 고등학생이 되어 영어, 수학 학원을 보내려니 그 비용이 만만치 않다. 특히 둘째아이까지 함께 보내려 하니 도저히 엄두가 나지 않는다.

> "지식적으로는 영어, 근데 영어는 학원이 너무 비싸요. 그리고 영어 학원에서 다 원어민 아니고 필리핀 사람이, 근데 필리핀 사람, 우리 수업을 할 그 선생님 보니까 필리핀 방언 티가 너무 많이 나요. 그래서 오늘 그것 경제적으로도 생각하고 원어민 아니기 때문에 차라리 보낼까 말까 고민하고 있어요." (연구참여자 3)

> "우리 큰딸 저도 학원 보내고 싶고 영어, 수학 한번 제가 물어봤는데 다 60만 원 전후래요. (중략) 어렸을 때는 진짜 학습지 시키면서 피아노, 그림, 태권도 그리고 보습학원도 보냈어요. 애들 다 하니깐. 안 하면 따라갈 수 없으니깐. 남들보다 그래서 치우치나 봐요. 그래서 많이 걱정되고. 형편 어렵더라도 해줬어요. 지금 2명이 같이 하면 돈 부담스럽죠. 두 명 다 학원 보내면 만만치 않더라고요." (연구참여자 4)

> "요즘에 우리 ○○이 방과 후 공부 많았어요. 수영, 그림, 영어, 피아노, 이것 때문에 시간 많이 없어요. 집에서 거의 7시쯤에 도착해요. TV 조금 봐요. 밥 먹어요. 그냥 시간이 다 지났어요. 자는 시간, (중략) 이것

때문에 부담 많았어요. 한 달 50만 원 정도… (중략) 중국에서 이런 돈 들지만. 조금 덜 들어요. 한국에서 내가 이런 국어 수학 안 해요. 이렇게 공부방 보내요. 한 달 한 20만 원 넘었어요." (연구참여자 5)

"여기 엄마들, 애들 미리 다 배웠어요. 그래서 애들 미리 못 배우니까 지금은 괜찮은데 고학년 되면 그땐 걱정이에요. 저도 애들 잘 키우고 싶은데. 그런데 못 해요. 내가 가르쳐도 부족하고, 그리고 밀려. 학원 보내고 막. 우리 남편 외근도 잦고, 이렇게 저렇게 많이 없어요. 그런데 다른 엄마들처럼 애들한테 교육 시킬라 하면 엄청 힘들어요. 못 따라가요." (연구참여자 7)

연구참여자 5와 연구참여자 7도 마찬가지다. 지금은 자녀들이 초등학생이어서 수영, 미술, 피아노, 바둑학원 등에 보내고 있다. 이렇게 학원 일주를 하고 돌아오면 저녁 시간이 훌쩍 넘는다고 한다. 이러한 교육비 지출은 중국과 비교해보면 한국이 훨씬 많이 들어간다. 더구나 지금은 초등학교 교육인데도 이 정도 비용이 들어 부담이 되는데, 앞으로 고학년이 되면 교육비로 인한 고민이 더욱 깊어질 수밖에 없다.

결혼이주 어머니들에게 자녀교육은 한결같이 불안과 두려움을 연상시키는 단어다. 이들은 자신에게도 익숙하지 않은 환경과 제도에서 '어머니 되기'를 경험하기 때문에 한국 어머니들보다 어머니의 역할을 더 잘 수행해야 한다는 심리적 강박이 나타날 수도 있다. 그러한 역할을 제대로 못 해낸다고 생각할 때, 자책감과 미안한 마음은 더욱 커진다. 이러한 과정을 헤쳐나가야 하기 때문에 자녀를 중심으로 온 마음이 가득히 채워져 있다. 자녀교육에 대한 이들의 고민은 교육비로부터 출발한다. 이처럼 참여자들의 공통적인 고민은 경제적인 한계로 한국 엄마들의 교육열을 따라갈 수 없어 마음이 아플 뿐이다. 이에 결혼이주 어머니들 역시 자녀교육에 관한 높은 관심과 기대를 가지고 있다는 사실을 확인할 수 있었으나, 한편으로 한국의 교육열 따라가기에 어려움을 절감하고, 막대한 교육비 앞에 엄마로서 무기력해지는 현실을 마주할 수밖에 없었다. 우리나라가 다문화 사회로 변모하고 있는 시점에서 결혼이주여성 또한 우리 사회의 구성원임에 틀림없으며, 그 자녀 또한 그러하다. 이들의 자녀교육에 대한 사회적 지지나 경제적 지원이 부족하다면 우리 사회의 손실이다. 따라서 국가와 사회는 이들의 교육지원활동이 체계적이고 지속적으로 이어질 기반을 조성할 수 있도록 중지를 모아야 할 것으로 판단된다.

2) 늘 모자라는 엄마의 마음

전통 사회에서나 현대 한국 사회에서 '어머니'라는 존재는 자식과 가족을 위해 모든 희생을 감수해야 하는 헌신적 · 봉사적 인물 또는 이미지로 비치고 있다. 물론 이러한 어머니의 이미지는 사회 · 경제적 배경을 초월하여 언제나 같은 의미를 지니거나 동일한 양상으로 나타나는 것은 아니지만, 엄격하고 냉정한 어머니상보다 모자(母子) 간에 친밀한 관계와 직접적인 보살핌이 우선시되는 것은 사실이다. 연구참여자들의 엄마로서의 경험은 어떠한지 그들의 목소리를 통해 들어보자.

"더 배우고 싶은 것은 있기는 한데. 컴퓨터 더 조금 배웠으면 좋겠고 익숙해지면. 그거 배우는 것보다는 지금은 돈 버는 게 더 급선무예요. 왜냐하면 아기에게 지금 돈 많이 들 때라. 지금 큰애는 학원 안 다녀도 등록금 그런 것 있잖아요. 수업료 하고 그거 학교 기본적으로 내는 그런 것도 많이 나가니까요. 지금은 뭐 배우는 것보다 저는 일자리 찾고 싶어요. 돈 벌었으면 좋겠어요. 남편 힘든 거 덜어주고 싶어서." (연구참여자 4)

"학교에서도 좀 차별받는 거 같고 그러면 전혀 공부하는 거 싫어해서 그래서 집에서 부모님은 계속 경제적으로 조금 힘들면 그러면 대신에 맞벌이부부 하면 사실은 애들까지 챙기지 못해요." (연구참여자 6)

연구참여자 4는 자신의 역량개발을 위해 컴퓨터를 더 배우고 싶지만, 자녀들의 교육비 마련과 힘들어하는 남편을 위해 자신의 필요를 내려놓고 희생을 감수하고 있다. 연구참여자 6의 경우는 자녀교육을 위해 부모의 경제적 지원이 부족하여 학교에서 차별받는 것이 싫기 때문에 맞벌이를 하고 있다. 부모가 모두 경제활동을 하게 되면 당연히 가정생활만 하는 부모에 비해 아이들과 함께하는 시간이 줄어들고 잘 챙겨주지 못하게 된다. 이러한 이유로 고생을 함에도 불구하고 자녀를 위해 더 챙겨주지 못하는 것에 대해 늘 미안한 마음뿐이다. 연구참여자 7은 자녀 이야기만 나오면 자녀에 대한 애틋한 사랑을 감추지 못한다. 큰아들이 초등학교 2학년인데 아침마다 안아주고 입 맞춰서 깨우고, 밤이면 잠자리에 들 때 엄마가 꼭 안아주고 재우곤 한다. 연구참여자 7은 엄마로서 아이들의 존재만으로도 행복하고 기쁘다. 그러나 자녀의 교육문제 앞에서는 늘 작아질 수밖에 없다. 한국어가 서툴러서 남편에게 의존하고 싶은데, 남편의 외근이 너무 잦아서 혼자서 교육문제를 감당하는 것에 역부족을 느끼고, 아이들한테 너무 미안할 뿐이다. 연구참여자 7은 아이들에게 친구 같은 엄마, 숙제도 잘 도와주는 선생님 같은 엄마이고 싶은데, 한국어가 서툴고 능력이 부족하여 아이들 앞에 떳떳하지 못한 엄마로 여기고 있다. 그래서 늘 남편에게 도움을 청하고 있다. 특히 연구참여자 7은 베트남에서 한국으로 이주해왔기 때문에 혼자이고 외롭다는 생각에 남편과 자녀들에게 더욱 집착하고 의존하는 것으로 판단된다.

> "저도 애들 잘 키우고 싶은데. 그런데 못 해요. 내가 가르쳐도 부족하고, 그리고 밀려. 학원 보내고 막. 우리 남편 외근도 잦고, 이렇게 저렇게 많이 없어요. 그런데 다른 엄마들처럼 애들한테 교육 시킬라 하면 엄청 힘들어요. 못 따라가요. (중략) 큰아이 일어나고 자고 엄마 안아주고 뽀뽀해주고 그렇게 해요. 아이들 태어나서 진짜 너무 이쁘고 너무 귀여워요. 저는 돈 있으면 아이 더 낳고 싶은데, 돈 없으니까 (웃음) 힘들어요. (중략) 제가 잘하고 싶고. 좋은 엄마 되고 싶고, 애는 좋은 사람 되었으면 좋겠고. 항상 좋은 거 먹이고 싶고…. 그냥, 항상 좋은 거 해주고 싶어요. (중략) 나 우리 애들 좋은 엄마 하고 싶은데, 나 부족해. 그러니까 나 좀 도와줘. 자기 시간 한두 번 내면 애기랑 같이하고, 놀아주고 숙제도 좀 도와줘. 내가 잘해주고 싶어. 근데 내가 발음도 이상하고, 진짜…. 좋은 엄마 할 수 있는 능력이 너무 부족해요, 그런 생각이 들어요. 우리 남편은, '니가 잘해. 괜찮아.' 그래도 저는 계속 이야기해요. 우리 지금 자기도 나이 많고 그러니까 우리 아들. 아들 둘이잖아요. 지금 아무도 없어요. 계속 애들 잘해주라고. 내가 부족하니까 도와달라고 이야기하고 있어요." (연구참여자 7)

위에 소개한 연구참여자들의 자녀에 대한 마음은 부족한 엄마로서 늘 미안해하고 있다. 이와 같은 연구참여자들의 심정은 이은아(2013)의 연구에서도 유사하게 나타나고 있다. 연구참여자들이 인터뷰 과정에서부터 외국 엄마여서 자녀에게 미안하다는 감정을 공통적으로 표현하고 있다. 연구자는 연구참여자들의 눈가에 맺히는 눈물에서, 때로는 떨리는 목소리에서, 그리고 잠깐의 침묵 속에서 한국 사회에서 어머니로 산다는 것이 간단한 언어로 표현될 수 없는 복잡한 경험이라는 것을 짐작할 수 있었다고 기술했다. 또한 이선형(2013)의 연구에서는 한국 엄마의 모성 실천이 결혼이주여성들에게 '좋은 엄마'의 기준으로 제시되고 있다고 보았다. 한국 엄마들의 모성 실천 그 자체가 바람직한 것은 아니지만, 결혼이주여성들이 생각하기에 한국 엄마들이 자신의 부족한 부분을 대리하고 있다고 여기고 있기 때문이다. 연구참여자인 쑤언(가명)은 자신이 '좋은 엄마'가 아니라고 생각하고 있는데, 아이들에게 한국 음식을 잘 해주지 못하고, 한국어를 잘 가르쳐주지 못하기 때문에 좋은 엄마가 아니라고 생각한다. 또한 아이들의 유치원 행사에서 주눅이 드는 자신의 모습을 다른 한국 엄마들과 계속 비교하게 만든다. 쑤언이 좋은 엄마의 기준으로 삼고 있는 대상은 유치원 행사에서 만나게 되는 한국 엄마들이다. 아이들의 생일축하행사에서 당당하게 이야기하는 엄마들, 선생님과의 상담 시간에 아이의 생활과 발달 단계를 구체적으로 이야기하고 질문하는 엄마들은 쑤언에게 비교의 대상이며 한없이 자신을 부족하게 여기는 대상이다. 결혼이주여성들에게는 현재 한국 사회가 요구하는 모성의 일면이 투영되고 있음을 알 수 있다. 모성의 중요한 부분을 차지하고 있는 자녀교육이 지배적인 한국 사회에서 가장 기초가 되는 한국어교육이 원활하지 않은 이들에게는 외국 출신으로서 심한 좌절감을 안겨주고 있다.

결혼이주여성들의 자녀에 대한 미안한 마음과 늘 주어도 부족한 엄마의 심정은 한국의 전통적인 어머니상과 별반 다르지 않다. 채연숙 외(2017)는 신경숙의 《엄마를 부탁해》에 나타난 어머니의 삶을 근거로 가족의 회상과 기억을 통해 복원한 어머니상을 그리고 있다. 그 속에 기술된 어머니상은 자식과 가족을 위해서라면 자신의 몸이 만신창이가 되더라도 개의치 않고 희생을 감행한다. 그런 엄마의 발에는 항상 파란색 슬리퍼가 신겨져 있고, 검게 그을린 얼굴로 돈이 되는 것이라면 무엇이든 불사한다. 이러한 삶 가운데 병을 얻었고, 머리에 피가 고여 잠을 잘 수 없을 만큼의 고통 중에도 자식들에게 피해를 줄까 미안한 마음에 차마 이야기를 꺼낼 수 없는 것이 한국 사회의 보편적 모성이다. 보편적 모성은 좋은 어머니가 누구이고, 어머니 노릇을 어떻게 해야 하며, 어머니가 어떻게 느껴야 하는가에 대해 규정되어왔고(Goodwin & Huppatz, 2010), 자녀 양육의 책임을 전적으로 어머니에게 부담지도록 하기 때문에 좋은 어머니가 되려고 할수록 완벽한 어머니 역할을 수행해야 한다는 강박관념을 지니게 된다. 이와 같이 모성 이데올로기의 영향으로 어머니는 완벽한 모성 역할 수행에 시달리며, 죄책감에 놓이게 되는 것이다(이진희 · 배은경, 2013; Apple, 2006).

이처럼 결혼이주여성들은 언어와 문화의 차이로 겪는 스스로의 어려움과 이를 통해 자식에게 투영되는 미안함까지 매우 버거운 삶을 살고 있다. 하지만 위에서 언급한 것처럼 참여자들은 한국의 모성규범과 문화 속에서 자녀 양육에 어려움을 겪는 과정에서 글로벌한 어머니의 모성보다 이주 어머니라는 꼬리표의 정체성 속에서 지속적으로 투쟁과 타협이 이루어지고 있는 것으로 보인다.

6.
주체적 어머니로 거듭나기

국제결혼을 통해 한국에 이주해온 여성들은 가족, 친지, 동료 등의 준거집단을 뒤로 한 채 타국에서 고군분투하며 살아간다. 그리고 문화적응 과정을 성공적으로 마쳤다 해도 한국 사회에서의 사회적 구성원으로서는 늘 조건적이고 불완전하다. 언어소통의 문제뿐 아니라 서로 다른 생활세계에서 겪는 사소한 차이들은 지속적인 고립과 사회적 고립을 겪게 하는 요소로 작용할 것이다(김영옥, 2010).

한편, 결혼을 통해 한국으로 이주해온 여성들은 한국 가정에 유입됨으로써 한국 가정문화에 변화를 생성하며 한국의 하위문화를 형성하는 담당자로 자리 잡기도 한다. 그러나 '이주민'과 '어머니'라는 두 가지 삶의 자리를 감당해야 하는 결혼이주여성들은 자신을 이주민과 모성이라는 '이중적 타자'로 인식하게 된다. 소수자에 속하는 결혼이주여성들은 이주국의 기성 문화 권력과 모성 사이에서 자신의 정체성 지위를 어디에 두어야 할지 수시로 고민하고 있으며, 모국에서 생성한 정체성과 이주국에서 새롭게 생성해야 하는 정체성 사이에서 혼란을 겪는 존재가 된다.

결혼이주여성들이 이와 같은 혼란을 겪고 고민을 하는 이유는 잠시 머물다 가는 이주노동자나 외국인 유학생들과 달리 영구히 정주가 가능하기 때문이다. 노동 기간이 지났거나 학업이 끝나면 본국으로 돌아갈 것이라는 잠재적 정주 생각을 하고 있는 노동자들과 유학생들은 적극적으로 정체성의 변화를 꾀해야 할 필요성이 적다(변경원, 2016). 그러나 이와 달리 평생 한국에서 살아야 하는 결혼이주여성들은 한국 문화를 적극적으로 수용하고 정착하기 위해 새로운 정체성 정립을 필요로 하거나 과감하게 본국에서 형성된 정체성을 토대로 한 아이의 강인한 어머니로 거듭나야 하는 선택을 하게 된다.

이 장에서는 결혼이주여성들이 사회적 · 문화적 배경이 낯선 곳에서 자녀를 양육하며 겪는 어머니의 삶에 대한 이야기를 다루었다. 결혼이주여성은 한국 국민의 배우자로서 임신 및 출산을 통해 어머니가 되지만, 생물학적으로 재생산을 했다고 하여 아무런 여과 없이 한국인의 어머니가 되거나 자연스러운 모성의 존재가 되는 것은 아니다. 문화도 민족도 다른 곳에서 '한국인 어머니 되기'란 이들에게는 힘겹고 버거운 일이 될 수도 있다. 이 연구에서 결혼이주여성들과의 심층면담을 통해 어머니로서 그들의 삶에 대한 이야기는 다음과 같다.

첫째, 결혼이주여성들은 자신이 성장한 문화와 다른 한국에서도 자녀를 위해 투쟁하는 주체자로서 어머니의 역할을 수행하고 있으며, 이국땅에서 소외되고 사회적 약자로 살아가지만, 자신의 아이가 위험에 처했거나 누군가에게 폭력을 당했을 때는 강인한 모성애를 발휘했다. 외국인 어머니인 것이 알려지는 것이 두려워 학교 방문을 꺼려하지만, 자신의 아이가 괴롭힘을 당한다는 소리를 듣자마자 곧바로 학교에 찾아가 학교장에게 항의하거나 괴롭힌 아이를 찾아가 야단치는 용기가 생긴 것이다. 또한 한국 사회에서 약자로만 살아갈 수 없다는 생각으로 자기계발에 당당하게 나서기도 한다. 이주여성들은 자녀에게 또는 한국 사회에서 버티기 위해 유능한 존재로 비칠 수 있도록 다각적인 노력을 기울이고 있었다. 이와 같은 이주여성 어머니들의 주체적이고 적극적인 양육 참여와 주체적 여성으로서의 삶의 모습은 강미연 · 장인자(2009)의 연구에서 필리핀 결혼이주여성이 가정 내에서 엄마와 아내의 역할을 수행하면서 적극적으로 내조하는 모습, 커뮤니티 활동을 통해 초보 이주자의 통역을 돕는 자원봉사 등의 주체적인 삶을 사는 모습과 같은 맥락을 보여주고 있다.

둘째, 결혼이주여성들은 이주해온 타자로서 한국 어머니들과는 다른 모습의 어머니 되기를 경험하고 있었다. 예를 들어, 자신의 모국어와 한국 사회에서 살아가기 위한 한국어를 함께해야 하는 이중언어교육에 대한 갈등 상황을 헤쳐나가고 있었다. 남편과 시댁식구들의 만류에도 불구하고 아이들의 미래교육을 위한 투자와 모국어를 지키기 위한 수단으로 자녀들에게 모국어를 사용하고 이에 대한 당당함을 가르치고 있었다. 한편, 엄마이면서도 엄마 역할로 학교에 가는 것을 참아야 하고, 자녀와 함께 있어도 버스를 타거나 대중이 있는 곳에서는 외국인인 것을 숨기기 위해 모국어를 사용하지 못하는 그림자 같은 신세가 되곤 했다. 이는 타자이기 때문에 겪어야 하는 이중고, 혹은 이중생활을 해야 하는 것이다. 갈라노바딜노자 외(2016)에 의하면, 세계는 다인종 · 다문화 사회로 변화되어가고 있기 때문에 많은 사람들에게 이중언어교육의 필요성이 인식되어가고 있으며, 이중언어교육에 있어 어머니의 모어를 배우는 것은 매우 중요하다. 나카지마(1998)도 모국어는 5세가 되면 사라져버리고 모국어가 사라져버리면 제2 언어를 습득하는 시간이 오래 걸린다고 했다. 따라서 어머니의 모국어를 빨리 배우는 것은 자녀의 언어능력을 향상시킬 뿐만 아니라 어머니와의 관계와 자기정체성을 이해하는 데 많은 효과를 거둘 수 있다.

셋째, 결혼이주여성들은 자녀교육에 있어서는 일반화된 모성으로서 어머니의 모습을 띠고 있었다. 한국 엄마들의 전투적인 교육열을 따라가기에는 역부족이지만, 이주여성들도 자녀교육을 위해서라면 한국 어머니와 같은 마음으로 가르치고 싶은 열망이 높았다. 그러나 경제적인 한계에 부딪혀 절망하고, 한국어 사용에 능숙하지 않아 자녀에게 미안해하고 있었다. 최향숙 · 한세영(2011)의 연구에 따르면, 한국 사회의 젊은 어머니들의 높은 교육열은 어린 나이의 자녀에게서부터 시작되며, 사회적으로 인정받는 최고의 자녀로 성장시키고자 하는 완벽주의로 인해 양육에 대한 죄책감을 갖는다. 이주여성들도 한국 엄마들과 다르지 않다. 하지만 이러한 어머니의 역할 수행 중에 느끼는 부정적 정서와 죄책감의 원인은 '완벽한 인간상'을 선호하는 모성 이데올로기 때문이다(Chodorow & Contratto, 1989). 모성 이데올로기의 영향으로 인해 갖게 되는 완벽주의 성향은 어머니들에게 어려움이나 죄책감을 과중시킨다는 것을 알 수 있는데, 그 이유는 이상적인 양육에 도달하기 어려운 기대 때문이라고 할 수 있다(신송이, 2017). 이와 같은 현상으로 볼 때, 이주여성들도 완벽한 어머니이기를 지향하지만, 언어적 · 경제적 장벽으로 인해 도달할 수 없는 현실과의 괴리감으로 자녀들에게 미안해하는 것으로 판단된다.

이 연구에 참여한 결혼이주여성들은 '사회적 약자로서의 타자'와 한 아이의 어머니로서의 책임 있는 '강인한 모성'이라는 두 가지 정체성을 모두 가지고 있음을 알 수 있다. 먼저, 이주여성의 정체성에 관한 연구에서 이주여성을 '소수자', '타자', '사회적 약자'의 관점에서 접근한 견지에서 보면, 이주민에 관한 정책은 부당한 차별을 방지하고 인권을 보호한다는 취지에서 출발해야 한다는 입장이다. 그러나 변경원(2016)은 이주여성의 정체성 형성을 동화주의적 방향으로 설정하든, 소수자의 관점에서 인권적 지향점으로 접근하든 모두 이주여성 스스로 자신의 정체성 설정 방향이 '주체'로 보는 관점과는 거리를 두고 있다고 보았다. 즉, 두 관점 모두 이주여성 스스로의 목소리를 듣는 방식이라기보다는 이주여성을 침묵하는 '타자'라는 젠더 지형에 제한하는 방식이 된다는 것이다. 반면, 김현미(2006)는 새롭고 낯선 이국땅으로의 이주를 결정한 이주여성들은 스스로 이주를 결심하는 능동적 행위 주체의 면모를 갖추고 있다고 보았다. 특히 결혼이주여성을 "이주를 감행하고, 정착하고, 새로운 미래를 기획하는 전 과정에서 중층적이고 다중적 지위를 열망하는 적극적 행위자"(김현미, 2006: 34)라고 규정했다.

결혼이주여성들은 오랜 기간 동안 자라온 본국에서 낯선 이국땅으로의 이주를 스스로 결정한 능동적이고 적극적 행위자들이다. 그럼에도 불구하고 자녀를 출산하고 양육하는 과정에서 자녀를 위해 그리고 자녀에 의해 낯선 타자로 전락하게 되었다. 물론 연구참여자들은 모두 자신들이 정체성을 형성했던 모국을 떠나 이주해온 유목적 주체다. 따라서 정주국에서 이방의 여인으로 타자의 위치에 있는 결혼이주여성들은 새로운 정체성을 형성할 필요가 있다. 이주여성들은 본국에서 익히고 배운 정체성과 이국에서의 경험을 통해 새롭게 요청되는 정체성 사이에 혼란스럽겠지만, 이들에게 요청되는 것은 주체적 정체성이다.

주체적 정체성은 고정적이고 보편적인 정체성에서 벗어나 시간의 흐름에 따라 변화하고 새로운 공간에서 형성되는 반성적 정체성이다. 즉, '나는 누구인가?'라는 근원적 물음에 대한 답을 구하는 방식으로 낯선 타인에게만 요구되는 것이 아니라 인간이라는 보편적인 대상을 의미한다(변경원, 2016).

강인한 모성으로서의 정체성은 하나의 사회적 구성물로서 여성의 생물학적 특징을 포함한 임신 · 출산 · 육아를 통해 만들어지는 사회문화적 행위라고 볼 수 있고(윤택림, 2001), 아이들을 돌보고 양육하는 사회적 행위이기도 하다(Arendell, 2000).

동서양을 막론하고 가부장제가 위력을 발휘하는 사회에서 '모성'은 여성에게 생물학적으로 주어진 본능으로, 여성의 가치는 결혼해서 행복한 가정을 이루어 헌신적으로 자녀를 돌보고 남편을 내조하는 데 있다는 것이 지배론적 담론이었다(김미라, 2018). 현실에서 많은 여성들의 어머니 경험은 강력한 모성 이데올로기의 영향하에 놓여 있다. 모성 이데올로기는 앞서 기술한 바와 같이 아이 양육의 가장 우선적인 책임은 어머니에게 있다는 사회적 규범이자 마음의 습관이다. 수많은 사회에서 모성 이데올로기는 여성에게 매우 억압적*이라 볼 수 있다. 왜냐하면, 모성 이데올로기는 모성을 자녀의 안녕을 위해 건강, 쾌락, 야망 같은 어머니의 희생을 필요 이상으로 과도하게 요구하는 소모적인 정체성으로 정의하기 때문이다.

이러한 모성을 사회적 구성물로 본다면 이러한 사회에 소속된 여성은 사회문화적 제도의 기대에 결코 자유로울 수 없다. "좋은 어머니에 대

* 오레일리(O'reilly, 2004: 4-9)는 가부장적 모성 이데올로기의 두 가지 특징을 '자연-집약적 어머니 역할(natural-intensive mothering)'과 '무기력한 책임(powerless responsibility)'으로 기술한 바 있다. 모성 이데올로기는 모성이 여성에게 자연적이며 양육은 생물학적 어머니만의 책임이라고 규정함으로써, 그리고 어머니에게 책임을 독점시키면서도 그 역할 수행의 조건을 결정할 권력은 주지 않음으로써 여성을 억압한다. '자연-집약적' 모성은 어머니인 여성 자신의 자아를 부인하고 억압함으로써, 그리고 '무기력한 책임'은 어머니의 권위와 행위성을 부인함으로써 여성에게 깊이 억압적이다.

한 여성의 신념은 문화적으로 널리 퍼져 있으며, 사회에서 규범으로 공유되는 신념"(Brown, Small & Lumley, 1997)이기 때문에 좋은 어머니가 되고자 하는 바람은 여성들로 하여금 자신의 내면과 행동을 제도화된 규범에 맞추게 한다(이진희 · 배은경, 2013). 한편, 이데올로기는 의미를 부여하기 위해 만들어낸 신념이나 가치를 말한다. 사람들은 스스로 만들어낸 이미지, 사건, 행동을 통해 이데올로기를 형성하기도 하고, 이데올로기의 영향을 받기도 한다. 이러한 이데올로기는 옳고 그름, 가능한 것과 불가능한 것을 구분하는 가치판단의 기준이 되고, 주관적인 현실을 나타내지는 않지만 현실 수행을 촉진시킨다(Johnston & Swanson, 2006). 이러한 측면에서 모성은 역사적 상황 속에서 만들어진 사회적 · 문화적 구성물로서 그 시대 여성들의 역할을 규정하고 통제하는 이데올로기라고 할 수 있다. 따라서 시대의 흐름과 변화 속에서 지금껏 만들어진 모성 이데올로기의 환상을 깨고 각자의 주관적인 삶에서 새로운 모성을 형성해나가는 것이 필요하다.

4장

결혼이주여성의 이혼과 홀로서기

1. 결혼이주여성의 사랑과 전쟁
2. 이주여성의 이혼 생애담 요약
3. 국제결혼과 한국으로의 이주: 꿈과 기대의 결혼
4. 짧은 결혼생활: 기억하고 싶지 않은 시간
5. 이혼과 자립의 과정: 홀로서기 이야기
6. 한부모 이주여성의 도전과 미래

1.
결혼이주여성의 사랑과 전쟁

한때 KBS 2TV 드라마 〈부부클리닉 사랑과 전쟁〉은 우리 사회의 흔들리는 부부 간의 관계를 살펴보고 이혼의 다양한 사유를 보여주었다. 그 중 배우자의 불륜, 가정폭력, 배우자의 과거, 시가 혹은 친정의 과도한 간섭, 경제적 문제, 성적 불만족 등 수많은 사연이 이혼의 동기로 나타났다. 또한 대부분의 시청자는 '저게 과연 이혼사유일까?', '부부 간 그리고 그 부부를 둘러싼 주변 사람들은 왜 상식적이지 못할까?' 하는 의문을 갖게 하는 경우도 있었다. 이렇듯 이혼은 당사자가 아닌 타인에게는 상식적이지 못하게 보이는 경우가 있지만, 그들에게는 생존과 자존심의 문제이기도 하다. 또한 이혼은 그들 삶의 전환점으로 절망이 아닌 희망을 보여주기도 한다.

'전쟁'으로 표현되는 이혼의 서막은 한 여성에게 생애 전환점을 만들기도 하고 절망의 질곡들을 형성하기도 한다. 한편, 여성의 측면에서는 이혼과정에서 자기결정권을 행사하고 자립을 통한 주체적인 삶을 경험하기도 한다. 우리는 이 연구를 통해 국제결혼으로 한국에 이주해온 이주여성들의 국제결혼 동기, 결혼생활 과정에서 나타난 가정해체 원인, 그리고 이혼과 아울러 시작되는 자립과정에서 겪는 경험들을 살펴보고자 한다.

1) 여성의 결혼과 초국적 이주

세계화의 가장 큰 경향 중 하나는 국가와 국가 간의 인적 자원 및 물적 자원의 이동이 빈번해지면서 국경을 넘어서는 초국적 이주가 급증하고 있다는 것이다. 초국적 이주는 국가 내 이동과 국가 간 이동으로 구분할 수 있는 사회적 이동의 한 유형으로, 정치적 · 경제적 · 종교적 이동 등이 이에 속한다. 특히, 결혼을 통한 여성의 초국적 이주는 대부분 경제적 이동으로 가름될 수 있으나, 통일교 같은 특정 종교의 경우에 일어나는 종교적 이동도 결혼에 의해 유발되기도 한다. 본 연구에서는 경제적 약소국의 여성들이 국제결혼을 통해 자신의 국가를 떠나 배우자 국가로의 초국적 이동을 다룬다.

여성의 초국적 이동을 통한 국제결혼은 같은 사회집단의 남성과 결혼한 경우에 비해 가정해체가 빈번한 것으로 보고되고 있다. 현실적으로 한국 사회의 경우 다문화가정의 이혼율이 한국인 가정에 비해 4.5배 높은 것으로 나타나고 있다. 주요 원인으로 이상과 다른 결혼생활, 의사소통, 그리고 출신국과 다른 문화적 차이 등이 거론된다. 이에 본 연구에서는 결혼이주여성이 주체적으로 선택한 국제결혼이 해체될 수밖에 없었던 상황은 무엇이고, 어떠한 맥락에서 이러한 의사결정이 이루어졌는지 심층적으로 알아보고자 한다. 또한, 한국 남자와 국제결혼을 한 이주여성이 수동적인 존재에서 능동적인 주체로서 자신을 발견하고 실천해가는 삶의 변화를 탐색하고자 한다. 이를 위해 가정해체를 경험한 이주여성의 생애담을 통해 결혼과 이혼이 그들의 삶에 어떤 의미인지, 어떻게 변화해 가는지 그 과정을 기술하고 분석할 것이다.

우선 이혼에 대한 논의는 결혼이 전제되어야 한다. 인간에게 결혼은 중요한 의례행위다. 결혼은 인간 생활방식의 다양성을 연구하는 인류학에서도 네 가지 의식(관 · 혼 · 상 · 제) 중 하나로 대표될 만큼 한 인간과 그를 둘러싼 사회에서 개인적 영역을 넘어 사회적 영역으로까지 중요한 영향을 미치기도 한다. 또한 결혼은 지금까지 살아온 인생에서 배우자를 만나 또 다른 삶을 사는 계기가 되며, 각자에게 부부로서의 책임이 부여되는 등 한 가정을 이루는 중요한 순간이기도 하다. 결혼은 특정한 나라의 관습이나 법률에 따라 부부관계를 맺는 제도다. 따라서 결혼한 부부는 법적으로나 사회적으로 혹은 종교적으로 관계를 인정받으며 배우자와 자녀에 대해 권리와 의무를 가진다. 국가 또는 민족에 따라 결혼에 대한 구체적인 정의는 각기 다를 수 있지만, 공통된 것은 남녀 간 성적 결합을 기반으로 한다는 점이다.

결혼문화는 지구상 모든 나라와 민족에서 나타나는 보편적인 문화현상에 해당한다. 결혼은 가족을 구성하는 전제 단계의 사회제도로, 결혼제도를 통한 배우자의 권리와 의무는 해당 사회의 법률이나 관습 그리고 신념 등을 통해 규정된다. 그뿐만 아니라 결혼은 다양한 사회적 기능을 갖는다. 이를테면 생식, 성적인 충족과 조절, 자녀의 양육과 교육 및 사회화, 경제적 생산과 소비 등이 있다. 그러나 결혼의 기능과 역할은 결혼 당사자들이 소속한 사회와 문화, 시대에 따라 다르다. 따라서 결혼은 한 사회 내에서 어떤 관념을 가지고 임했느냐 하는 문화적 문제들이 존재한다. 문화는 학습에 의해 형성되었다는 문화의 학습화 관점에서 결혼 역시 사회마다 이미지나 기대가 상이할 수 있다.

한 사회 내에서도 종교 혹은 계층에 따라 달리 나타나듯이 상이한 문화권의 남녀가 만나 이른바 국제결혼이라는 것을 할 때도 이 점은 여실히 드러난다. 본 연구는 국제결혼을 행한 다른 나라 출신 여성들의 생애담에 나타난 가정해체와 홀로서기의 경험을 탐색하고자 국제결혼의 동기, 결혼생활, 이혼과정 및 자립의 삶을 살펴볼 것이다. 어떻게 보면 이주여성들에게 결혼은 그들의 생애사에서 큰 도전이다. 그러나 이혼은 더 큰 도전이며, 개인사에 있어서 엄청난 사건임에 틀림없다. 일가친척 하나 없는 한국 땅에서 남편이라는 존재로부터의 외면, 이혼이라는 낙인과 더불어 이주여성이라는 삼중고를 안을 수밖에 없다. 개인에게 이혼은 곧 가정해체를 의미하며, 당사자의 자존감을 떨어뜨리고, 경제적 어려움, 심리 · 정서적 상실감에 직면하게 된다. 더욱이 자녀를 맡는 경우 자녀 양육과 생계를 책임져야 하는 이중역할을 경험하게 한다. 또한 이혼은 전반적인 가족체계에도 장기간 혼란스러운 영향을 미치고, 가족구성원들로 하여금 관계를 재구성하도록 하며, 새로운 역할을 분담하게 된다.

최근에는 결혼이주여성이 구성한 다문화가정의 이혼이 사회적 문제로 부각되고 있다. 2018년 11월 통계청에서 발표한 '2017년 다문화 인구동태 통계'를 살펴보면, 다문화 혼인은 2만 1,917건이며 비중은 8.3%로서 전년 대비 0.6% 증가했다. 이와 대비하여 2017년 다문화 이혼은 1만 307건으로 전년 대비 3% 감소했지만, 이혼 비중은 9.7%선을 보이고 있다. 다문화 이혼의 유형을 구체적으로 살펴보면 외국인 아내 48.2%, 귀화자 37.6%, 외국인 남편 14.2%를 보이고 있다. 다시 말해 다문화 이혼의 경우 한국인 남편과 외국인 아내와의 이혼이 다수를 차지한다. 특히 한국인 가정의 평균 결혼생활 총 지속기간이 15.8년인 데 비해 다문화가정의 평균 결혼생활은 7.8년으로서 거의 2분의 1 정도 짧다는 점이다(통계청, 2018).

이런 통계는 초국적 이주를 행한 결혼이주여성의 가정해체 원인이 무엇인지를 심층적으로 밝혀야 한다는 과제에 다다른다. 최근에 이르러 국제결혼가정의 결혼해체에 관한 연구들이 이주여성 측면이나 그들의 배우자 측면에서 다수 수행되고 있다. 다음 절에서는 이주여성의 가정해체 연구에 대해 이주여성 측면과 남성 측면 연구들의 경향을 살펴보도록 한다.

2) 결혼이주여성의 가정해체에 관한 연구

논문 검색 사이트(Riss4U)에서 '결혼이주여성'이라는 키워드를 중심으로 '가정해체 경험', '가정폭력', '이혼 경험' 키워드를 각각 연결시켜 탐색한 결과는 모두 341건이다. 이 연구들 중 대부분은 이혼 당사자들인 한국인 남성과 결혼이주여성 중 주로 여성에게 초점을 맞춘 연구들이다. 이와 같은 선행연구들에서 결혼이주여성의 이혼에 관한 경험과 의미를 탐색한 연구로 김순남(2014), 문경연(2011), 박미정 · 엄명용(2015), 박신규 · 이성희(2015), 윤동화(2013), 이해경(2015), 최미경(2014) 등이 있다. 이들 연구에서는 이주여성들의 결혼 및 이혼 경험과 이혼 이후의 삶과 적응, 이혼의 의미 등을 분석하고 있다. 또한, 이주여성의 경험을 통해 국제결혼과 이혼의 현상 및 원인을 규명했으며, 지속적인 결혼 유지 혹은 이혼을 방지할 방안을 제시했다.

한편, 결혼이주여성의 가정해체에 관한 선행연구의 유형은 국제결혼 해체의 요인들을 연구한 김이선 외(2010), 박재규(2011), 홍성표 · 하헌주 · 김종수(2012) 등이다. 이들의 연구에서는 국제결혼의 해체 요인을 저소득, 한국어 구사능력, 문화적응 스트레스, 남편의 음주와 폭력 등 부당행위와 경제적 무능, 자녀 유무, 시부모와의 동거, 남편과의 나이 차이 등을 제시하고 있다. 특히 김이선 외(2010), 문경연(2011)은 결혼이주여성의 이혼 경험을 이주여성과 이들을 둘러싼 불리한 주변체계들, 이를테면 국제결혼중개업자, 남편, 시댁 등과의 갈등과정으로 파악했다. 그런데 최근 가정해체 결혼이주여성에 관한 일련의 연구들은 결혼과 이혼을 적극적인 삶의 활로 모색과 적응 전략의 계기로 분석하고 있다. 이와 같은 유형에는 안현주(2006), 정예리(2011), 구차순 · 박순자(2013), 김순남(2014), 박미정 · 엄명용(2015), 박신규 · 이성희(2015), 이해경(2015), 최미경(2014), 황해영 · 김영순 · 이춘양(2018) 등이 있다. 이들 연구의 의의는 이주여성의 다층적 정체성과 복합적인 이혼 동기를 제시했다는 데 있다.

국제결혼에 관한 연구 중 가정해체 결혼이주여성에 관해 문제제기를 한 초기 연구는 안현주(2006), 유영은(2007)에서 찾아볼 수 있다. 이들의 연구에서는 가정해체의 중요한 원인인 '이주여성이 경험한 가정폭력'의 유형이 무엇인지 살펴보았으며, 이주여성이 가정폭력을 어떤 방법으로 저항하는지, 또한 가정폭력 상황을 변화시키기 위해 어떠한 노력을 하며 살아가는지를 기술했다. 또한 가정폭력의 대응방안과 한국 생활 문화적응에 관한 지원방안을 다루고 있다. 안현주(2006), 유영은(2007)의 연구에서 얻어낸 시사점은 다음과 같다. 첫째, 국제결혼을 통해 이주한 여성들은 결혼 행위에서 경제적 갑인 남편의 강력한 가부장적 권위 하에 놓이게 되므로 가정폭력에 더 쉽게 노출될 수 있다고 보았다. 특히 한국인 남편들은 많은 돈을 지급하여 아내를 사왔다고 생각한다. 그 때문에 아내의 정당한 저항도 반항으로 여기며 자신의 말에 따르기를 강요하고, 남편의 말에 저항할 경우 어김없이 "너희 나라로 가라"는 협박과 폭언을 행한다. 둘째, 결혼이주여성들은 결혼 전에 결혼정보회사나 미래의 배우자에게 들었던 것처럼 한국 남성과의 결혼을 통해 경제적 여유를 누릴 수 있을 것이라는 기대를 갖는다. 그러나 이와 달리 경제적으로 무능력한 남편으로 인해 한국의 하층계급으로 편입된다. 이런 이유로 이주여성은 남편과 맞벌이를 하거나 남편가족을 부양해야 하는 가장의 역할을 맡기도 한다. 셋째, 외국인 신부와 국제결혼을 한 남성들은 많은 돈을 지급하고 데려온 아내를 통해 한국 사회에서 낮은 지위의 자기 존재를 인정받기 위해 폭력을 행사하는 것으로 보았다. 그리고 많은 나이 차이와 아내가 한국의 문화를 잘 모르는 특성을 이유로 마치 어른이 어린아이가 잘못한 것을 바로잡아주는 것처럼, 혹은 빠른 적응을 위한 명분으로 폭력을 행사한다. 넷째, 결혼이주여성에게 가해지는 성적인 학대는 결혼중개업체를 통한 매매혼으로 인해 "내가 너를 샀다"라는 말 속에 함축된 "너의 몸 또한 내가 샀다"는 의미로 해석될 수 있다. 그 때문에 이주여성들은 남편의 성적 학대에 저항하지 못하는 편이다. 다섯째, 결혼이주여성의 남편들은 자주 정서적 폭력과 신체적 폭력을 행사하여 이주여성들의 자존심과 신체에 상처를 입히고 모욕감, 혐오감을 주는 행위를 하는 것으로 나타났다. 특히 문화적 차이로 인해 살림을 잘 못한다거나 음식을 제대로 만들지 못했을 경우 흠을 잡아 비난하기도 한다.

또한 정예리(2011)는 가정해체 여성결혼이민자와 그 자녀의 삶에 관한 이야기를 제시했는데, 다음과 같은 점이 기존의 결혼이주여성 연구와 차별적인 부분이다. 첫째, 결혼이주여성들에게는 결혼이주의 의미가 경제적인 동기에만 국한되어 있는 것이 아니라 혼합적이고 복합적이다. 그들은 사회적 이동 수단으로 결혼을 선택해 자기 출신국의 제약을 넘어 초국적 공간에서 욕망을 실현시키고자 한다는 점이다. 둘째, 결혼이주여성들은 자신들이 기대했던 결혼에 대한 바람과 달리 한국에서의 결혼생활이 불행했다. 자신의 결혼이주 동기는 간과되었고, 남편과 시댁 식구들은 그들을 가난으로부터 탈출하기 위해 팔려온 존재로 여겨 순종적인 외국인 신부의 모습만을 기대했다는 것이다. 그러나 결혼이주여성들은 사랑 없는 결혼생활을 견디며 수동적인 위치에만 머물러 있지 않고 이혼 또는 별거 등의 가족해체를 선택했다. 셋째, 가족해체 이후 결혼이주여성들은 각자 자립적인 삶의 전략을 구사해나가는 당당한 모습으로 주체적 존재가 되었다.

위에서 소개한 결혼이주여성의 가정해체에 관한 일련의 연구들은 여성의 입장에서 제시되었기 때문에 한국 남성이 결혼해체에서 어떤 경험과 대응을 했는지 이해하기 어렵다. 외국인 여성과 결혼한 한국 남성에 대한 연구는 상대적으로 적다. 우리 사회에서 결혼이주여성과 결혼한 한국 남성에 대한 인식은 대체로 한국인 여성과의 결혼이 어려운 농촌지역 노총각이나 장애인 등 소득수준이 낮은 주변적인 집단으로 고착되어 있었다. 그렇기에 이들의 다양한 경험을 분석하고자 하는 시도가 적었던 것으로 보인다(손미향 · 최희경, 2018). 그러나 결혼이주여성과 결혼하는 남성들의 특성은 점차 다양해지고 있으며, 이들의 결혼 동기도 복합적이다. 국제결혼의 가장 주된 동기는 '국내에서 마땅한 배우자를 찾지 못해서'였으며, 그 외에 '한국 여성보다 편하게 느껴져서', '순진해서', '나이가 어려서’, ‘호기심이 생겨서’, ‘부모에게 효도할 것 같아서’ 등으로 나타났다(여성가족부, 2016). 이들의 결혼 동기에는 결혼자원의 부족, 한국 여성에 대한 두려움과 실망감, 동남아시아 여성에 대한 고정화된 이미지 등 개인적 선택을 넘어서는 사회적 요인이 복합적으로 작용한다(이영희, 2013).

이주여성과 결혼한 한국 남성에 관한 선행연구는 국제결혼 적응에 관한 연구와 국제결혼 피해에 중점을 둔 연구로 분류할 수 있다. 한국 남성의 국제결혼 적응과 관련된 연구는 장온정 · 박정윤(2009), 이은주(2010), 성현란(2011), 김인선 · 배화옥(2012) 등에서 수행되었다. 이들 연구에서는 남편의 다문화 감수성 및 문화적응 태도, 성역할 태도, 가족 관련 가치관이 공통적인 요인으로 나타났다. 특히 성현란(2011)은 남편의 다문화 감수성과 문화적응은 상대방의 문화를 이해하고 수용하려는 노력 여하에 따라 국제결혼에 긍정적 및 부정적 영향을 준다고 했다. 이근무 · 김진숙(2009)은 국제결혼을 선택한 한국 남성들의 경험을 연구했는데, 국제결혼생활의 유지에 있어 자기 문화의 해체와 재구성을 통한 ‘디아스포라적 위치 이동’이 중요한 의미를 지닌다고 했다. 이영희(2013)는 한국 남성들이 자신의 배우자인 결혼이주여성의 모국에 대한 개별적 관심과 다각도의 갈등 해결을 위한 노력을 중요하게 평가했다.

한국 남성의 국제결혼 피해에 대해 집중한 연구에는 김지영 · 안성훈(2014), 설동훈 외(2015), 윤현석 · 안성훈(2015) 등이 있다. 이들 연구에서는 우선 결혼중개업체에 의해 야기된 국제결혼 피해에 초점을 맞추어 피해의 현황과 원인, 대책 등을 제시했다. 또한, 배우자 입국 지연 · 거부, 국제결혼중개업체의 거짓정보 제공과 부당한 회비 징수 등으로 결혼이 성사되지 못하거나 중단된 피해에 초점을 맞추고 있으며, 결혼중개업 관리와 운영상의 개선을 통한 피해 감소 대책을 제안했다. 채순옥(2013), 심미경(2015)은 결혼이주여성과의 이혼에서 한국 남성들이 입은 피해 실태에 초점을 맞춘 질적 연구를 수행했다. 이들 연구에서는 국제결혼의 해체 과정에서 남성 본인은 물론이고 자녀와 다른 가족들의 정신적 · 물질적 피해가 다방면에서 나타남을 보여준다.

국제결혼의 피해자로서 한국 남성에 대한 선행연구들은 관심 밖에 있던 한국 남성의 피해 현황을 드러내고 대책을 제시했다는 점에서 의의가 있다고 본다. 그러나 이 유형들의 연구는 결혼중개업체와 관련된 피해에 초점을 맞추고 있고, 결과로서의 결혼해체에만 집중하고 있다. 그럼으로써 결혼과정에서 당사자 간 상호작용과 다양한 환경요인들을 고려하지 못했다는 한계를 지닌다. 아울러 선행연구들은 피해남성의 심리적 · 정서적 현상에 주목함으로써 국제결혼에 작동하는 다양한 사회적 · 문화적 요인들을 간과했다. 또한 한국 남성의 피해 상황을 부각시키다 보니 한국 남성과 결혼이주여성을 피해자와 가해자로 이분법적으로 인식하는 경향을 갖게 했으며, 결혼해체의 원인을 주로 여성의 책임으로 돌리고 있음을 알 수 있었다(손미향 · 최희경, 2018).

국제결혼의 가정해체 관련 선행연구를 검토한 결과 개인과 사회적 요인이 상호작용하는 복합적 과정으로 국제결혼의 특성을 파악해야 한다는 시사점을 얻었다. 또한 시간적으로 결혼 이전과 결혼생활, 이혼과정과 이혼 이후를 분절적으로 끊어서 파악하는 연구가 아닌 총체적으로 조망하는 연구가 필요함을 알 수 있다. 이런 맥락에서 본 연구는 가정해체 이주여성의 결혼 전후부터 이혼 전후에 이르기까지 결혼과정의 생애담을 청취하고 이를 심층적으로 분석했다. 이를 통해 결혼이주여성이 이혼을 선택하게 된 이유를 어느 특정한 편에서 보지 않고 상호작용적 측면에서 기술하고자 한다. 다시 말해 국제결혼의 해체를 남성 측에서 보느냐

여성 측에서 보느냐에 따라, 또한 누가 피해자인가에 따라 다양하고 상반된 연구 결과를 도출할 수 있다는 점을 지양할 것이다. 특히, 이 연구는 이주여성의 결혼과 이혼의 생애담을 통해 국제결혼 동기, 결혼생활에서 나타난 가정해체의 원인, 이혼 후 자립이 어떻게 이루어지고 있는지에 대한 당사자들의 경험에 주목할 것이다.

3) 결혼이주여성의 생애담 내러티브

가정해체 경험이 있는 이주여성에 대한 연구를 수행하기 위해 결혼과 이혼 과정의 생애담을 바탕으로 내러티브 탐구 기법을 활용할 것이다. 염지숙(2002)은 듀이(Dewey)의 경험론에 근거하여 내러티브 탐구를 설명하고 있다. 즉, 내러티브 탐구는 사회적 맥락 속에 존재하는 개인의 경험을 통해 개인에 대한 이해와 더불어 그가 속한 해당 사회에 대한 이해를 목적으로 한다. 이어 개인은 삶을 내러티브로 살아가며, 내러티브로 우리의 삶을 이해하기 때문에 경험에 대한 내러티브는 인간의 경험을 이해하는 중요한 단서가 된다고 강조한다. 또한 내러티브 탐구는 질적 연구방법의 하나로, 특정한 맥락 안에서 사람들에 의해 경험된 현상을 기술하고 설명함으로써 더 큰 이해와 의미를 얻는 데 그 목적이 있다(신경림 외, 2004).

클랜디닌과 코넬리(Clandinin & Connelly, 2000)는 존 듀이의 계속성과 상호작용성의 속성을 가진 경험 개념을 바탕으로 경험에 대한 내러티브를 시간성, 사회성, 장소와 관련된 요인을 포착했다. 그리고 이것을 '3차원적 탐구 지점'이라고 강조했다. 내러티브 탐구는 개인이 자신의 경험을 시간의 흐름과 상황을 고려하여 발화하는 '이야기화된 경험(storied experience)'을 탐구하는 것이다(홍영숙, 2015: 2017). 따라서 이러한 패러다임 안에서 행해지는 내러티브 탐구는 기술적이며 설명적이다. 이주여성들이 무엇을 말하는가, 즉 말하는 내용뿐 아니라 어떻게 말하는가. 여성들의 말하기 행위 자체에 대한 관심은 여성을 자신의 삶을 해석하고 의미화하는 주체의 위치로 자리매김할 수 있다(김성례, 2002).

따라서 내러티브 탐구는 특정 경험을 보유한 개인의 이면에 잠재해 있는 그의 삶과 철학을 이해할 수 있으며, 개인이 시대적 · 사회적 존재로서 어떤 정체성을 협상해나가고 있는지를 탐색하는 것이 가능하다. 이러한 내러티브 탐구의 특성은 결혼이주여성의 결혼과정과 결혼생활 그리고 가정의 위기에서 이혼으로 이어지는 일련의 경험을 연구하는 데 적합하다고 본다(김영순 외, 2017). 이런 이유로 이 연구는 가정해체를 경험한 결혼이주여성의 생애담으로부터 도출된 내러티브를 통해 그들과 가족관계, 나아가 그들의 경험을 통해 이주여성들에게 가해진 문화적 억압과 사회적 편견을 자연스럽게 파악할 수 있다. 그뿐만 아니라 내러티브 탐구에서는 이야기를 통해 개인의 의미 있는 경험을 사회문화적으로 공유할 수 있고, 그러한 경험을 분석함으로써 다양한 요인들을 찾을 수 있으며, 경험에 대한 인식의 변화과정도 살펴볼 수 있다. 즉 시간적으로 결혼 동기와 결혼생활, 이혼과정, 이혼 이후를 총체적으로 조망할 수 있는 연구방법이다.

연구참여자들은 연구자가 소속된 다문화융합연구소와 네트워크를 맺고 있는 다문화가족지원센터를 통해 소개받은 이혼 경험이 있는 이주여성이다. 먼저, 연구에 대한 개요를 소개하고 자발적인 참여 의사를 확인했다. 연구참여자 선정 기준은 국제결혼 후 이혼을 경험한 결혼이주여성으로 결혼생활을 2년 이상 유지했으며, 이혼 후 현재 자녀를 양육하고 있는 한부모 이주여성이다. 즉, 연구참여자들은 모두 한국 남성들과 국제결혼을 했으며, 이혼의 과정을 거친 가정해체 경험을 공유하고 있다. 연구참여자의 특성은 〈표 4-1〉과 같다.

연구참여자들 대부분은 자녀와 함께 이주여성 자립시설에서 생활한 경험이 있다. 자립시설 거주기간은 모두 2년 이상이다. 이주여성의 출신국가는 베트남 4명, 중국 2명, 캄보디아 1명이며, 연령은 20대가 4명이고 30대가 3명이다. 학력은 고등학교 중퇴 3명, 고등학교 졸업 3명, 중학교 졸업 1명이다. 혼인 형태는 2명 모두 초혼인 경우 3명, 초혼(여성)과 재혼(남성)이 3명, 모두 재혼이 1명이다. 결혼 유지 기간은 1년 6개월에서 2년이 5명, 3~5년이 2명이다. 이혼 이후 전 배우자와의 관계는 4명의 참여자는 연락을 유지하고 있으며, 나머지 3명은 단절된 상태다.

이 연구는 질적 연구 영역에 있는 생애담을 기반으로 한 내러티브 사례 연구방법을 활용했다. 생애담 연구는 생애사적 연구의 일종으로 생애

〈표 4-1〉 연구참여자의 특성

구분	출신 국가	나이	결혼 연도	이혼 연도	자녀	전남편과의 관계
연구참여자 1	캄보디아	28	2010	2015	남 7세	단절
연구참여자 2	베트남	25	2009	2015	남 6세, 남 3세	유지
연구참여자 3	베트남	28	2011	2016	남 5세, 여 3세	유지
연구참여자 4	중국	33	2010	2013	남 8세	단절
연구참여자 5	베트남	37	2012	2015	여 4세	유지
연구참여자 6	베트남	27	2012	2016	여 4세	단절
연구참여자 7	중국	33	2015	2017	여 4세	유지

사 연구가 한 개인의 일생을 시간적 흐름을 통해 연대기적 기술에 중점을 두는 반면, 생애담 연구는 생애사 내에서 특정 사건을 중점적으로 부각하여 진행하는 연구를 말한다. 이를테면 연애, 결혼, 이혼, 자녀 출산 및 자녀 양육 등 생애 전환점이 될 수 있는 사건 중심으로 그 전후 과정을 연구하는 것을 일컫는다. 만약 연애를 중심으로 이야기를 구성했다면 연애담이고, 결혼은 결혼담, 이혼은 이혼담, 자녀 출산 및 양육을 중심으로 했다면 자녀 출산 및 양육기 혹은 자녀 출산담이나 자녀 양육담이 될 것이다. 대부분의 생애담 연구는 개별 연구참여자를 사건의 시간상 순서로 기술한다. 그런데 이 연구에서 활용한 생애사적 내러티브 사례연구는 연구참여자별 생애담 기술이 아닌 생애담 주제별 연구참여자의 해당 사례를 재구성하고 서술한다. 따라서 내러티브 사례연구의 기초가 되는 내러티브 탐구를 간략하게 살펴볼 필요가 있다.

내러티브 탐구는 새로운 이론 정립이나 실증적 결론을 도출하기 위한 연구가 아니라 연구주제와 관련된 이해와 의미를 도출하는 데 목적이 있다. 내러티브를 통해 자아를 발견하는 것에 초점을 두기 때문에 단순히 이야기하는 행위로 그치지 않으며, 연구참여자의 삶 속에 존재하는 사건과 관계에 대한 해석과 의미 형성에 초점을 둔다(이흔정, 2004). 연구참여자와 연구자 간의 끊임없는 이야기와 상호작용이 자료 수집과 해석, 의미 창출의 기반이 되기 때문에 개인이 가진 경험이 연구의 출발점이 된다(Clandinin & Connelly, 2000). 내러티브 탐구에서는 인간의 경험이 내러티브를 통해 '표현 – 이해 – 해석 – 재구성 – 의미 부여'의 과정을 거치기 때문에 경험을 이해하는 반성적 탐구 행위로서 가치를 지닌다(김필성, 2015).

또한, 내러티브 탐구는 이야기를 통해 인간의 경험을 표현함으로써 현상에 관한 이해 증진과 새로운 의미 창조에도 목적이 있다(염지숙, 2003; 홍영숙, 2015). 개인과 사회는 독립적으로 존재하는 것이 아니라 공존과 순환의 관계이며, 내러티브는 개별 인간의 경험 자체만이 아니라 그 경험이 구성되는 사회문화적 배경도 관심을 가진다(홍영숙, 2013). 인간 경험에 대한 이해는 개인적인 삶의 재구성과 연계되어 또 다른 의미를 갖게 되며, 사회적 차원의 의미 도출로까지 확대된다. 따라서 내러티브 속에 존재하는 다양한 인간의 모습과 인간이 존재하는 공간의 사회문화적 현상에 대한 탐구가 가능하다(강현석 외, 2015; Webster & Mertova, 2007).

자료 수집을 위해 해당 센터장에게 연구목적을 설명하고 참여자 섭외에 관한 동의와 허락을 받았다. 연구참여자가 섭외된 후 이메일로 연구 설명문과 동의서를 안내했으며, 이들의 동의를 받아 연구가 수행되었다. 자료수집 기간은 2017년 8월부터 2018년 1월까지다.

특히 이 연구에서는 연구참여자들이 자신의 국제결혼과 이어지는 이혼의 경험을 스스로 탐색하고 의미 있는 내용을 이야기할 수 있도록 생애담 방식으로 진행했다. 시간적 흐름에 따라 국제결혼의 동기와 배경, 결혼생활, 가정폭력 촉발과 대응, 이혼 후 자립과정에 대해 주된 면접이 이루어졌다. 연구참여자인 이주여성들은 어느 정도 한국어 의사소통이 가능했다. 하지만 심층적인 내용을 이해하거나 표현하는 데 어려워했다. 그래서 참여자들이 전달하고자 하는 언어의 맥락과 본질을 정확히 이해하기 위해 노력했다. 연구참여자가 표현하기 어려워하는 언어에 대해서는 쉬운 단어로 알려주고 그 의미를 확인했다. 면접이 진행되는 동안 이러한 참여자 검증과정을 통해 메시지 전달의 모호함을 해결할 수 있었다. 면접 후에는 비언어적인 사항과 면접과정 중 관찰된 내용과 느낀 점을 현장노트에 기록했다.

생애담을 듣기 위한 심층면담 소요 시간은 1인당 2시간 정도였으며,

면접 장소는 연구현장이자 연구참여자들이 생활하고 있는 관련 시설인 S시 ○○이주여성 디딤터에서 이루어졌다. 면접한 내용은 스마트폰과 보이스 레코더로 녹음했다. 전사한 후 면접 내용을 보면서 이해가 안 되는 부분은 전화로 문의하는 방법을 취했다. 이런 과정을 거쳐 얻어낸 면접 자료들은 전사록 형태로 보관했으며, 그 분량은 A4용지로 140여 쪽에 달한다.

질적 연구에서 자료 분석은 면접이 처음 이루어진 시점부터 동시에 진행된다. 본 연구에서 자료 분석은 브라운과 클라크(Braun & Clarke, 2006)가 제시한 중심주제 분석법을 활용했다. 중심주제 분석법은 귀납적 논리에 따라 반복되는 패턴을 찾고, 주제를 범주화하여 주제들 간의 관련성을 찾아 해석하는 방법이다. 우선, 면접 자료에서 정규적으로 반복되어 나타나는 의미 단위들을 범주화했다. 범주 내에서는 유사한 의미를 지닌 정보들이 조합되어야 하며, 범주 간에는 독립적이고 서로 배타적이어야 한다. 범주의 정확성을 확보하기 위해 자료를 해체하고 분석하는 과정을 반복했다. 이 과정을 통해 범주의 재구조화를 이루었다.

이 연구에서는 신뢰성과 타당성을 확보하기 위해 자료의 삼각검증을 실시했다. 연구를 하나 이상의 체제에서 분석하는 것은 해석을 확장시키고, 새로운 문제를 제시하며, 단일한 분석적 틀과 해석의 불완전함을 해소한다(Glesne, 2017). 면담 자료에서 이슈가 되거나 의미가 불분명한 부분은 연구자들 간의 토론 및 선행연구를 탐색했다.

수집한 자료들은 일단 '이주여성의 사랑과 전쟁 이야기'라는 주제로 연구참여자별 생애담 개요를 결혼 동기, 결혼생활, 이혼과정, 자립과정 등을 축으로 하여 1~2쪽 내외로 생애담 요약을 제시했다. 이는 독자들이 이주여성의 결혼에서 이혼으로 이어지는 스토리를 총체적으로 이해하는 데 개요 역할을 해줄 것이다. 또한 생애담 내러티브 사례를 제시하기 위해 생애담 주기라 할 수 있는 생애담 영역별로 대주제와 소주제를 〈표 4-2〉와 같이 설정했다.

〈표 4-2〉에서와 같이 생애담 내러티브 사례를 기술하고 재구성하기 위해 크게 결혼 전후와 이혼 전후 생애과정을 세 가지 영역, 즉 결혼이주의 과정, 짧은 결혼생활, 이혼과 자립의 과정으로 구분하여 제시했다. 결혼이주의 과정은 '꿈과 기대의 결혼이주'라는 주제를 달고 '기대에 찬 자

〈표 4-2〉 생애담 기술을 위한 주제 분류

영역	대주제		소주제
국제결혼과 한국으로의 이주	꿈과 기대의 결혼	기대에 넘친 자랑스러운 국제결혼	• 한국 남성들에 대한 긍정적인 호감 • 자국과 자국 남자들에 대한 부정적인 생각 • 경제적 풍요로움 추구와 친정에 대한 경제 원조
		미성숙한 결혼 과정	• 매매혼과 중매혼의 추억 없는 결혼 • 결혼과 결혼 상대에 대한 사전 지식 미흡
짧은 결혼생활	기억하고 싶지 않은 시간	불편하고 힘들었던 부부관계	• 언어소통의 어려움과 문화 간 차이 • 남편의 가정폭력과 과도한 간섭 • 가장으로서의 책임감 결여
		내 편이 없는 시댁 식구	• 배려나 존중이 결여된 시댁 가족 • 부부관계에 대한 시가의 과도한 개입 혹은 방관
이혼과 자립의 과정	이혼	전쟁의 시작	• 남편의 폭력으로 시작된 가정해체 • 이혼의 원인으로 작동된 경제적 어려움 • 처가에 대한 무시 • 언어소통 장애와 상호문화 이해 미흡
	자립	홀로서기 연습	• 남편과의 단절, 홀로서기의 시작 • 쉼터로의 도피와 디딤터에서의 행복 찾기 • 경제적 자립과 자녀 양육에 대한 걱정

랑스러운 국제결혼', '준비 없는 결혼의 과정'으로 구분하여 기술했다. 결혼 이후 한국에서의 실질적인 결혼생활에 대해서는 '짧은 결혼생활'이라는 주제를 붙이고, '불편하고 힘들었던 부부관계', '내 편이 없는 시댁 식구'라는 주제로 전남편과의 관계 그리고 시댁 식구와의 관계를 구분지어 제시했다.

가정해체 이주여성의 생애기간에서 가장 두드러지고 주목할 만한 영역은 바로 '이혼과 자립의 과정'이다. 이 영역은 사실상 이혼과 자립을 구분하여 기술할 수도 있다. 결혼생활 중 사회적 상호작용으로 작동되는 갈등은 생겼다가도 해소되지만, 가정폭력 경험 이후 쉼터에서 생활하는 동안 이혼을 결심하게 된다. 이런 점에서 이혼과 자립은 구분될 수 있는 것이 아니라 오히려 같은 영역에 배치해야 어떤 것 때문에 이혼이 궁극적이었을까를 판단할 수 있기 때문이다.

2.
이주여성의 이혼 생애담 요약

1) 연구참여자 1

연구참여자는 캄보디아에서 고등학교 2학년 재학 시절에 사촌언니의 소개와 엄마의 요구로 고등학교를 중퇴하고 한국 남자와 결혼했다. 한국 사람과 결혼하면 친정에 돈도 드리고 집도 사드리고 아버지와 어머니를 한국으로 모시고 와서 살게 될 줄 알았다. 결혼 후 아이를 낳기 전에 그녀의 전남편은 먹고 싶은 거 다 해주고 집에 함께 있으면 잘해주었다. 결혼하고 딱 3개월 행복했다. 하지만 그녀가 임신한 후로 전남편은 집에 잘 안 들어오고 집에 들어오면 욕을 하며 폭행을 했다.

시어머니는 출산 전에는 일을 잘한다고 격려해주다가 아이를 임신하면서 일하기가 어려운 그녀에게 임신 전과 같은 양의 일을 하라며 잔소리하면서 안 좋아했다. 그뿐만 아니라 전남편은 아이 앞에서 수시로 그녀에게 욕을 하며 폭행을 일삼았고, 자기 말을 안 들으면 본국으로 돌려보낸다며 협박했다. 시아버지는 잘해주는 편이었다. 일주일에 한 번 시아버지가 다문화센터에 데려다주기도 했다. 그런데 어느 날 센터에 가서 공부하고 왔다고 전남편이 화를 내어 싸우고 서로 말을 안 했다.

시댁이 정육점을 운영하기 때문에 그녀는 자주 정육점 청소를 하곤 했고, 시어머니를 도와 밭일을 하라고도 했다. 일하는 것이 힘들었지만 아무 말 하지 않고 도와주었는데, 전남편은 자기를 가정부로 데리고 온 거라고 막말을 했다. 그 말들을 휴대전화에 녹음하고 있었는데, 전남편이 휴대전화를 뺏으려고 그녀를 폭행했고 그로 인해 다치기도 했다. 이 사실을 시어머니에게 말하니 네가 잘못했다며 화를 냈다.

이 일을 베트남에서 시집온 사촌언니에게 이야기했고, 그녀는 다시 다문화센터에서 일하는 센터 교사에게 말했다. 그래서 교사가 집으로 피해자인 그녀를 데리러 왔다. 교사를 따라 쉼터로 갈 때 전남편에게 계속 연락했는데 연락이 되지 않았다. 다음날 아이를 보러 어린이집에 갔는데, 시어머니가 아이한테 엄마가 없는 것으로 생각하라고 했다. 시어머니는 처음에 그녀에게 아이를 못 준다 하더니 그녀가 아이를 놔두고 캄보디아로 갈 수도 있다고 하자 쉼터에 자신과 아이의 옷을 다 가져다놓았다. 쉼터에 온 지 한 달 만에 전남편이 협의이혼을 요구했다. 그렇지만 이럴 경우 본국으로 가야 할 수 있기에 협의이혼을 안 해주고 있었다. 그러자 전남편은 그녀가 다른 남자랑 아이를 데리고 가출했다며 소송하고 혼자 이혼해버렸다. 나중에 그녀가 알고 센터의 도움을 받아 전남편의 폭력 증거를 법원에 제출하고 소송하여 승소했고 위자료를 받아 이혼하게 되었다.

현재 거주하는 S시 디딤터에서는 아이가 교육을 받을 수 있도록 도와주었으며 그녀가 외국인 상담센터에서 통 · 번역 일을 할 수 있도록 해주었다. 이제 직장도 구했으니 삶의 기반을 마련하여 독립을 준비하고 있다. 그녀의 삶은 이전보다 많이 밝아지고 좋아졌다. 이혼했지만 두렵지 않다.

2) 연구참여자 2

연구참여자는 1993년 베트남에서 태어나 2009년인 18세에 전남편을 만나 3일 만에 결혼했다. 베트남 출신 다문화센터 통역사가 돈을 받고 그녀에게 한국 남자를 소개해주었다. 그 통역사가 그녀에게 베트남 여성들이 한국에서 잘 살고 있다고 하여 너무너무 한국에 가고 싶었다. 베트남에서 돈이 없어 서류 준비를 못 해서 7개월이나 걸렸다. 그녀는 결혼 전에 회사를 다녔고, 월급을 모두 부모에게 주는 효녀였다. 한국에 올 때 신랑이 돈을 안 보내줘서 자신의 오토바이를 팔았다.

2012년 입국 후 바로 임신이 되었는데, 전남편은 자신의 아기가 아니라고 생각했다. 다문화센터의 도움을 받아 전남편의 아기인 것이 확인되었으나 생활 문제가 많이 생겼다. 베트남 친정에서는 결혼식 비용을 대출받았는데 갚지 못하여 남동생이 학교를 중퇴하게 되었다. 그래서 그녀는 전남편에게 아기가 있으니 베트남 부모를 한국에 오게 해 달라고 부탁했지만 성사되지 않았다. 전남편과 싸움이 잦아지면서 전남편을 죽이고 싶은 마음이 들었다. 전남편은 결혼할 때 16세인 그녀의 남동생을 오해하는 일이 있었다. 그러나 한국어를 몰라서 설명할 수 없었다. 전남편은 계속 술을 먹으면서 '싸가지 없다'고 말했다.

전남편은 연구참여자가 외국 사람이라서 자신이 힘들다고 했다. 전

시어머니는 그녀가 외출하는 것도 싫어했다. 그리고 전남편도 의심하고 있어서 더 나가기 힘들었다. 다문화가족지원센터에 약 3개월 다녔다. 방문지도사가 집으로 왔을 때도 싸웠다. 지도사가 항상 연구참여자의 편을 들어주고 이거저거 하지 말라고 하여 전남편이 싫어했다. 연구참여자는 화를 잘 내는 편인데, 전남편이 술을 먹고 오면 추워도 밖으로 나갔다. 그냥 아기를 안고 나가 전남편이 잠이 들면 다시 들어왔다. 전남편은 새벽 2~3시경 음주를 하고 귀가하면 그녀에게 폭언을 하고 술주정을 부렸다. 시어머니에게 그 사실을 이야기해도 그렇게 하지 말라고 말도 하지 않았다. 결혼생활을 하면서 생활비를 거의 주지 않았다. 3~4개월에 한 30만원 정도다. 전 시어머니가 전부 해주었기 때문에 사실 돈이 필요 없었다. 그리고 시누이가 멀리 사는데 일주일에 세 번 정도 와서 연구참여자와 마트에도 가고 같이 놀아주었다. 시누이가 잘해주었는데 지금은 안 만난다. 경제적인 부분은 전남편이 돈을 어디에 썼는지, 지출이 잔액과 맞아야 한다는 둥 자꾸 의심해서 돈이 있어도 힘들기 때문에 돈이 없는 편이 더 좋다고 한다.

둘째아이 5개월 때 G시 쉼터로 가게 되었다. 전남편이 맥주 캔을 던졌는데, 거기에 맞아서 얼굴에서 피가 났고, 경찰에 신고하여 쉼터로 보내져서 이혼하게 되었다. 전남편이 집에 돌아오면 잘해주겠다고 했는데 말뿐이어서 돌아가지 않았다. 지금은 얘기도 하고 친구처럼 지낸다. 아마도 아이에 대한 책임감 때문인 것 같다. 하지만 둘째아이 양육비를 주지 않는다.

연구참여자는 큰아이가 자신을 나쁜 사람이라고 생각하는 것 같다고 했다. 이혼 과정에서 큰아이가 따라오지 않아서 헤어지게 되었다. 그녀는 디딤터에서 미용자격증 시험을 보았고, 한국어 4급을 취득했다. 동기부여를 받아서 자신감을 회복하고 있다. 생활이 안정되면 큰아이도 키울 생각인데, 전남편이 큰아이에게 너무 의지하고 있어서 당장은 안 된다. 전남편이 재혼하면 데려올 생각이다. 아직 큰아이는 전남편이 키워도 된다. 이혼 전으로 돌아간다고 해도 다시 이혼할 것이다. 계속 살아도 변하지 않을 것이다. 재결합은 전남편이 같이 살자고 하지 않아서 아직 모르겠다. 내년에 퇴소해야 하는데, 자립금 500만 원을 준다고 했다. 그녀는 종종 전남편과 연락하고 있다. 큰아이도 궁금하고 마음에 안 드는 것도 얘기하면서 풀어나가고 있다. 지금의 문제에 대해 얘기를 할 뿐이지 오해를 풀어서 같이 산다는 건 생각하지 않는다. 연구참여자는 결혼생활은 둘이 잘 맞아야 하는데 안 맞으니 전남편도 괴로웠을 것이라고 생각한다. 그녀는 자신이 낳은 아이들에게 정말 감사하고 잘 키워야 한다고 생각하며 앞으로 한국에서 살 계획이다.

3) 연구참여자 3

연구참여자의 베트남 친구들도 한국 남자랑 많이 결혼했다. 한국 남자들은 잘살고 베트남 친정에도 잘해주고 초청도 해준다. 그래서 한국 남자와 결혼할 생각을 했다. 베트남 남자들은 깡패처럼 싸우고 좋은 남자가 없었다고 한다. 한국 남자랑 결혼하면 행복할 것이라 생각했다. 전남편을 보고 잘생겨서 마음에 들었다.

전남편은 36세에 재혼이며 아이가 1명 있었다. 아내와 나이 차이가 10세 정도 나며 식당을 운영했다. 평일은 가사일과 식당을 도우러 가고,

주말에는 사람이 많아 시어머니나 시누이가 도우러 가면 본인은 시누이 아이와 첫아이, 전남편과의 사이에서 태어난 두 아이를 포함하여 5명을 돌봐야 했다. 전남편의 폭력으로 멍이 들거나 사진을 찍지 못하게 뺏고, 이혼하자고 하면 되레 "너 베트남 가"라고 말하기도 했다. 집을 나가고 싶었지만, 다문화센터 교사가 신고를 하고 나가야 한다고 알려주어서 신고했다.

2011년 결혼했는데 결혼 초부터 폭력이 있었다. 이유는 자기 가게 때문이라고 했다. 가게, 식당, 말도 안 통하고 재혼 전 아이 등의 이유로 폭력을 휘둘렀다고 한다.

말이 통하지 않아 한국 생활에 적응하기가 어려웠는데, 잘 모르는 것을 알려주지 않고 게으르고 너저분하다고만 하며 그렇게 대우를 받았다고 한다. 결혼생활 초에는 이혼하고 싶다는 이야기도 많이 했다. 우는 날도 많았고 이곳에는 전남편밖에 없어 기댈 사람이 없었다고 한다.

아이를 임신해야 괜찮아진다고 시어머니가 말했다. 그때쯤 시아버지가 돌아가시고 집에 시어머니와 아이랑 같이 살면서 많이 싸웠다고 한다. 경찰서에 신고하고 쉼터에 들어간 날 전남편이 폭력을 휘둘렀고, 시누이가 서울에서 식당 때문에 왔다가 시누이 아이 2명까지 5명을 보았는데 식당에 전남편과 시어머니, 시누이만 들어가서 술 먹고 이야기를 나누며 왕따를 시켰다. 그것에 대한 미안함도 없는 듯했고 자신도 마음 둘 곳 없이 힘들었다. 전남편, 시누이, 시어머니는 자기들끼리만 너무 친하게 지내고 있어서 그녀가 소외감을 갖게 되었다. 자기한테는 식당에서 얼마 버는지 말도 없고, 어느 날 오자마자 이혼하자고 하고 막 때리고, 누구를 키울 거냐며 안 키우는 아이는 고아원에 보낸다고 협박하여 그 말에 상처받았다. 시어머니도 와서 누구를 키울 거냐고 이야기했고, 시어머니도 이혼하라고 했다.

장난감도 자기 아이에게만 사주었다. 아이 때문에 갈등이 많았지만 그냥 참고 살려고 했다. 둘째를 가졌을 때 전남편이 식당 직원과 외도를 했음을 알았다. 전남편은 그녀가 임신한 상태였는데도 구타를 했고, 이혼을 요구했지만 이때까지만 해도 아이를 가져서 참았다. 그러다가 둘째아이를 낳고 6개월이 지난 후 이혼했고, 자신의 아이 2명을 다 데리고 나왔다. 이혼과정에서 전남편이 이혼 서류를 가지고 왔고 본인은 이혼하기 싫었음에도 강행되었다.

이혼 후에도 아이들 문제로 전남편과 만나며, 아이들은 방학 때 2주 정도 같이 지내기도 한다. 전남편이 후회하고 잘못했다고 하면 다시 살 생각도 있다. 그 이유는 아이들에게도 아빠가 있었으면 좋겠다고 생각했기 때문이다. 또한 디딤터에서 퇴소하면 아이를 키우기도 힘들 것 같고 살길이 막막하기 때문이다. 현재는 한국어능력시험도 보고 네일아트도 배우러 다니면서 자립할 길을 찾고 있다.

4) 연구참여자 4

집이 가난했던 연구참여자는 한 이모의 소개로 전남편을 만나게 되었다. 당시 그는 참여자에게 잘해주었을 뿐만 아니라 간호학원에 다니고 있던 연구참여자가 한국에서 공부를 계속해 병원에 취직할 수 있게 해주겠다고 약속했다. 그렇게 2010년, 참여자는 혈혈단신으로 한국행 비행기에 몸을 실었다.

결혼 후 연구참여자는 충남 B시에 신혼살림을 마련하고 얼마 후 아이를 임신하게 되었다. 그러나 그녀의 결혼생활은 순탄치 않았다. 전남편은 학력, 직업, 수입 등 자신의 거의 모든 것을 속였으며 그녀에게 돈 한푼 쥐어주지 않았다. 또한 의처증이 심해 참여자가 혹여나 다른 생각을 품을까 봐 친구를 만나거나 센터에 나가지 못하게 하는 등 그녀를 외부와 단절시켰다. 그녀는 시부모와 함께 외출하는 게 전부였으며, 정신질환을 앓고 있는 시어머니의 뒷바라지는 그녀 혼자의 몫이었다. 대화를 해보려 해도 언어의 장벽이 너무나 컸고, 전남편은 그녀의 말에 대꾸조차 하지 않는 것이 일상이었다.

결혼 후 3개월이 지났을 무렵 전남편은 참여자에게 물가가 싸다는 핑계로 중국에 가 있을 것을 권했고, 그녀는 임신한 채 중국으로 건너가게 되었다. 전남편은 딱 한 번 중국 방문 후 다시는 오지 않았으며, 그렇게 그들은 결국 별거생활을 했다. 이후 친정 부모가 아이를 양육했으며, 참여자는 1년에 한 번씩 비자가 만료될 때마다 한국으로 들어오는 생활을 계속했다. 결혼 후 1여 년이 지나자 전남편은 더욱 제멋대로 굴고 폭력적인 성향을 드러내기도 했다. 장인, 장모가 한국에 잠시 방문했을 때도 음식 대접은커녕 제대로 인사조차 드리지 않았으며, 큰돈을 빌리고 갚지 않았다. 심지어 아이가 심하게 아프던 날에도 대수롭지 않게 여기고 방관만 했다. 그날은 결국 일하다 말고 온 참여자가 친구의 도움을 받아 아이를 데리고 택시를 불러 병원에 달려갔고, 상태가 많이 나쁘다는 의사의 말에 전남편은 그제야 병원에 모습을 드러냈다. 전남편에게 실망할 대로 실망한 그녀는 그날 집에서 자신에게 소리를 지르고 물건을 던지는 그의 모습을 보고 곧바로 경찰에 신고하고 무작정 짐을 챙겨 아이와 안산으로 도망쳤다.

아이가 두세 살 되던 해에 그들은 본격적으로 이혼을 진행했다. 재판 때 아이에게 선물을 사주라는 판사의 말에 전남편은 500원도 없다며 아이 얼굴 한번 보지 않고 돌아갔고, 그 후 아이 문제 때문에 연락을 취한 그녀에게 "내 아이 아니다. 앞으로 연락하지 말라"며 이내 연락을 끊어버렸다. 이후 중국 친정과 안산, 천안 쉼터를 전전하던 참여자는 아이의 학업을 위해 한국에서 살기로 결심하고 2016년 8월 S시 이주여성디딤터에 입소하게 되었다. 그녀는 그곳에서 열심히 공부해 TOPIK, 바리스타, 컴퓨터 등 각종 자격증을 취득했으며, 내년 퇴소를 앞두고 피부미용을 배우는 등 배움을 멈추지 않고 있다.

그녀는 디딤터 내의 규칙이 엄격하고 자유롭지는 못하지만 이주여성과 그 자녀들을 위한 교육 및 상담 프로그램이 다양하고 비슷한 처지의 사람들과 함께 지내며 터놓고 얘기할 수 있다는 점 등을 들며 전반적으로 디딤터 생활에 만족하고 있었다. 마음 한쪽에는 아이에게 경제적으로 많은 것을 지원해주지 못하고 아빠 없이 자라게 하는 미안함, 아이가 자라면서 받게 될 상처에 대한 걱정이 자리 잡고 있었지만, 힘이 들 때마다 일찍 철이 든 착한 아들을 생각하며 힘을 내고, 반드시 내 손으로 잘 키워내겠다는 다짐을 하면서 자연스럽게 앞으로 무슨 일이든 할 수 있다는 자신감과 용기, 그리고 자립심을 키우고 있다.

5) 연구참여자 5

베트남 출신의 37세 여성인 연구참여자는 한국 남자들은 마음이 넓고 좋은 사람들이 많아 여자에게 다정하게 잘 챙겨준다는 막연한 기대를 가지고 있다가 베트남 소개 회사를 통해 2012년에 한국인과 결혼하게 되었다. 연구참여자가 본 전남편은 마음이 넓고 거짓말을 하지 않는 사람으로, 연구참여자에게는 다정하기까지 했기에 결혼을 결심하게 되었다. 그러나 그 행복도 잠시, 2014년에 임신 3개월 차의 연구참여자는 영문도 모른 채 이혼을 당하게 되었고, 지금은 전남편과의 사이에서 태어난 네 살배기 딸을 혼자 키우며 자립을 위해 열심히 살아가고 있다.

연구참여자는 베트남에서 초혼 경험을 가지고 있으며 전전남편과의 사이에서 낳은 11세 여아가 있는데, 현재는 베트남 친정 부모님이 양육하고 있는 상황이다. 제주도에 거주하고 있는 한국인 전남편은 48세 어부로 연구참여자와는 재혼이었고, 전부인과의 사이에서 낳은 3명의 자녀가 있으며 전부인이 양육하고 있는 상황이다.

결혼 후 2년쯤 될 무렵 전남편은 연구참여자에게 베트남에 있는 그녀의 친정엄마를 초청하는 서류이니 사인을 하라고 했다. 연구참여자는 엄마를 초청해주는 전남편이 너무 고맙고 좋은 사람이라는 생각에 선뜻 두 번의 사인을 했다. 3개월 후 전남편은 연구참여자에게 지난번 서류는 이혼 서류였고 이제 이혼했으니 집에서 나가라고 했다. 연구참여자는 엄마를 초청하는 서류로만 알고 사인한 것이 이혼 서류였다고 생각하니 너무나도 기가 막히고 어처구니가 없었다. 전남편은 어부이기에 바다로 일을 나가면 일주일에 하루나 이틀 정도만 집에 들어오기에 연구참여자와 싸울 시간조차 없었고 폭력도 없었기에 더욱더 황당한 상황이었다. 또한, 그 당시 연구참여자는 임신 3개월 차인 것을 알게 되어 전남편에게 말했으나 전남편은 연구참여자가 외도를 해서 임신한 것으로 생각하고 혼자 알아서 하라고 말해 연구참여자는 죽을 것만 같은 고통의 시간을 보낼 수밖에 없었다.

연구참여자에 의하면 전남편은 주위 사람들 말에 잘 흔들리는 귀가 얇은 사람이라고 했다. 주위에서 연구참여자가 돈을 벌게 되면 한국에 살지 않고 베트남으로 가게 될 것이라는 말을 들었기 때문에 전남편은 일찌감치 이혼을 감행한 것이라고 했다. 이혼 후 집을 나온 연구참여자는 경찰의 도움으로 다문화가족지원센터를 통해 제주도 쉼터에서 1년 6개월, 서울 디딤터에서 2년 3개월 정도 지내게 되었고 현재는 퇴소해서 보증금 3천만 원에 월 15만 원의 월세로 살고 있으며, 주 3일(목, 금, 토)은 애견미용 일을 하면서 월 75만 원의 소득으로 생활하고 있다. 연구참여자는 쉼터와 디딤터의 도움으로 양육비와 위자료에 대한 소송을 여러 번 하게 되었고, 친자 확인과 함께 결국 위자료 2천만 원에 이혼 1년 이후부터는 매달 30만 원씩 양육비를 지원받고 있는 상황이다.

그사이 그렇게 한국에 초청하고 싶었던 베트남에 계신 친정엄마는 암으로 돌아가셨고, 임신 8개월 차의 연구참여자는 비행기도 탈 수 없었기에 엄마의 임종을 볼 수도 없었다. 결국 출산하고 아기가 4개월 되던 해에 다문화가족센터에서 표를 구입해주어 베트남에 다녀올 수 있었다. 연구참여자는 베트남보다는 더 좋은 한국에서 계속 살고 싶고 하루 빨리 한국 국적을 취득해 베트남에 있는 딸도 데려올 계획을 가지고 있다.

전남편은 이혼 후 바로 베트남 아가씨와 결혼했다. 상대 여성이 아가씨가 아닌 아기가 2명 있는 재혼녀라는 것을 알게 돼서 연구참여자는 지금 많이 속상해하고 있다. 연구참여자는 어차피 전남편도 연구참여자에게 거짓말을 해서 이혼한 것이니 새로 결혼한 여자가 거짓말을 한 것도 괜찮다고 말하며, 또 이혼하게 되면 그 여자도 연구참여자처럼 힘들어지니 이혼하지 않았으면 좋겠다고 했다. 연구참여자는 딸이 아빠 없이 자라는 것이 속상하고 미안하기는 하지만 지금 잘살고 있으니 괜찮다고 스스로를 위로했다.

연구참여자가 지금 가장 걱정인 것은 어린이집에 다니는 아이가 저녁 늦게 혼자 어린이집에 남아 있는 것이고, 아이 때문에 남아 있는 선생님에게도 미안하다고 했다. 때로는 아이 때문에 힘들기도 하지만 연구참여자에게 아이의 존재는 연구참여자가 살아가는 삶의 의미이기도 하다. 그래서 연구참여자는 오늘도 좋은 엄마가 되기 위해 힘찬 발걸음을 내딛고 있다.

6) 연구참여자 6

베트남 출신의 1991년생으로 현재 나이 27세인 연구참여자는 외국인에 대해 관심을 가지지 않았으며, 결혼 상대자로 생각해본 적도 없었다. 하지만 친언니가 한국인과 결혼했으며, 언니는 결혼을 만족스러워했다. 그래서 언니가 한국 남자를 소개시켜준다는 말을 했을 때도 본인은 농담으로 들었는데, 언니가 직접 결혼서류를 만들어주었다. 또한 본인 역시 전남편을 처음 봤을 때 마음에 들어 2012년 결혼에 이르게 되었다. 본인은 서류 준비를 하면서 2013년 5월 한국에 입국했다. 처음에 온 곳은 구미였다.

전남편의 현재 나이는 45세이며 본인과 18세의 나이 차이가 있었다. 더욱이 전남편은 재혼이며 본인은 초혼이었다. 전남편은 전처소생의 12세 남자아이도 있는 상태였다. 이런 상황 속에서 전남편과 결혼하여 현재 네 살 된 아이가 있다. 하지만 결혼 한 달 만에 전남편의 폭력이 시작되었다. 새로 태어난 아이는 18개월밖에 되지 않은 때였는데, 아기한테도 폭력이 있었다. 폭력은 2~3차례 지속되었다. 평소에 전남편은 가정일에 무관심하며 말수가 적고, 욕을 하며 상을 뒤엎었다. 그뿐만 아니라 평소에 칼을 수집하고 가까이에 두는 전남편에게서 위협을 느꼈다. 목소리만 들어도 무서웠다.

하지만 시어머니는 전남편의 폭력을 알고도 묵인했다. 전남편은 시어머니와 이야기를 한 후에 본인을 때렸다고 한다. 전남편의 폭력이 시작될 때 시어머니는 전남편에게 방문을 잠그라고 지시했다고 한다. 시어머니는 본인과 이야기하지 않고 전남편과 이야기를 했다. 연구참여자도 한국말을 쓰기밖에 할 줄 몰라서 더 이상 대화할 수 없었다. 평소에 연구참여자는 가사일과 농사일로 노예 같은 생활을 했다. 연구참여자가 시어머니와 전남편에게 잘하려고 노력했음에도 불구하고 전남편은 인정해주지 않았다.

연구참여자는 전처소생의 12세 큰아들과도 사이가 좋지 않았다. 새엄마인 본인을 믿지 않고 할머니에게 거짓말을 하기도 했다. 이러한 상황으로 인해 가출과 복귀를 반복했으며, 구미와 김천에 있는 쉼터를 5번 정도 오가게 되었다. 결국 전남편과 합의이혼을 했으며, 친권은 연구참여자가 가지고 있다. 하지만 전남편은 양육비를 주지 않았다. 더욱이 아이가 아파서 연구참여자는 회사를 다녀야 했다.

디딤터에는 2016년 7월에 입소했으며, 현재 1년 5개월이 경과했다. 디딤터에서 자립할 수 있는 교육을 받았으며, 생활에 만족한다. 여기에서 한국어 토픽 5급, 제과제빵, 제봉, 컴퓨터 등의 자격증을 취득했다. 여기에서 제공하는 교육 중에서 부모교육이 도움이 되었다. 아직도 오줌을 싸며 자신과 갈등이 있는 아이를 이해하고 양육하는 데 도움이 되었다. 그뿐만 아니라 디딤터에서는 자신의 아픈 아이를 돌봐주었다.

디딤터에서는 한 집에 두 가정씩, 총 여섯 가정이 공동생활을 하고 있다. 공동생활 규칙이 있고, 정기적으로 자치회의를 하고 있다. 입소자들과 친해지고 공동육아를 하면서 스트레스가 많이 해소되었다. 쉬는 날에는 같이 추억을 만들어갔다. 여기에서 만난 사람들은 서로 위로가 되었다. 하지만 고향에 있는 엄마는 이러한 이혼과 자립 등의 사실을 하나도 모른다. 연구참여자는 5년 동안 한 번도 고향에 가지 못했다. 디딤터에서 퇴소하게 되면 동시에 취업하려고 준비하고 있다. 먼저 퇴소한 몽골인 언니의 집에서 살 예정이다. 주택자금 500만 원을 지원받을 예정이고, 한 달에 20만 원씩을 지원받을 수 있다. 현재 연구참여자는 어려움을 딛고 즐거운 마음으로 자립을 준비하고 있다.

7) 연구참여자 7

연구참여자는 중국 하얼빈 출신 한족으로 14세에 아빠와 협의이혼한 엄마를 따라 일본으로 가서 9년을 거주하며 일본 전문대를 1년 다니다가 중퇴하고 직장을 다녔다. 23세에 다시 중국으로 왔으며, 중국어와 일본어를 잘하고 스스로를 예쁘다고 생각하는 여성이었다. 33세 노처녀로 중국에서는 결혼상대를 찾기 힘들었고, 중국에서는 살기 싫고 아기는 낳고 싶어 친정엄마의 소개로 37세의 전남편을 만났다. 마음에 안 들었으나 엄마가 좋다고 해서 1년간 사귀었고, 사귀는 동안 임신하여 중국에서 혼인신고를 했다. 결혼비자 받는 데 7개월 걸렸고, 2015년 6월 28일 F6 비자로 한국에 와서 8월 8일 딸을 출산했다.

결혼 후 연구참여자는 전북 순창에서 살았다. 전남편은 전북 순창 출신으로 고추장회사의 사무직으로 일했는데, 초혼으로 장가가고 싶어 중개업체를 통해 중국에 와서 연구참여자를 만났다. 1년간 사귈 때 전남편이 가난하고 구두쇠 느낌이 들었지만 이상한 점은 발견하지 못했고 연구참여자에게 잘해주었다고 한다. 그러나 결혼 후 전남편은 갑자기 변하여 맨날 화난 얼굴로 기분이 안 좋으면 연구참여자를 때리고 옷 입는 것 등 모든 것에 간섭했다. 연구참여자가 중국 친정에 전화하면 기분 나빠하며 매달 전화 기록을 조사했고, 딸은 퇴근해서 1분 정도만 안아주고 5분 넘게 안고 있으면 싫어했다. 아기가 울면 시끄럽다며 방문을 잠그고 잠만 잤다. 생활비로 돈 한 푼 안 주고 3개월 동안 용돈 8만 원만 주었다. 아이를 버리고 도망갈까 봐 매일 갑자기 집에 와서 한 바퀴 돌아보고 가는 의처증 증세도 보였다.

연구참여자의 시댁은 시아버지는 사망했고 시어머니는 새어머니로 그 사실도 이혼 후에야 알게 되었다고 한다. 시어머니는 연구참여자의 집에 거의 오지 않았고, 시아주버니도 온 적이 없다. 아기를 낳았을 때도 오지 않았으며, 아무도 배려를 안 해주었다. 그래서 아기가 100일 정도 되었을 때 연구참여자의 친정엄마가 F1(방문동거) 비자로 중국에서 와서 연구참여자와 아기를 돌봐주었다. 그러나 전남편은 연구참여자와 장모를 막 때리고, 장모를 하녀처럼 부리고 욕을 했으며, 전남편을 주인처럼 모셔야 했다고 한다. 전남편은 자기 돈은 안 쓰고 장모가 중국에서 가져온 200만 원을 다 쓰게 하고, 장모를 속여 삼 껍질 까는 부업료 60만 원도 빼앗아갔다. 비자 연장 사진 찍는 비용 1만 원도 장모보고 내라고 했다. 이에 연구참여자는 전남편과 크게 싸우고 2015년 12월 9일 집을 나가기로 결정했다. 집을 나올 때 딸을 데리고 나오려 했으나 전남편이 옆집에 맡기고 못 데려가게 해 딸을 두고 친정엄마가 아는 분이 있는 안산으로 갔다. 12월 11일 딸을 찾기 위해 변호사를 선임했고 변호사를 통해 전남편이 딸을 고아원에 보냈음을 알게 되었으나 별 도움을 못 받고 500만 원만 날렸다고 한다.

연구참여자가 집을 나올 당시 딸은 4개월이었고 가출한 지 이틀째 되는 날 자녀 유기 신고가 들어가 연구참여자는 여러 기관에서 조사를 받는 고충을 겪게 되었지만, 전주법원에서 무죄 판결이 났다. 연구참여자는 다문화가족지원센터의 무료법률상담으로 2016년 5월 4일 5개월 만에 아이를 고아원에서 데려올 수 있었고, 양육비 포기와 전남편에 대한 가정폭력 신고를 철회하는 조건으로 친권·양육권을 가져오며 2016년 9월 30일 법원에서 이혼판결을 받았다. 연구참여자는 전남편과 결혼해 6개월을 살았고 이혼까지는 1년이 걸렸다. 연구참여자는 집을 나온 날 전남편과 크게 싸웠지만 이혼까지 이르게 된 것은 다문화센터의 통역하는 여자와 큰 관련이 있다고 생각했고, 전남편이 친정엄마를 때리지만 않았어도 아이가 있어 이혼을 하지는 않았을 것이라고 했다.

이혼 후 현재 연구참여자의 체류비자는 국민의 양육자 F6-2 비자이고, 도시공사에서 8천만 원을 지원받아 400만 원을 보태어 전세를 얻었다. 아이는 세 살로 어린이집에 보내고 생활비를 벌기 위해 직장을 다니고 있다. 한국에서 아이를 키움에 있어 한국어와 직장생활이 제일 어렵다고 한다. 일을 하면 지원금이 줄어들어 생활비가 많이 부족하나 아끼며 살고 있다. 한국어는 1급을 통과했으나 영주권 취득과 기초를 다지기 위해 다시 1급 과정을 배우고 있으며, 주말에는 아이와 시간을 보내며 쉰다.

중국에 가고 싶었으나 아이가 한국 국적으로 비자를 만들기 어려워 못 갔으며, 연구참여자가 한국 국적을 받으면 아이의 이름을 엄마 성으로 바꾸고 싶어 한다. 아이는 성격이 좀 특이하고 성깔이 드센데, 외할머니가 계속 아이를 예뻐만 해서 연구참여자는 아이한테 좀 엄격한 편이다. 향후에는 한국어를 배워 통역사가 되어 다른 사람을 도와주고 싶으며, 여행사의 일본어 가이드가 되고 싶어 한다.

3. 국제결혼과 한국으로의 이주: 꿈과 기대의 결혼

결혼이주여성에게 있어 국제결혼은 자신이 처한 환경을 극복하고 가족과 친지를 고향에 두고 낯선 나라로 새로운 삶을 개척하기 위한 출발을 의미한다. 그들에게 한국과 한국 남성은 부유함, 자상함 등의 긍정적인 이미지로 다가왔고, 새로운 삶에 대한 기대를 넘어 환상까지 갖게 했다. 결혼이주여성들의 결혼 형태는 결혼중개업체를 통한 이른바 매매혼과 지인 등의 소개로 인한 중매혼이다. 결혼이주여성의 이주 생애담을 통해 국제결혼을 결정하게 된 이유와 결혼과정을 살펴보도록 한다.

1) 기대에 찬 자랑스러운 국제결혼

(1) 한국 남성들에 대한 긍정적인 호감

결혼이주여성들은 대부분 한국 드라마 속에 나타난, 혹은 지인들로부터 전해들은 한국의 생활과 문화 등 여러 가지 사정에 관한 긍정적인 이야기를 듣고 이를 신뢰하고 있었다. 또한 한국 남성에 관한 이미지를 긍정적으로 갖고 있다. 한국과 한국 남성에 대한 긍정적인 정서가 국제결혼을 결정하는 데 중요한 요인이 되었다고 볼 수 있다. 그뿐만 아니라 주변의 친척이나 지인 중에 한국 남성과 결혼하여 경제적으로도 풍족하고, 행복한 결혼생활을 하고 있는 모습을 통해 이상적인 결혼생활을 기대하게 된다.

"사촌언니 보면 남편이랑 가서 부모 돈 드리고 하니까 나도 결혼해서 저랬으면 좋겠다고 생각했어요." (연구참여자 1)

"베트남에서도 친구들 한국 남자랑 많이 결혼했어요. 다 잘살고 베트남의 부모님, 친정 식구들에게 잘해주고." (연구참여자 3)

"한국 사람들 다 처음에 좋은 사람 많을 거 같아요. 그래서 처음에 남편도 잘 챙겨줘요. 저는 다 믿어요. 계속 싸우면 이렇게 사이좋게 절대 안 돼요. 하지만 남편 잘해줘요." (연구참여자 5)

"그런데 갑자기 언니가 친언니 시동생 2명 한국에서 결혼했는데 매

넌 집에 와서 엄마도 방문하고 남편이 잘해준다고 이야기 들었어요. 진짜 잘해줘요." (연구참여자 6)

연구참여자 1, 3, 5, 6의 경우에서 확인한 바와 같이 대부분 이주여성들은 이미 한국 남성과 국제결혼을 한 지인의 성공 사례를 보고 자신의 국제결혼 선택이 긍정적일 것이라는 막연한 기대를 하고 있음을 알 수 있다. 그러나 대부분 이주여성들은 자신의 친정이나 본국의 지인들에게 자신이 행복하지 않더라도 행복을 가장하거나 친정을 방문할 때 과도하게 선물을 사는 등 사회적 과시를 보여주는 사례를 접할 수 있다. 이런 사례들은 국제결혼이 아니더라도 기혼 여성들이 친정 식구들에게 잘 보이기 위한 과시로 이해할 수 있는 부분이 있다. 이주여성들이 본국에서 미혼일 때 국제결혼을 한 친지나 지인들의 현실적인 모습보다는 경제적으로 과장된 모습에 주목하고 기대에 차서 국제결혼을 감행했다고 볼 수 있다.

(2) 자국이나 자국 남자들에 대한 부정적인 생각

결혼이주여성들은 자신의 출신 국가는 물론 자국 남자들에 대한 부정적인 이미지를 가지고 있었고, 이것이 국제결혼을 선택한 이유 중 하나로 작용했다. 자국의 법과 제도가 가부장적 사회 분위기를 반영하여 여자에게 불리하게 적용되었을 뿐만 아니라 주변의 자국 남성들이 여성들에게 행하는 태도에서 자국 남성들에 관한 신뢰가 없고 더욱이 결혼 상대로서 선호하지 않음을 알 수 있다.

"캄보디아에서 저랑 오빠랑 아빠가 있는데 교육을 잘 안 받아서 그런지 별로 안 좋아요. 가족들한테 도움이 안 되어요. 많이 괴롭혀요, 여자들을 위한 캄보디아 법이 안 좋아요. 여자가 많아요. 아무 여자 만나고 본인은 와이프는 와이프대로 살고 또 다른 여자 만나고 그렇게 하니깐 저는 캄보디아 남자랑 살면 힘들겠다." (연구참여자 1)

"술 먹고 일도 잘 안 해요. 벼농사하니깐 농사일 없을 때 시간 많고 친구들 놀고 술 먹고 학교 잘 안 다니고 맨날 자고 중학교만 나오면 공부 더 안 하고…. 여자들은 시집 잘못 가면 일도 많이 하고 아이 낳고 잘못 키우고, 근데 우리 언니들은 한국에 와서 너무 잘살아요." (연구참여자 2)

"깡패처럼 하고 싸우고 약간 또 베트남에서도 좋은 남자도 없으니깐. 그리고 그렇게 얘기해도 괜찮아요. 다 친구들도 그러니깐. 한번 가서 어떻게 하는지 거기 소개 사람들 이러니까. 그렇게 들어왔어요." (연구참여자 3)

"베트남에서 살기 좀 힘들어요. 집도 비싸고 물가도 비싸요. 가난한 집에 태어나면 공부도 못 하고 일만 해야 해요." (연구참여자 6)

결혼이주여성들에게는 자국의 제도적 시스템과 교육, 복지 등 사회구조적 측면의 후진성에 대해 그리고 자국 남성들의 행실에 관한 부정적인 이미지가 국제결혼을 결심하는 데 동인으로 작용했다고 볼 수 있다. 연구참여자 1, 6은 자국의 법과 제도가 여성친화적이지 못함에 관한 지적과 경제적인 어려움을 토로하며 자국에 대한 회의적인 생각을 드러내고 있다. 연구참여자 2, 3은 자국 남성들의 가정과 가족에 대한 무책임, 성실하지 못한 경제활동 등 남성 전반에 관한 부정적인 이미지를 이야기했다.

(3) 경제적 풍요로움 추구와 친정에 대한 경제 원조

결혼이주여성들은 자신의 본국보다는 한국의 경제적 풍요를 동경하고 한국이 기회의 땅이라고 생각했다. 연구참여자 1의 경우 한국이 캄보디아보다 잘살기 때문에 국제결혼을 한국에 가는 유일한 통로로 생각하고 있었다. 한편, 연구참여자 2의 경우 자신의 출신국이 후진국이기 때문에 한국에 와서 일하고 돈 벌어서 친정을 돕겠다는 생각을 했으며, 연구참여자 6 역시 자신의 결혼을 경제적인 상황을 극복하기 위한 수단으로 삼고 있다.

"나를 위해서 좀 캄보디아보다 잘살려고. 저는 캄보디아 남자랑 살면 힘들겠다. 한국에 가면 괜찮아지겠지. 그런 마음도 있었어요. 부모님도 돈 드리고, 집 이런 거 다 해드리고. 또 부모님 모시고 한국에 오잖아요. 그런 부분에 우리 엄마도 하고 싶을 거야. 그런 마음이 있어서." (연구참여자 1)

"베트남에서 지금 후진국이니깐 어려우니깐 결혼해서 한국 가면 조금 도와주고… 만약에 여기, 한국에 와서 회사 다니는 사람 있잖아요. 여자가 회사 다니고 돈 벌 수 있어서 매달 조금이라도 돈을 베트남에 보내주고 도와주고… 또 애기 낳으면 부모님도 와서 애기 봐주면서 일하고 돈 벌고… 그러니깐 베트남이 생각 안 날 수 있어요. 그런 생각으로 결혼한 거예요." (연구참여자 2)

"근데 저는 고향에서 언니랑 같이 일해도 경제 좀 힘들어요. 우리 엄마도 나이 많이 먹어서 일 못 하고 그래서 한국으로 시집가면 돈도 고향에 보내고 좋을 것 같았어요." (연구참여자 6)

연구참여자들의 국제결혼 동기로 두드러진 것은 바로 한국의 경제력이라고 볼 수 있다. 대부분의 이주여성은 자신의 출신 국가가 경제적으로 어렵고 힘들어서 자신이 한국에 가면 돈을 벌어 친정 가족을 원조하겠다는 생각을 했다. 이주여성들은 자신의 결혼 이유가 단지 자신만의 행복을 위한 것이 아니라 친정 가족에 대한 원조적인 행위임을 밝히고 있다. 다시 말해 한국으로의 국제결혼은 자신이 처한 본국의 사회구조적 상황에서 탈출하고, 결혼을 통해 자신의 꿈을 이루는 통로로 간주한다. 또한, 국제결혼이 부모님께 효도하는 최선책이며, 경제적으로 어려운 친정에 원조해야 한다는 가족 일원으로서 책임감의 발로라고 볼 수 있다.

"부모님 돈 드리고, 집 이런 거 다 해 드리고. 또 부모님 모시고 한국에 오잖아요. 그런 부분에 우리 엄마도 하고 싶을 거야. 그런 마음이 있어서." (연구참여자 1)

"여자가 직장 다니고 돈 벌 수 있고 몇 단위 매달 아니고 조금 베트남에 보내주고 도와주고 애기 낳으면 부모님 와서 일하고 돈 벌고 그러니깐 베트남이 생각 안 하고 마음 조금 편하게." (연구참여자 2)

"잘 살 수 있고… 부모님, 베트남 친정, 집에도 잘해주고 엄마 오빠도 오라고 했어요." (연구참여자 3)

연구참여자 1, 2, 3의 경우 한국으로의 국제결혼이 경제적 이유에 바탕을 두고 있음을 증빙한다. 이들은 자신의 부모에게 용돈을 보내고 친정에 대한 경제적 원조를 해야 한다는 생각을 하고 있다.

2) 미성숙한 결혼 과정

결혼이주여성들의 국제결혼 형태는 결혼중개업체를 통한 매매혼과 지인에 의한 중매혼이 대부분이다. 그러다 보니 이들은 당연하게 결혼에 관한 막연한 기대감과 이른바 '센터'라고 불리는 결혼중개업체나 지인들에 의해 부풀린 남성 측의 조건 등 배우자에 대한 왜곡된 정보를 그대로 듣고 결혼을 감행한다. 이에 대해 대부분 이주여성은 연애 없는 결혼, 추억이 없는 결혼에 대한 후회감을 표출하고 있다.

(1) 매매혼과 중매혼의 추억 없는 결혼

연구참여자 2, 3, 5, 7의 경우 국제결혼을 위해 한국 남성 측에서 결혼중개업체에 일정한 중개 대가를 지급한 사례다. 연구참여자들은 결혼중개업체를 '센터'라고 표현했는데, 실은 신부 측 나라에 '국제문화센터'

혹은 '국제결혼센터' 등으로 소개하여 업체의 상업성을 회피하기 위한 전략이 아닐까 추측할 수 있는 대목이다.

"남편이 우리나라 올 때 센터에 돈 1,200만 원 그 사람에게 줬어요. 제가 그때는 돈을 줬는지 몰랐어요. 그렇게 돈 많이 받았는지에 대해서요. 근데 나중에 남편이 말했어요."(연구참여자 2)

"센터, 그거 뭐죠? 그거 소개하는 거. 한국 남자 많이 봤어요."(연구참여자 3)

"베트남에서 결혼정보회사에서 소개해줘요."(연구참여자 5)

"다른 사람들이 소개를 해줬대요. 한국에서 장가를 가고 싶어서 중국으로 왔대요. 친구로 온 건지, 혼인중개소로 온 건지, 결혼하러 왔대요. 그날 수십 명 만났는데 제가 마음에 들었대요. 저는 그가 마음에 들지 않았어요. 잘생기지도 않았고요. 나는 내가 이쁘게 생겼다고 생각했지만, 그는 평범한 사람이었어요. 중개업소를 통해서 온 거 같아요."(연구참여자 7)

이와 달리 연구참여자 1, 4, 6의 경우 언니와 같은 친족이나 친척, 지인 등의 소개를 통한 중매혼을 경험한다. 여기에 남성 측의 경제 사정을 과장하여 이야기하거나 한국 생활에 대해 부풀려 소개하며 이주여성들의 국제결혼 결정을 부추긴다.

"공부하다가 이렇게 한국에 오게 되었는데 언니 소개로 전남편을 만나게 되고 그 이후에 공부 그만두고 한국에 왔어요." (연구참여자 1)

"다른 이모 소개로 남편을 만났어요. 우리는 일방적인 결혼이 아니라 나와 남편이 합의하면서 만났어요." (연구참여자 4)

"저 옛날에는 사람 소개하는 거 싫어요. 외국사람 엄청나게 싫어해요. 그런데 갑자기 언니가 친언니의 시동생 2명도 외국 여자와 결혼했는데 매년 집에 와서 엄마도 방문하고 전남편 잘해준다고 이야기 들었어요. 진짜 잘해줘요. 근데 저는 그때 일도 언니랑 같이 일하니까 경제 좀 힘들어요. 엄마도 나이 많이 먹어서 좀 생각하고 농담하는데 서류 만들면 나간다고 근데 진짜 언니 서류 만들었어요. 그래서 결혼했어요." (연구참여자 6)

한국 남성들은 매매혼과 중매혼 모두 신부의 친정에 신부대금(bride price)을 지급한다. 매매혼의 경우는 결혼중개업체에 회비 명목으로 가입 비용을 지급하고, 그 비용에서 신부대금이 지급되거나 별도로 지급되기도 한다. 신부대금은 우리가 듣기에 생소한 말인 것 같지만, 과거부터 현재에 이르기까지 혼인 행위가 계약적 관계임을 표징하는 의례로 해석되기도 한다. 이런 신부대금은 혼인 당사자 간 서로 간에 물품을 주고받는 행위로 전 세계에 걸쳐 광범위하게 이루어져왔다.

신랑대금, 즉 신랑지참금이 주로 이루어지는 곳은 대개 공통적으로 강한 모계사회의 성격을 띠고 있다. 그런데 현재 우리나라에서도 결혼할 형편이 안 되는 남성들이 외국인 신부를 데려올 때 성행하고 있다. 여기에서 본질적인 것은 신부대금 자체에 있는 것이 아니라 이런 신부대금 행위가 건전한 결혼생활에 미치는 영향이다. 국제결혼을 한 한국 남성의 가정해체에 관한 연구에서 남성들과 그들의 가족, 즉 시집 식구들은 "결혼할 때 들어간 돈이 얼마인데…"라는 신부대금을 운운하며 가정해체의 원인이 되기도 한다.

(2) 결혼과 결혼 상대에 대한 사전 지식 미흡

결혼이주여성들은 국제결혼에 대해서도, 결혼 상대인 배우자에 대해서도 충분한 정보를 가지고 있지 않았다. 그 이유는 국제결혼을 생각하게 된 것이 기대감에 의한 것이었고, 결혼 상대에 대해서도 충분한 교제기간을 갖지 못해서다. 연구참여자 2, 3, 6은 배우자와 국제결혼 이전의 짧은 교제에 대해 언급하면서 이런 만남이 결혼 후 서로를 이해하지 못할 뿐만 아니라 결혼생활에 있어서 갈등의 이유가 되었다.

"베트남 와서 저를 만나 결혼했어요. 3일 동안 만나고 결혼했어요. 그래서 결혼하자마자 서로를 잘 이해 못했어요." (연구참여자 2)

"그때 한 달 넘게 한국 사람 많이 만났는데 다른 남자한테 마음에 안 들었어요. 대부분 안 들었고… 그래도 애기아빠가 마음에 들어 교제를 짧게 했지만 결혼했어요. 좀 더 시간을 두고 만났으면 좋았을 거라 생각해요." (연구참여자 3)

"그래서 저 자존심도 높아서 얘기하니까 가야지 그래서 결혼했어요. 결혼하고 좀 충격 받았어요. 왜 나 외국 사람이랑 결혼했나? 바로 결혼 해버렸네…. 그렇게 좀 당황스러웠어요." (연구참여자 6)

결혼이주여성들의 결혼 통로는 소개 등의 중매혼과 결혼중개업체를 통한 소위 매매혼 등으로 이루어지며, 연애혼은 드물게 일어난다. 그러다 보니 대부분의 이주여성은 자신의 배우자가 될 한국 남성에 대한 사전 지식이 미흡했다. 또한, 결혼중개업체에서도 결혼을 조기 성사시키려는 의도를 가지고 있어서 상대방 여성에게 남성 측을 미화시켜 소개하기도 한다. 그뿐만 아니라 정해진 시간 내에 매뉴얼대로 남성이 여성의 나라를 방문하여 여성과 선보는 자리를 만들고, 실제로 서로를 아는 데 필요한 시간도 충분하지 않다. 또한 선을 보고 결혼에 대해 망설이고 있을 때 가족이나 친지가 결혼을 부추김으로써 성혼되는 경우도 있다.

"남편은 돈 주고 다른 우리 언니한테 부탁하고 언니는 대전에서 살아요. 대전에서 사니깐 우리 전남편 성격 잘 모르고 그냥 소개해주겠다고 했어요." (연구참여자 2)

"결혼업체 그거 뭐지… 소개하는 거. 거기서 한국 남자 많이 봤어요. 그때 한 달 정도 한국 사람 많이 만났는데 마음에 드는 남자가 없었어요. 남자한테 마음에 안 들었어요. 안 들었고 그때 아이아빠도 그때 만나서 마음에 들었어요." (연구참여자 3)

"결혼하고 좀 충격 받아요. 왜? 나 외국 사람이랑 결혼했나? 바로 결

혼했네. 그렇게 좀 당황스러워요." (연구참여자 6)

"근데 엄마는 계속해서 그 남자 좋다고 하셔서. 그럼 하지 뭐 그렇게 생각했어요. 사람은 지내봐야 아는 건데. 지나보면 좋아질 수도 있으니까요." (연구참여자 7)

연구참여자 2의 경우 먼저 한국으로 결혼이주를 한 언니의 소개로 남성의 성격을 비롯한 여러 가지 측면을 고려하지 않고 결혼한 경우다. 연구참여자 3을 통해 그녀가 결혼중개업체를 통한 맞선 자리 경험이 많았고, 결혼 결정 이유가 외면적인 부분이나 조건 등임을 밝히고 있다. 연구참여자 6은 만나서 결혼하기까지 너무 짧은 기간에 대해, 그리고 자신이 어쩌다 보니 외국인과 결혼했다는 상황에 대해 회의적이었다.

4.
짧은 결혼생활: 기억하고 싶지 않은 시간

결혼이주여성들에게 결혼생활에서 '허니문(honey moon)'이라고 불리는 밀월의 시간은 단지 꿈이고 기대일 뿐이었다. 한국에 들어와서 한국 생활 적응에 가장 필요한 것은 소통을 위한 한국어 습득, 문화 간 차이에서 오는 불안감을 극복하는 것이라고 볼 수 있다. 여기에서 가장 중요한 역할을 해줄 전남편은 내 편(이주여성의 편)이 아닌 말 그대로 '남의 편'이었고, 지지와 격려를 해줄 시댁 식구도 모두 내 편이 아니었다. 이들에게 결혼생활은 단지 기억하고 싶지 않은 시간이었다. 이 장에서는 결혼생활을 이주여성과 배우자 간 부부관계, 이주여성과 시댁 식구 간을 중심으로 기술하고자 한다.

1) 불편하고 힘들었던 부부관계

결혼이주여성들은 앞서 연구참여자 정보에서 살펴본 바와 같이 결혼생활이 2년 정도로 비교적 짧은 결혼 기간을 갖고 있었다. 특히 연구참여자 7은 "1년도 못 됐어요. 6월에 와서 한 반년 지나서 12월에 그 사람의 진짜 모습을 알아보았죠"라는 말에서 충분한 교제 기간 없이 결혼했다는 것이 결혼 유지의 장애가 될 수 있는 이유 중 하나라는 것을 알 수 있었다.

이 절에서 기술하는 연구참여자들의 결혼생활은 주로 배우자와의 관계를 다루게 된다. 결혼생활을 유지하기 힘들었던 부분이 언어소통의 어려움과 문화적 차이, 전남편의 폭행과 폭언, 전남편의 의처증, 어려운 가정 경제와 적은 생활비 지급, 출산 후 전남편의 태도 변화, 처가에 대한 무시 등을 이야기했다.

(1) 언어소통의 어려움과 문화 간 차이

결혼이주여성들은 결혼 전 충분한 한국 생활 적응 교육을 받지 못했기 때문에 결혼 이주 후 한국어 구사 능력이 저조하고 전남편이 자신의 나라말을 이해하지 못해 상호 소통이 힘들었다고 한다. 아울러 자신의 본국과 한국의 문화 간 차이에 의해 생활 적응도 어려웠으며, 이런 이유로 부부 간 상당한 갈등이 있거나 생활의 어려움을 겪었다고 한다.

"결혼하고 아이 낳았는데 자기 아이 아니라고 했어요. 제가 한국말 못하고 둘 다 말이 제대로 안 통했어요. 그래서 힘들었어요. (중략) 밀고 그러고 욕하고 그래요. 새벽 2시, 3시 잠 못자고 애기 자고 일어나라고요. 저보고는 안 자라고. 자지 말라고 얘기하고. 무슨 얘기인지도 모르고 남편은 너무 피곤할 때 낮에 자고 낮에는 애기도 제가 애기 봐야 되고 집안일도 해야 되니깐 잠 못 자고." (연구참여자 2)

"저랑도 말도 안 통하고 자기 또 애기 있잖아요. 남편이 그렇게 하니깐 저도 한국에 온 지 얼마 안됐는데 왜 그렇게 갑자기 하고 한국말 잘 못하니깐 그 통역 와서 얘기하고 저도 한국 왔으니깐 진짜 집에도 오고 많이 울었어요." (연구참여자 3)

"왜냐하면 애기 때문에 저 한국말도 잘 많이 못하니깐 도움 받아야 해요. 근데 남편은 무심했어요. (중략) 저 진짜 혼자서 다른 친구 불러서 택시 타고…. 한국말도 모르잖아." (연구참여자 4)

"남편이 저 한국말 잘 모르겠대요. 남편의 엄마 서류 초청하고 엄마 한국 와서 아 그랬구나 해서 서류에 앞에 종이 이렇게 하면 싸인 해주세요. 이렇게 남편 생각 아닌 거 알아요. 무슨 말인지 모르겠어요. 이거 종이 이혼 서류에요. 엄마 싸인했어요. 그래서 이거 이혼 서류에요. 엄마 초청서류 아니에요." (연구참여자 5)

"저는 한국말 잘 모르고 두 사람은 대화하고…. 저 말 무시해요. 저 그때는 '왜?', '뭐라고?', '몰라요' 세 가지밖에 몰라요. 그런데 대답하면 휴지 그거로 던져요." (연구참여자 6)

"초급은 다 배웠는데 다시 배웠어요. 저 한국어 잘 못해요. 저는 그때 한국에서 친구가 한 명도 없잖아요. 한국어 한마디도 못 하고, 모두 낯설고 그랬어요." (연구참여자 7)

연구참여자 2, 3, 4, 5, 6의 경우 모두 결혼 이주 초기에 한국어 의사소통의 문제로 한국 생활의 어려움을 호소했다. 따라서 한국어는 결혼생활 전반에 적응의 중요한 도구임을 확인할 수 있다. 특히 문화 간 차이에서 오는 갈등을 해소하기 위해 다문화가정을 구성하는 부부 모두 상호문화 이해가 전제되어야 한다.

(2) 남편의 가정폭력과 과도한 간섭

결혼이주여성들이 결혼을 유지할 수 없었던 또 다른 이유는 배우자의 불신으로 나타났다. 배우자에 대한 불신은 이주여성의 사회적 관계를 통제시킬 뿐만 아니라 가정폭력으로 이어지고 있었다.

"결혼하고 한국 오자마자 제가 임신했어요. 임신했기 때문에 생리 안 했어요. 남편이 술 먹고 오자마자 나에게 자기 애기 아니라고 의심했어요. 그러면서 베트남에서 임신하고 왔다고." (연구참여자 2)

"혼자 안 보내주고 차 태워주고 제가 성경공부 하는데 남편이 기다려요. 그래서 포도 농사일 할 사람도 없고 하니까 시어머니가 싫어해요. 남편이 내가 누굴 만날까 의심하니까 같이 다니는 거라고 해요." (연

구참여자 2)

"친구 만나러 나가겠다고 하면 남편이 친구 만나서 도망가는 거 이야기할까 한다면서 저를 의심하고 어디 못 다니게 해요." (연구참여자 4)

"제가 하는 모든 일에 간섭하고 나갈 때 어떤 옷을 입는지도 남편 말을 들어야 했어요. 심한 것은 매달 내 전화 기록을 조사해요." (연구참여자 7)

결혼이주여성의 가정해체에 있어서 또 다른 원인 중 하나는 배우자인 한국인 전남편의 보호라는 명목으로 행하는 통제와 이어지는 가정폭력 상황이라고 볼 수 있다. 모든 연구참여자들은 전남편의 폭언과 폭행에 대해 더 이상 참을 수 없었다고 한다.

"자고 있는데 자기 옆에 있지 말라고 하고… 다른 방에 가서 자라고 하고… 그런 게 있는데 아이를 낳고 나서부터 크게 머리를 잡고 당기고 밀고 그랬어요. (중략) 쉼터 들어가고 남편이랑 전화한 이력도 있고… 폭력 피해서 여기 와서 지내는 것도 증거 있기 때문에 쉽게 승소했어요." (연구참여자 1)

"우리 둘째아이 40일 정도 될 때 남편 술 먹고 나 때렸어요. 맥주 캔 던졌는데 얼굴에 맞았어요. 그래서 피 많이 나오고 그때 너무 답답해서 술 많이 먹으니깐 제가 경찰신고 했고." (연구참여자 2)

"둘째 임신하고 있는데 때렸어요. 막 때렸어요. 임신 이렇게 하고, 그

때 하고 조금 참았어요. 머리 땡겼어요. 방에 들어와서 자기 아들 봤어요. 봤고 그때 남편이 이혼하자고 했어요. 그 여자 때문에 '나 이혼 싫어요. 애기 있는데 왜 해요. 나도 임신했는데 왜 해요.' 그렇게 하고 막 말해버렸어요." (연구참여자 3)

"한국 와서 한 달 만에 저를 때렸어요, 머리 잡고 이렇게… 애기도 때렸어요. (중략) 시어머니는 남편하고만 얘기하고. 그다음에 남편이 저 때렸어요. 이유도 모르고… 어느 때는 시어머니와 얘기하고 있는데 남편이 때렸어요." (연구참여자 6)

"처음에 기분이 안 좋으면 때리고… 그래서 가정폭력이 있어서 신고를 했는데, 결국 신고를 철회했어요. 저의 친정엄마도 막 때렸어요. (중략) 마지막에 우리 엄마를 때리는 거 아니었으면 나는 참고 살았을 텐데 이혼을 안 할 것 같았는데, 남편이 우리 엄마를 때리는 것 보고 더 살 수 없었어요." (연구참여자 7)

결혼이주여성들이 이야기한 가정해체 이유 중 또 다른 하나는 전남편의 과도한 간섭과 더불어 외부와의 관계 단절 강요를 들 수 있다. 연구참여자들은 자신의 전남편들이 자조모임이나 다문화가족지원센터 등 외부에 나가는 것을 반대하거나 나가지 못하도록 했다고 말한다. 연구참여자들의 이야기를 통해 배우자들은 이주여성들의 사회적 관계가 확장되는 것을 차단한 것으로 보인다. 이는 여성의 사회활동에 대해 부정적으로 여기는 가부장적인 가치관으로 볼 수 있다. 하지만 본 연구에서는 배우자가 결혼이주여성이기 때문에 작용하는 불신으로 해석할 수 있다.

"모르겠어요. 거기 가면 나쁜 거 배울까 봐. 제가 도망갈까 봐. 그런 이유로 말하는 거예요. 그래서 한 번씩 캄보디아 친구들끼리 만나는 것도 그래 괜찮아 못 만나게 해도. 그래 난 집에 당신들도 있고 하니깐 난 괜찮아. 아이들 보면, 근데 공부 1주일에 1번씩만 보내줘라. 그렇게 말했는데. 절대 못하게 하는 거예요. 한 번도 못했어요. 그래서 4년 동안 집안일만 했어요." (연구참여자 1)

"일단 한국말 알아야 되고 한국어 어떻게 사용하는지 알아야 되고. 하지만 집에만 있어요. 나머지는 안 보내주니깐. 제가 어떻게 배우는지 핸드폰도 없고… 나중에 핸드폰 생겼지만 그냥 인터넷도 없고 돈도 없고 돈은 안 주고 그러니깐 제가 밖에 못 나가는데 한국 생활은 어떻게 배우고 그래요." (연구참여자 2)

"남편이 맨날 집에 있으라고 그래요. 친구도 만나지 말라고." (연구참여자 4)

"우리 엄마는 나이도 있는데 그가 무슨 권력으로 우리 엄마의 자유를 제한할 수 있냐고, 그것도 장모님인데. 안 된대요. 우리 엄마 일하면 안 된다고, 집에서 애만 봐야 한다고, 애만 보는 것이 아니라 모든 것이 그의 말을 따라야 해요. 그는 엄마가 가라고 할 때 엄마가 가야 되고, 가지 말라고 하면 가지 말아야 해요. 우리 엄마가 말하기에 내가 이런 나이까지 이렇게 자유 없이 산 적이 없어요." (연구참여자 7)

연구참여자 1, 2, 4, 7은 자신들이 외부에 나가 사회적 접촉과 교제를 해야 한국어 실력도 늘고 한국의 생활적응에도 도움이 되는데 전남편과 시댁에서는 외부활동을 통제한다는 불만을 토로하고 있다. 정작 결혼이주여성들 스스로는 한국 적응을 통해 경제적 풍요로움을 추구하고자 하는데, 이런 통제들이 적응하는 데 장애가 된다고 보고 있다.

(3) 가장으로서의 책임감 결여

가정해체 결혼이주여성들의 결혼생활에서 전남편은 가정생활에 무관심했으며, 생계유지를 위한 생활비도 매우 적게 주는 것으로 파악되었다. 또한, 전남편은 아내의 출산 후 이들을 대하는 태도가 그 이전에 비해 냉정한 쪽으로 변화했으며, 아버지로서 지녀야 할 책임감이 없었다.

> "계속 일하러 바다에 나갔어요. 1주일이면 2일 정도만 집에 왔어요. 전 언제나 혼자였어요. 집안일을 아예 거들어주지 않았어요." (연구참여자 5)

> "하루 종일 만나도 애기하지 않고 또 좀 엄격해서 얼굴은 안 웃어요. 애기도 하지 않고 얼굴 보면 무서워요. 그래서 가까이 가지 않았어요." (연구참여자 6)

가정해체 결혼이주여성들이 공통적으로 이야기하는 것은 전남편이 경제활동을 함에도 불구하고 적은 생활비를 주고 있다는 것이었다. 대부분 생활비를 50만 원 이하로 적게 받거나 아예 받지 못한 사례가 있음에 주목할 수 있다. 이들의 결혼 동기가 한국의 부유함과 전남편의 경제적 능력에 있음에 비해 현실은 그렇지 않기 때문에 결혼생활에서의 갈등 유발과 실망은 당연한 것으로 볼 수 있다.

"생활비, 이혼 전부터 3, 4개월 동안 30만 원 줬는데 그전에는 얼마 안 줬어요. 그래서 늘 생활이 힘들었어요. 그래서 결혼이 후회스러웠어요." (연구참여자 2)

"그때 50만 원. 그 돈 주는 것도 못 사 입고 만약에 문자 와서 자기 와서 다 안 하잖아요." (연구참여자 3)

"생활비요. 잘 안 줬어요. 어느 때는 안 줘요. 그래서 생활이 너무 힘들었어요." (연구참여자 4)

"생각나면 가끔 줘요. 20만 원에서 30만 원 정도요." (연구참여자 5)

"한 달에 남편이 버는 돈이 400 정도인데… 어차피 저한테 돈 한 푼도 안 줬어요. 내가 한국에 온 3개월 동안 용돈 8만 원만 줬어요." (연구참여자 7)

연구참여자들의 결혼 동기를 보면 경제적 풍요나 한국에서 일해서 친정을 원조하겠다는 생각으로 국제결혼을 했는데, 실제로는 전남편이 일도 못 하게 하고, 용돈과 생활비도 제대로 주지 않았다. 이는 결혼 동기에 반하기 때문에 가정이 건강하게 유지되기 힘들 수밖에 없다. 그뿐만 아니라 연구참여자들의 전남편들은 출산 전후로 전혀 다른 사람 같은 태도의 변화를 보이기도 했다.

"그때 아이를 임신했을 때, 아이를 낳고 나서부터 크게 머리를 잡고 당기고 밀고… 나를 때렸어요." (연구참여자 1)

"결혼해서 남편이 마음 좋은 사람이구나 생각했어요. 처음에 믿었어요. 아이 낳고 남편이 엄마 초청해야 한다며 싸인하라고 했어요. 그래서 마음이 좋았어요. 내가 한국말 몰라 남편만 믿었는데… 그게 거짓말이었어요. 그 싸인은 이혼 서류 싸인이었던 거예요." (연구참여자 5)

"어떻게 왔는지는 중요하지 않고요. 온 다음 그 사람이 갑자기 변했다는 거에요. 아이 낳고 완전히 다른 사람이 되었어요. 180도가 아니라 360도 바뀌었어요. 한 반년 지나서 그 사람의 진짜 모습을 알아보았죠." (연구참여자 7)

대부분의 연구참여자들은 배우자를 만난 결혼 전과 직후 전남편을 긍정적으로 생각했지만, 자신들의 기대와는 다르게 결혼생활이 진행되면서 보이는 문제점들로 인해 배우자를 부정적으로 생각하게 됐다.

2) 내 편이 없는 시댁 식구

(1) 배려나 존중이 결여된 시댁 가족

연구참여자들은 시댁 가족들에 대해 대부분 부정적인 기억을 이야기했다. 특히 시댁 가족들은 이주여성들의 문화를 이해하지 못하거나 친절하게 대하지도, 배려하지도 않았다. 그뿐만 아니라 며느리로서 존중도 하지 않았다.

> "남편과 같이 포도 농사하니깐… 둘이 같이 하고. 하지만 남편은 내가 하려고 하면 항상 뭐든지 못하게 해요." (연구참여자 2)

> "쓰레기 있는 거 어떻게 버리는 안 알려줬고… 너 왜 이렇게 지저분한 사람이고 게으르다고 뭐라 했어요." (연구참여자 3)

연구참여자 1, 6, 7은 집안일과 가게일 등을 맡아 열심히 하는데도 시어머니는 자신의 결혼생활을 비교하여 이야기하면서 이주여성 며느리를 이해하거나 어려움에 공감하지 않고 있다. 전남편 또한 배우자의 어려움에 대해 격려하거나 이해하지 않고 오히려 이혼을 운운하거나 폭행과 폭언을 일삼는다. 또한 연구참여자 2의 경우도 한국 생활 적응을 위해 한국어 공부를 하러 가려고 했으나 집안일이 우선이라며 시어머니가 공부하는 것을 만류했다.

“가게 일도 하고 정육점 일도 하고 또 식당, 아침에 시부모님 밥 해드리고 다 해요. 근데 아이를 없을 때는 임신하는 것도 다 할 수 있지만 아이를 낳으면 못해요. 밤에 제대로 못 자고 시어머니는 그런 부분이 이해가 잘 안 되었어요. 왜냐하면 자기가 그때, 자기 옛날에도 너보다 더 힘들었다. 그런 비교를 하는 거예요.” (연구참여자 1)

“시어머니한테 ‘한국어 공부하게 좀 해주세요.’ 그랬는데 시어머니 막 화내고 그래요. 집에서 나보고 바쁜데 너 공부하면 누가 일하겠냐고… 그래서 집안일 못하고 시어머님도 마음 안 들어요.” (연구참여자 2)

“마늘 까라고 나 시켜요. 큰 통에다 놓고 하루 종일 다 해라. 시어머니는 도와주면 괜찮은데 어떤 날은 안 도와주고 제가 혼자 하니까. 시어머니 때문도 있어요. 시어머니는 남편하고만 얘기하고. 저는 몰라요. 저는 한국말 잘 모르고 두 사람은 대화하고 그다음에 (남편이) 저 때렸어요. 이유도 모르고. (울음) (연구참여자 6)

“시어머니도 새어머니였대요. 이혼하고 나서 알았어요. 생활은 매일 매일 소처럼 배 내밀고 바닥 닦고 청소하고 빨래하고. 아무도 배려 안 해줘요. 시어머님은 오지 않았어요. 제가 아이 낳았을 때도 오지 않았어요. 저의 집에 거의 온 적이 없어요. 시댁에 아주버님도 계시는데 저의 집에 한 번도 안 왔어요.” (연구참여자 7)

연구참여자들의 전남편들은 생활비를 제대로 주지 않았을 뿐만 아니라 이들에게 가정 살림을 맡기지 않았다고 한다. 다시 말해 부부 간 경제적 공유가 이뤄지지 않았다고 볼 수 있으며, 시댁 식구들 역시 과도하게 이들의 가정생활에 개입하거나 살림을 간섭하고 있었다.

"집에만 있어요. 제가 마트 가거나 어디 가거나 다 시어머님, 시누이, 남편이랑 같이 가요. 사면 그냥 사고 시어머니, 남편이 다 계산해주고… 제가 남편 너무 의심하니깐 제가 돈 있으면 더 힘들어요. 해봤으니깐 3, 4개월 3만 원 뭐 사는지 뭐 사는지 쓰고 돈 남는 거는 또 계산 다 하고 돈 맞게 해야 되고." (연구참여자 2)

"가게를 하면 뭐해요. 돈도 아버지, 그 여동생도 있잖아. 그 통장으로 들어가요." (연구참여자 4)

연구참여자 2와 4의 경우 결혼을 통해 독립적인 가정경제를 기대했지만 그렇지 않아서 실망했다. 이 역시 이주의 목적이 경제적 기대였는데, 이런 목적의 상실이 적응을 부정적으로 이끌게 되는 계기라고 볼 수 있다.

(2) 부부관계에 대한 시가의 과도한 개입 혹은 방관

시부모의 측면에서 보자면 자기 아들이 국제결혼을 하기 전까지 공동 경제체제를 유지했기 때문에 며느리가 들어와도 아들의 가정경제를 독립시키지 않고 지속적인 개입과 간섭을 하고 있다. 아들의 부부관계에 개입하여 결혼이주여성 가정을 독립체로 인정하지 않는 것이다.

"시어머니가 저한테 아이를 절대 못 준다고 말씀했어요. 시어머니 의도는 저를 협박하는 거예요. 저를 나가지 말라고 계속 있기를 원하는 거죠. 아이를 가지고 협박하는 거죠. 남편과 내가 이혼을 결정했는데도. 제 입장은 생각도 안 하고." (연구참여자 1)

"한국말도 빨리 배우고 싶어서 밖에 가서 공부 요청했어요. 시부모님한테. 근데 절대 못 가게 하는 거예요. 남편하고 어머니가. 원래 남편은 처음에 가도 괜찮다 했는데 아마 어머니가 남편에게 밖에 못 나가도록 하라 했나 봐요." (연구참여자 3)

시부모나 시댁 식구들은 결혼이주여성의 남편이 여성들에게 폭력과 폭언 등을 행사해도 말리지 않았고, 싸움을 방관했을 뿐만 아니라 아들의 편을 드는 경우도 많았다.

"그날 너무 속상해서 시어머니가 와서 얘기하는데 저보고 남편한테 미안하래요! 네가 잘못한 거 있다. 남편한테 가서 미안하다고 해라. 저는 끝까지 잘못한 거 없어요. 남편이 저보고 때렸어요. 그래도 네가 잘못한 거 있어. 먼저 가서 ○○이한테 미안하고 그러면 될 거야. 괜찮아." (연구참여자 1)

"남편이 밀치고 그러고 욕하고 그래요. 시아버님 계세요. 하지만 남편 술 먹고 가요. 말려주거나 야단치거나 이러지는 않았어요. 그냥 가만히 있어요." (연구참여자 2)

“남편이 저한테 먼저 때렸어요. 이혼 이야기 먼저 했어요. 그래서 시어머니 와서 너 어떤 아이 키울래. 너 누구 키울 거야? 그렇게 하고. 아이 2명… 너 선택해라. 어떤 애기 키우고 싶냐고… 이혼과 아이 키우는 거 제가 결정하는 거 아닌가요. 그런데 시어머니 나서서 막 말했어요.” (연구참여자 3)

“때릴 때마다 시어머니는 나갔어요. 남편 때릴 때 문 잠그라고 시키고… 저 그때 임신했는데 밖에도 못 나가니까 피할 수도 없고 그냥 맞았어요.” (연구참여자 6)

연구참여자들이 경험한 시부모나 시댁 식구들에 관한 기억은 자신의 가정을 독립적으로 인정하지 않고 과도하게 간섭하거나 혹은 아예 방관하는 경우들이었다. 즉, 전남편과 시댁 가족과의 지나친 밀착관계는 결혼이주여성을 가족관계에서 소외시킨다.

5.
이혼과 자립의 과정: 홀로서기 이야기

이 절에서는 결혼이주여성들의 이혼 시점을 기준으로 전후 과정이라고 할 수 있는 이혼의 원인과 과정을 조명하고, 이혼 후 자립과정을 기술할 것이다. 따라서 이 장에서는 '전쟁의 시작'인 이혼과 '홀로서기 연습'인 자립으로 구분하여 생애 이야기를 기술할 것이다.

1) 이혼: 전쟁의 시작

'이혼: 전쟁의 시작'이라는 제목을 붙인 이유는 이주여성의 결혼생활이 행복하지 못한 전쟁 같은 갈등과 싸움의 서막이기 때문이다. 전남편의 폭언과 이어지는 폭력을 가정해체의 발단으로 보고 있으며, 여기에 경제적 어려움도 가정해체의 원인으로 작동한다. 또한, 이주여성 자신은 물론 친정과 친정 식구들에 대한 무시, 그리고 극복할 수 없는 언어소통 장애와 상호문화 이해 미흡이 이혼의 이유로 제시되었다.

(1) 남편의 폭력으로 시작된 가정해체

연구참여자들의 전남편들은 어떤 이유가 있어서인지 모르겠지만 자신의 아내에게 폭언하고 그것도 모자라 폭행을 일삼기도 했다. 국제결혼한 남성들의 가정해체에 관한 연구에서 이혼의 이유에 대해 아내의 부정, 게으름, 사기 결혼, 소통의 어려움과 문화적 차이 등을 거론하고 있지만 결혼이주여성들의 인터뷰에서는 그런 내용을 찾기 어렵고 왜 폭언하고 폭행이 이루어졌는지 상식적으로 전혀 이해할 수 없었다.

> "이제 아이를 낳고 나서는 전혀 완전히 바뀌는 거예요. 남편이 자꾸 밖에 나가고 집 잘 안 들어오고 나가고 집 잘 안 들어오고… 그때 아이를 임신했을 때, 그때는 그렇게 크게 때리거나 그러지 않았는데… (중략) 아이를 낳고 나서부터 크게 머리를 잡고 당기고 밀고 그랬어요. 제가 아이를 업고 있는 때에도 가정폭력이 있었어요. 방으로 들어갈 때까지 그때 폭력해서. 막 그때 나오다가 무릎도 다치고 여기도 남편이 벽에다 밀었어요. 그뿐만 아니라 제가 아기 업고 있는 때에도 가정폭력이 있었어요. 아이를 업고 있는데도 머리를 잡아당기고 그랬었어요." (연구참여자 1)

> "그냥 남편이 화가 나면 막 저를 때려요. 무슨 물건도 던지고… 소리

도 나고 마루에 깨지기도 해서 위험해요. 무섭기도 하고." (연구참여자 4)

"남편이 집에 칼도 있어요. 5개 있어요. 장갑도 있어요. 막 칼로 위험하게 해요. 그래서 저 무서워요. 만약에 안 싸우면 괜찮은데 싸울 때마다 그 기억나서 도망가요. 제가 도망가요. 아니 남편이 얘기하는데 칼을 가져다놓고 얘기를 해요." (연구참여자 6)

"이혼하겠다고 딸 데리고 나오려고 했는데 못 데려가게 했어요. 딸을 안 줘요. 엄마가 딸을 안아주러 갔는데 그는 엄마를 밀치고 차고. 엄마가 우리 딸 데리러 갔는데 그는 딸을 옆집에 데려다줬어요. 그 옆집 사람도 너무 나빴어요. 바로 문을 닫아버렸어요. 우리 엄마 발로 차는데 엄마가 넘어질 뻔했어요. 저 너무 화났어요. 그래서 나도 때렸어요. 어떻게 우리 엄마를 때릴 수가 있어요? 그렇게 싸우다 제가 맞아서 쓰러질 때까지 싸웠어요. 너무 억울해서. (눈물) 33살까지 살면서 젊었을 때 고르고 고르고 계속 골랐는데." (연구참여자 7)

연구참여자 6은 결국 남편과 합의이혼을 했으며, 친권은 본인이 가지고 있다. 하지만 남편은 양육비를 주지 않았다. 아이가 아팠지만 그녀는 회사를 다녀야 했다. 디딤터에는 2016년 7월에 입소했으며, 현재 1년 5개월이 경과했다.

연구참여자 7의 경우 본인이 가출한 날과 이혼하기까지의 과정에 대해 정확한 일자를 기억하는 등 정말 '전쟁' 같은 결혼생활이었다고 고백했다. 특히 마음 아픈 것은 전남편의 폭행을 피해 가출한 것인데, 자녀를 유기한 죄로 조사받은 것이라고 한다. 그녀는 2015년 12월 9일 가출하여 안산으로 갔다. 12월 11일 딸을 찾기 위해 변호사를 선임했다. 그러나 별 도움을 못 받고 500만 원만 날렸다. 가출 시 딸은 4개월이었고 가출 이틀째 자녀 유기 신고가 들어가 조사를 받게 되었다. 다행히도 전주법원에서 무죄 판결을 받았다. 다문화가족지원센터 무료법률상담으로 2016년 5월 4일 아이를 고아원에서 데려왔다.

대부분의 결혼이주여성들은 전남편의 폭행이 있고 난 뒤 해당 지역의 다문화가족지원센터나 지인을 통해 경찰에 신고했으며, 이후 이주여성 쉼터, 이른바 쉼터로 이주하여 전남편과 격리되어 생활했다. 쉼터는 이들에게 피신의 장소이며 이혼으로 이어지는 장소이기도 하다. 이혼 이후 이들은 다시 자립시설인 이주여성 디딤터로 입소하기도 했다.

> "폭력이 심해 가출을 했어요. 다문화센터에 피신했다가 J시 쉼터로 그리고 S시 디딤터로 오게 되었어요." (연구참여자 1)

> "2015년 5월 다시 G시 쉼터로 갔다가 여기 디딤터로 오게 되었어요." (연구참여자 2)

> "경찰에 신고하고 다문화가족센터에 전화했어요. 그래서 센터에서 도와줬어요. (중략) 3개월 후에 남편은 지난번 서류는 이혼 서류였고 이제 이혼했으니 집에서 나가라 했어요. 그래서 쉼터를 거쳐 디딤터에 왔어요." (연구참여자 5)

(2) 이혼의 원인으로 작동된 경제적 어려움

결혼이주여성의 가정은 시댁을 중심으로 대부분 공유 경제체제를 운영하는 것으로 나타났다. 전남편은 자신의 친가 식구들과 농사를 짓거나 가게를 하는 등 시댁에 종속되어 있다. 또한 개인 회사에 다닌다 할지라도 아내에게 생활비를 적게 주거나 거의 주지 않기도 한다. 이는 앞에서 다룬 결혼이주여성들의 국제결혼 동기 중 경제적 풍요로움에 대한 기대와 상반된 것이다. 그래서 결혼이주여성들은 자신의 상황을 이해해주지 않는 각박한 전남편과 시댁의 경제적 통제나 경제적 상황을 경험하고 절망한 것으로 판단할 수 있다.

"남편 월급도 저는 전혀 모르고 돈 같은 거는 시부모랑 같이 있기 때문에 그 아버지가 용돈 조금씩 주고 남편은 전혀 돈 주지 않았어요. (중략) 시부모님 아니, 시아버지만. 제가 일할 때 10만 원, 20만 원 이렇게. 저는 집에 나올 때는 전혀 돈이 막 큰돈이 갖고 오지 않았어요. 100만 원도 안 되어요. 남편 돈 주는 것도 위자료 300 주는 것은 그것도 아이를 이곳저곳 다 쓰고 지금 남은 돈은 있지는 않아요." (연구참여자 1)

"남편이 저를 너무 의심하니깐 제가 돈 있으면 더 힘들어요. 매달 돈을 쓰면 남편이 검사를 해요, 뭐 사는지 뭐 사는지 쓰고 돈 남는 거는 또 계산 다 하고 돈 맞게 해야 되요. (중략) 제가 여기서 서류·돈, 호찌민하고 우리 고향이 몇 시간, 3시간 걸려요. 고향 한번 가면 돈 많이 들어요. 서류도 하고 서류비도 내야 되니깐 그 1번 가면 한밤 자고 와야 되고 그래서 돈이 너무 필요한데 남편 돈 안 주고 제가 오토바이 팔아서 그 돈으로 서류 했는데. (중략) 일단 남편은 돈을 너무 아끼고 그래요. 그래서 몸만 왔어요, 한국에. 베트남에 그래 몸만 왔으니깐 결혼 준비 다 하고 하지만 돈 빌렸고 제가 한국에 왔으니깐 일단 우리 부모님이 돈을 갚아야 되고." (연구참여자 2)

"제가 아이 낳을 때까지 남편은 돈도 주지 않고… 시어머니는 마지못해 매달 10만 원씩 주는데요. 그걸로 어떻게 살림을 할 수 있나요." (연구참여자 6)

연구참여자 7의 경우는 다른 결혼이주여성들에 비해 늦은 나이에 국제결혼을 했으며, 한국에 들어올 때 홀어머니와 함께 이주했다. 그런데 전남편은 월급에서 생활비를 주기는커녕 장모님이 부업해서 번 돈까지 갈취하고 폭력을 행사하기도 했다. 그뿐만 아니라 전남편은 아이 출산 시 다른 사람은 다 순산하는데 아내가 수술해서 아이 낳았다고 남 보기 창피하다면서 병실을 나가버렸다. 이런 배우자의 무례함의 발로는 이주여성인 아내와 친정 부모를 업신여기는 데 기인한다고 본다.

"결국 우리 엄마가 부업해서 한 돈도 그가 빼앗아갔어요. 60 몇만 원 엄마는 한 푼도 못 받았어요. 엄마가 왔을 때 인민폐를 가져와서 200만 원 정도 바꿨어요. 다 써버렸어요. 그 일로 내가 너무 속상했어요. 사람도 아니야. 완전 인간 쓰레기였어요. 어떻게 우리 엄마를 속일 수 있어요. 저는 엄마에게까지 손찌검하는 건 못 참아요. (중략) 야채도 사지 않아요. 아무것도 안 사요. 있는 대로 먹어요. 김치가 있으니까 그냥 김치만 먹어요. 냉장고에 김치 5~6상자 넣고 먹으라고… 내가 임신했을 때

7~8개월 동안 중국에서는 매운 음식 먹은 적이 없었어요. 한국에 와서는 김치만 질리도록 먹었어요. 매일 먹어서 위가 다 아팠어요. 다른 방법이 없잖아요. 나를 위해서 뭐 해주는 것 하나도 없어요." (연구참여자 7)

"내가 출산할 때 전남편이 와서 저한테 '수술하지?'라고 물었어요. 그래서 그렇다고 하니 '너 수술하면 내가 필요 없겠네. 돈 많이 들고…' 다른 사람은 다 순산하는데 제가 수술해서 아이 낳았다고 남 보기가 창피하다고 그러면서 나가버렸어요. 아마 수술해서 아이 낳으면 돈이 들어가기 때문일 거에요. (중략) 전남편은 고추장회사에서 일해요. 나한테 한 달에 월급이 140만 원밖에 안 된다고 나를 속여요. 토요일마다 일하는데 남자가 그렇게 월급 적게 주는 회사가 어디 있어요? 게다가 그는 사무직이었어요. 속상해 죽겠어요. 계속 나를 속였어요. 어차피 저한테 돈 한 푼 안 줬어요. 내가 한국에 온 3개월 동안 용돈 8만 원만 줬어요." (연구참여자 7)

(3) 처가에 대한 무시

연구참여자들은 자신에 대한 전남편의 무례한 태도나 폭언, 무시는 참을 수 있어도 자신의 부모나 친정 가족을 무시하는 것은 절대로 참을 수 없었다고 한다.

"우리 부모님 얼굴 봤을 때도 인사도 안 하고 안 쳐다보고." (연구참여자 4)

"1년 조금 넘으니깐. 우리 부모님 여기로 놀러왔어요. 왜냐하면 저 여기 한국에서 있잖아. 보고 싶어. 그냥 한국에 우리 한국에서 왔어요. 전남편 완전 인사도 잘 못하고 그냥 밥도 안 주고 이렇게 무시하고." (연구참여자 5)

"내가 그와 결혼해서 사람이 아니라 돼지취급 당했어요. 애도 5명 낳아야 되고, 이 일 저 일 다 해야 되고. 게다가 우리 엄마를 노예처럼 부려먹어요. 엄마가 애기 봐주러 왔는데… 함부로 대해서 화가 났었어요." (연구참여자 7)

연구참여자 4, 5, 7 모두 배우자가 자신의 친정 부모를 무시하고 예절을 갖추지 않는 데 대해 분하게 생각했고, 이런 배우자에 대한 부정적 이미지가 가정해체의 원인 중 하나라고 볼 수 있다.

(4) 언어소통 장애와 상호문화 이해 미흡

결혼이주여성의 가정해체 이유로는 부부 간 갈등과 한국 생활 부적응인데, 국제결혼 선택의 동기와는 다른 요인이 작용하고 있다. 이는 의사소통 장애 및 이주여성의 국가와 한국과의 상호문화적 이해가 미흡한 데서 기인하는 것이다.

"남편 성격이 급해서 내가 말하는 것도 기다려주지 못하고 이해를 안 해줬어요. 그때 당시는 내가 말을 잘 못해서 서로 이해를 못했어요.

아이를 낳고도 남편과 이야기를 잘하고 싶어서 한국어 공부를 하고 싶었지만 잘하지 못했어요." (연구참여자 1)

"저도 한국에 온 지 얼마 안 됐는데 한국말 잘 못하니깐 센터에서 통역 선생님이 와서 얘기하고 저도 한국 왔으니깐 진짜 집에도 오고 많이 울었어요. 자기도 남편밖에 없는데 안 오는 것도 없고 막 이렇게 눈치보고 이렇게 나한테 판다라고 부르며 게으르다고 했어요." (연구참여자 3)

"남편이 저 한국말을 잘 모르겠대요. 남편이 우리 엄마 초청 서류라 해서 싸인해주었는데, 그게 이혼 서류였어요. 제가 한국말을 잘 모르고 이해를 못해 답답했어요." (연구참여자 5)

"저는 몰라요. 저는 한국말 잘 모르고 두 사람은 대화하고 그다음에 남편이 저 때렸어요. 이유도 모르고. (울음) 한국말 배우지만 쓰기는 어려워요. 사람 대화 없어서 듣기는 할 수 있어서 그런데 말하기는 어려워요. (울음) (연구참여자 6)

"핸드폰으로요. 번역기를 활용했죠. 그리고 큰일 있으면 다문화가족지원센터 선생님한테 전화했어요. 다른 방법이 없으니까. 그때 마침 언어시험을 봐야 해서 중국에서 자격증 따야만 한국에 올 수 있었어요. 간단한 말은 할 수 있어야 올 수 있었어요. 갑자기 임신을 하는 바람에 그 자격증 없어도 되니까. 그냥 와도 된다고 했어요." (연구참여자 7)

한국어는 이주여성이 한국 생활에 적응하는 데 가장 큰 걸림돌이자 넘어야 할 벽이다. 연구참여자 1과 같이 이들은 전남편과 시댁과의 소통을 위해, 자신의 한국 생활 적응을 위해 노력한 흔적이 나타났지만 전남편은 참아주거나 이해하지 못했다고 고백한다. 나아가 연구참여자 5의 사례는 더욱 기가 막히다. 이주여성이 한국어 이해가 짧은 것을 이용해 이혼 서류를 장모 초청 서류라고 속여 서명하도록 한 경우다.

2) 자립: 홀로서기 연습

가정해체 결혼이주여성들에게 결혼생활에서의 어려움은 기억하고 싶지 않은 기간이다. 하지만 이혼을 기점으로 정서적으로나 경제적으로나 울타리가 되어줄 수 있는 가족들의 부재로 심각한 상실감과 소외감을 느끼게 된다. 연구참여자들은 이혼과정에서 느꼈던 어려움을 극복하고 쉼터나 이주여성자립시설에서 홀로서기를 준비하고 있었다.

(1) 남편과의 단절, 홀로서기의 시작

연구참여자들은 남편의 가정폭행 이후 쉼터에서 전쟁 같은 날을 보냈으며, 남편과의 단절은 혈혈단신의 한국 땅에서 홀로서기를 시작하는 계기가 되었다. 자녀 문제로 전남편이나 시댁에 연락할 일이 있어도 연락하지 말라는 무관심한 말에 상처를 받거나 아예 기대를 하지 않는다고 한다.

"남편은 전혀 연락 안 하고 시부모님이랑 아이 때문에 계속 연락 와요. 안 만났어요. 이혼한 이후에는." (연구참여자 1)

"그 시아버지랑 그 남편이랑 '연락하지 마.' 이렇게 했어요." (연구참여자 4)

"아이가 아빠 계속 보고 싶다고 얘기하는데 한 번 연락했어요. 연락하지 말라고… 저도 이해해주는데 연락했어요. 근데 남편은 다음에 연락하지 말라고." (연구참여자 6)

"남편이 그랬어요. 앞으로 다신 연락하고 싶지 않다고… 남편은 새로운 생활을 할 거라고 했어요." (연구참여자 7)

연구참여자들은 결혼과정에서 다양한 이유로 가정해체를 결심했지만, '연락' 여부에 따라 인연의 미련을 갖기도 했다. 연구참여자들은 아이를 양육해야 하는 입장에서 이혼은 했지만 전남편의 경제적 혹은 정서적 지지에 대한 기대를 갖는 듯했다. 그러나 정작 전남편들은 새로운 출발을 위해 연락을 끊고자 했다. 연락과 정은 비례관계에 있음은 모든 인간관계에서 발견되는 것 같다.

(2) 쉼터로의 도피와 디딤터에서의 행복 찾기

연구참여자들은 전남편의 폭력 후 경찰에 신고하거나 해당 지역 다문화가족지원센터의 조치로 인해 쉼터로 가게 되고, 일정 기간 이혼 소송을 거쳐 이혼이 확정되면 디딤터에 입소하게 된다. 이들에게 디딤터는 마치 친정 같은 장소이고 행복을 찾기 위한 자립의 장소이기도 하다. 이들은 자녀 양육에 대해서는 자신감이 없다고 하기도 하고 막막하다는 표현을 했지만, 자신의 국제결혼 동기라고 볼 수 있는 경제적 활동과 자아발전을 위한 진정한 기회를 갖는 시간으로 행복해했다.

"쉼터 들어온 지 1년 넘었어요. 아니 1년 반 좀 넘었던 거 같아요. 그때 1년 10개월 있었어요." (연구참여자 1)

"J 쉼터에 있을 때 지금 한 1년 6개월 정도 있었네요. 그리고 여기 디딤터로 왔어요. 여기에서 여러 가지를 배워요. 이제 아이를 혼자 키워야 하니까요." (연구참여자 5)

"G시 쉼터에서 두 번 살았어요. 그리고 K시 쉼터도 잠깐 들어갔고… 거기에서 상담하고 화해하면 집에 가고 아니면 이혼하고 싶으면 G시 가서 이혼하고… 거기에서 7개월." (연구참여자 6)

이주여성들이 전남편의 폭력으로 인해 이혼하기 전 도피해 생활했던 쉼터에서 받은 도움은 자립에 필요한 주거, 양육, 재활과 취업을 위한 자격증 과정이었다.

"와서 3개월 됐어요. A 쉼터에서 애기 태어나서도 많이 도와줬어요." (연구참여자 5)

"죽을 것 같아요. 진짜 생각 못 살아요. 죽을 뻔했어요. 하지만 쉼터 와서 지금 사장님이 많이 도와줬어요. 사장님이 '그러니까 ○○○ 뭐하고 싶어요?' 저 뭐 안 하고 싶어요. 그냥 애기 태어나서 애기 키우고 싶어요. 또 걱정하지 마 사장님이 잘 도와줄게요. 이렇게 하면 백프로 된 것 같아요. 그래서 그냥 어디서 아 조산원에서 3주 살았어요. 저기서 다 도와줬어요. 한 번 애기 날 때 60만 원 받았어요." (연구참여자 5)

"제가 이혼하는데 여기 쉼터 도움 많이 받았어요. 공부도 할 수 있고 나중에는 좋은 직장도 다닐 수 있고 그때 얘기하니까 엄마 많이 기뻤어요." (연구참여자 6)

이주여성 쉼터는 여성가족부가 〈가정폭력방지 및 피해자보호 등에 관한 법률〉에 따라 설치한 가정폭력 피해자 보호시설이다. 이 시설에서는 피해자에 대한 숙식 제공, 상담, 치료 등을 수행하고 있으며 외국인을 위한 보호시설(이주여성쉼터)도 별도로 운영하고 있다. 특히 '가정폭력 피해자 보호시설(이주여성쉼터)'의 경우 가정폭력 피해자 또는 그 가족구성원으로서 본인이 희망하거나 동의할 경우 입소하여 생활할 수 있다. 본인이 원할 경우 언제든지 가족과 연락할 수 있으며, 퇴소도 가능하다. 또한 입소 중인 피해자가 자신의 소재를 가족에게 알리지 않기를 원하는 경우 보호시설에서도 이를 알려줄 수 없다. 피해자 보호를 위해 각 보호시설의 위치는 비공개이며, 남편 등이 시설에 직접 방문할 수 없다. 다만, 남편 등 가족과의 전화상담 또는 상담소에서의 상담 등을 통해 갈등 해결에 노력하고 있다.

연구참여자들은 대부분 쉼터에 있는 기간 동안 가정으로 돌아가는 경우도 있지만, 여전히 가슴속 깊이 상처가 남아 이혼의 과정을 겪게 된다. 이혼하게 되면 자립을 위해 디딤터로 입소하는 경우가 있다. 디딤터에서는 말 그대로 홀로서기를 위한 취 · 창업 등 진로 모색을 위한 한국어, 컴퓨터, 미용 등 자격증 취득을 위한 기간을 갖는다.

(3) 경제적 자립과 자녀 양육에 대한 걱정

쉼터에서의 기간 동안 이주여성들은 이혼의 과정을 겪고 자립할 수 있는 계기를 갖게 된다. 이후 디딤터에 입소하여 실질적인 자립생활을 시작한다. 이주여성 디딤터는 쉼터와 달리 이혼이 결정된 이주여성과 자녀를 대상으로 운영한다. 디딤터에서는 입소대상자 자격을 폭력피해로 인한 한부모 이주여성과 동반자녀로 하고 있다. 여기서는 가정폭력으로부터 벗어난 이주여성의 자립 및 자활에 필요한 직업훈련교육은 물론 취업 혹은 창업 지원과 함께 동반자녀의 건강한 성장을 돕는 것을 목적으로 한다. 더불어 이주여성이 바람직한 양육태도를 형성하도록 지원하고, 이주여성과 동반자녀의 경제적 자립은 물론 우리 사회의 일원으로서 안정적으로 정착할 수 있도록 돕는다. 이주여성들은 이런 목표를 가지고 있는 디딤터에서 자립을 위해 노력한다.

이주여성 자립시설인 디딤터에서는 자립을 위한 다양한 교육 프로그램을 비롯하여 육아방법 등을 제공한다. 나아가 이주여성들의 정서적 함양을 위한 상담 프로그램 등이 운영된다. 연구참여자 2의 사례에서 보는 바와 같이 이들에게 '선생님'은 멘토를 넘어서 친정 부모 같은 위상으로 보인다.

"지금은 만약에 여기 더 있을 수 있다면 더 좋죠. 월급도 받으면서 지원도. 생활비 안 냈잖아요. 이게 돈 많이 모이는 거예요. 한 달 딱 130만 원을 적금통장에 넣는 거예요. 여기서 제과제빵, 요리 또 재봉 다 해요. 컴퓨터도 배우고요. 바리스타 자격증도 땄어요." (연구참여자 1)

"미용학원에서 배우고 있어요. 한국어 배울 수 있고… 여기서 엄마와 애기 어떻게 놀고 선생님 와서 같이 놀아주고 엄마와 애기 같이 놀아주고 선생님 와서 책도 읽어주고 노래 교육도 해주고. 와서 공부 해주고 네. 숙제도 같이 해주고 엄마 다 잘 모르니깐…. 여기 애기들 마음이 엄마 잘 모르고 무시하지 않고 그렇게 교육해주고 너무 감사해요. 기술도 많이 배우고 많이 모아서 나오니깐 너무 든든하고 나도 그렇게 아이 해봤어. 여기 선생님 와서 한국어 어떻게 생활하는지 한국에서 뭐가 어떤 날 아끼고 다 많이 다 알려주고 요기 프로그램 진짜 많아요. 2년 동안 매일매일. (중략) 퇴소 자립금 500만 원 주고 지금 걱정하는 거 없어요. 하지만 여기 생활 너무 좋아요. 교육도 많이 받고 선생님한테 사랑받고 뭐 만약에 뭐를 배우거나 어디 가고 싶은 데 이야기하면 선생님 도와주고, 뭘 잘 몰라서 물어보면 선생님이 다 알려주고 하니까…. 그리고 선생님과 얘기하니깐 너무 따뜻하고 좋아요." (연구참여자 2)

"아직 공부하고 있어요. 아직 자격증 때문에 좀… 부모 교육하고 그 컴퓨터 잘 못하잖아요. 이제 자격증도 따고 있는 것도 컴퓨터도 만져도 할 수 있어요. 여기 시험도 보러 가고 또 제빵 하는 거. 요리. 제빵제과 하고. 제봉, 바리스타… (중략) 여기 와서 또 한국말 하고 한국어 많이 배우고 또 토픽시험도 보러 가고. 토픽, 한국어 능력시험도 보러 가고.

3급 합격했고. 학원 보내줘요." (연구참여자 3)

"지금 한국 시험, 한국 토픽시험 준비해요. 3급 따고 지금은 피부미용도 배우고 있어요. 바리스타도 자격증 땄어요. 제과제빵도 다 많이 배웠어요. 자격증 많아서 나중에 실력을 많이 쌓아서 나가서 일하고 싶어요." (연구참여자 4)

"여기서 공부도 많고요. 저 한국말을 진짜 못 해요. 공부한 지 1년 됐어요. 저 한국말 조금 알아요. 컴퓨터도 배워요. 빵도 배워요. 요리도 배워요. 여러 가지 애견미용도 배웠어요. 강아지 좋아하니까 직업으로 골랐어요." (연구참여자 5)

"한국어 배우고 또 학원도 보내고 제가 좋아하는 제과제빵도 따고… 한국어는 5급 땄어요. 토픽 또 파워포인트하고 엑셀도 배워요. 요리하는 것도 배웠어요. 정말 좋아요…. (중략) 여기 와서 한국어도 배우고 또 밖에서 학원 다녀서 여러 사람 만나서 어떻게 지내야 하는지 나중에 돈 벌고 또 애기도 키울 수 있게 좀 많이… (중략) 디딤터 와서 무섭지 않고 또 열심히 공부해서 또 애기도 자랑하고 우리 엄마도 자격증도 따고 동등하게 사니까 도움이 된 거 같아요." (연구참여자 6)

디딤터에 입소해 있는 이주여성 모두 자녀 양육에 대한 걱정을 많이 하고 있었다. 이들은 이혼에 대한 후회는 없지만 친정과 떨어진 먼 이국땅에서 막막한 미래에 대해 불안한 마음을 가지고 있었다. 이와 더불어 자신이 결혼 이전에 지녔던 국제결혼의 동기라 할 수 있는 기대가 꿈이 아니라 자신의 노력 여하에 따라 현실이 될 수 있다는 자신감을 갖게 되었다. 그것은 모두 자기 자신을 위한 것이라기보다는 어린 자녀를 아빠 없이 키워야 한다는 책임감의 발로이며, 이를 위해 열심히 살아야겠다는 각오의 표현이라고 볼 수 있다. 이들이 살아가는 이유가 모두 자녀 양육을 중심에 둘 정도로 자녀들에 대한 걱정을 많이 하고 있다.

"전 마음이 남편한테 그렇게 딱 정해지지 않았기 때문에 지금은 아이를 생각하면 아빠 만나기를 원해요. 왜냐하면 아이는 만약에 아버지 사랑받고 그러면 더 잘할 수 있는 아이에요. 제 아들이. 근데 아빠도 계속 아빠 찾고, 아빠 없고 하니깐. 어쩔 때는 그렇게 '아빠, 나는 왜 아빠 없냐?' 그런 말 하고 친구 옆에 있으면 '그 친구는 아빠 손 잡고 다니는데. 나도 아빠 보고 싶다.' 그런 것 보고 저는 아이를 더 잘 자라려면 그런 부분을 만나기를 원하는데. 근데 저하고 전남편은 전혀 관계없어요. (중략) 아이한테는 영향이 되잖아요. 나중에 학교 가면 또 '너는 아빠 없는 아이'라고 하더라도 '아니야, 나는 아빠 계속 만난다.' 그렇게 말할 수 있잖아요. 근데 만약에 아빠 없는 아이라고 하면 받아들일 수밖에 없잖아요." (연구참여자 1)

"아이 책임 때문에 얘기해야 하지만 아이 아빠 양육비 안 주고 있어요. 이제 큰아이는 아빠 양육하고 작은애기는 제가 양육하고. 그 상관은 없어요. 그 영주권, 아니아니 그 뭐지? 애기 키우는 거 책임은 제가 다 하고 깔끔히… 전남편이 양육도 안 하고 아무튼 제가 낳았을 때 저는 또 안 보고 나갔어요. (중략) 우리 큰애기는 지금 열심히 하고 살고 나중에 만날 수 있게. 하지만 지금 키우는 애기, 먹고 살고 잘해주고 싶고 그

렇게 열심히 해야 돼요." (연구참여자 2)

"애기도 위해서니깐. 우리 특히 어린이집에 엄마, 아빠 다 있잖아요. 그날 부모 모르게 산다. 그러니깐 원장님 저한테 지금 저랑 애기랑 디지털 살았잖아요. 아빠 없으니깐 ○○이가 남자애기이니깐 꼭 아빠 필요하니깐 아빠 행동, 옷 입는 거, 우리 애가 다 봐야 하잖아요. (중략) 퇴소하면 어떻게 강원도 내려가서 살거나, 서울에 살 건지. 같이 학교도 안 하고 그냥 가까운 집에. 왜냐하면 아들도 나중에 학교 가면 또 통학 많이 들어가고. 가까우면 아빠 많이 도와주잖아요." (연구참여자 3)

"제가 제과제빵일 쭉 하면은 일찍 출근하고 그래서 애기 어떻게 어린이집 보내고 애기 때문에 많이 걱정했어요. 또 집 구하려고 했는데 여기 500만 원 주는데 퇴소하면 일주일 아니면 1달 아니면 3개월 돈 보내준다고 바로 보내지 않아서 그래서 우리도 돈 없고 어떻게 집 구해요? 집 구하면 바로 돈 내고 들어와서 그렇게 하니까." (연구참여자 6)

"전남편이 아이에 대해서는 물어봐야 하는 거 아니예요? 우리 사이에 아무 감정이 없다고 해도 원수는 아니잖아요. 전남편이 나한테 했던 그 많은 못된 짓들 자신이 더 잘 알 텐데, 아이는 그게 아니잖아요. 자기 자식인데, 혈육이고. 성도 전남편 성인데 아이를 봐서라도 아이가 나중에라도 무슨 일이 생기면, 아빤데." (연구참여자 7)

가정해체를 경험한 대부분의 이주여성들은 주거시설의 확보, 자녀 양육 등에 필요한 경제적 자립에 대해 걱정을 많이 하고 있었다. 특히 이들은 이혼하는 과정에서 일정한 보상을 받았거나 그러하지 못했음에도 크게 원망하지 않았으며 자립을 긍정적인 시선으로 바라보고 있었다.

"자립이요? 아이랑 함께 일을 하면서 재혼 같은 거 할 수도 있겠지만 우선은 여기서 지금 재혼 받는 거 말고 나중에 임대주택이거나 아니면 월세 원룸을 받고 원룸은 이렇게 살고 둘이 일하면서 아이는 학교 가고 다른 선배들처럼 그렇게 잘 자립하는 거죠. 그런 자립이에요." (연구참여자 1)

"부족해요. 왜냐하면 원래 일도 없고 그냥 바로 여기 들어오니깐 사람들 돈도 없고 우리 나갈 집도 뭐 집 그 뭐지? 월세도 많고. 그렇게 내가 돈을 애기 둘이는 키우기도 힘들고 그렇게 할 돈도 없고 어떻게 모르겠어. 아이와 같이 살 집도 원체 또 비싸고 그렇게 얘기하고." (연구참여자 3)

연구참여자 5의 경우는 자립의 진정한 의미를 이해하고 있었다. 그녀는 한부모가정 지원 프로그램도 신청했고, 누구보다 자립하려고 애쓰는 모습을 볼 수 있었다. "돈 많이 벌면 누구도 안 도와줘도 돼요." 즉, 경제적인 차원의 도움을 받는 상태는 자립하지 못한 상황으로 이해하고 있었다.

"제가 만약에 캄보디아 땅에서 떠났으니까… 꿈을 찾아 떠났으니까 성공하고 싶어요. 멋지게… 혼자라면 저는 충분히 가서 어디 다른 지역에 가서 숨어서 살 수 있는데… 저 아들이 있잖아요. 그래서 절대 못 가요. 여기서는 아이를 행복하게 멋지게 살고 거기 가서 남편 없더라도 성공하는 거를 보여줘야…." (연구참여자 1)

"보통 2년이에요. 하지만 교육 때문에 2년 3개월 살았어요. 저만 안 돼요. 애견미용 2년 2번 시험이니까 자격증도 못 따고 나가니까 나가서 어떻게 사냐고 그래서 위에서 수녀님이 위에 사람에 2년 3개월 더 연결해줘요. 자립했지만 월급도 조금 벌고 나라도 도와주니까 아직 자립 못 했어요. (중략) 만약에 돈 많이 벌면 누구도 안 도와줘도 돼요. 자립해야 해요. 한부모도 신청했으니까 나라도 도와주니까 자립 못하면 안 되지요." (연구참여자 5)

"제빵직원 선생님도 ○○○은 왜 걱정 말아요. 물어보고. 제가 3개월 후에 퇴소하니까 돈도 없고 어떻게 집 구하라고 많이 걱정했어요." (연구참여자 6)

"한국어하고 직장이요. 일을 하면 지금 받고 있는 지원 모두 못 받아요. 사실 지금도 얼마 안 돼요. 100만 원도 안 돼요. 전세금 지원을 해줬잖아요. 그래서 20만 원 줄었어요. 그리고 애기가 유치원에 갔으니까 또 15만 원 유치원으로 보내요. 그래서 생활비가 부족해요. 지금은 한 60~70 정도 돼요. 내 생각에. 이번달은 아직 안 받았어요. 이번달은 아직 안 나왔어요. 왜냐면 애기가 이번달에 유치원에 갔으니까요." (연구참여자 7)

특히 연구참여자 1의 말은 연구자가 가장 또렷하게 기억한다. 그녀가 기대에 찬 국제결혼을 해서 자신의 나라를 떠나 한국에 왔으니 어떤 상황에서라도 성공하고 싶다는 의지가 돋보였으며, 그 의지는 자신을 위한 것이라기보다 자녀를 위한 마음에서 태동된 것이다. 이주여성들은 이혼과정에서 꿈 많은 20대 미혼 처녀에서 어엿한 어머니의 모습으로 변화하고 있었다.

6.
한부모 이주여성의 도전과 미래

가정해체를 경험하고 자녀를 둔 이혼 이주여성을 '한부모 이주여성'이라고 칭한다. 말 그대로 이주여성 혼자 한부모 역할을 수행하는 경우다. 이들의 이주 배경은 국제결혼이고, 이혼의 계기는 자신이 선택한 결혼 동기와 다른 상황 전개라고 볼 수 있다. 반면, 이혼은 이들에게 주체적 삶을 갖게 하는 자립의 시작이 된다. 이 연구에서 연구자들은 생애담 영역을 크게 세 가지 영역으로 구분했다. 즉 결혼이주의 과정, 결혼생활의 과정으로서 짧은 결혼생활, 이혼과 자립의 과정으로 기술 영역을 나주어 이주여성들의 결혼 생애담을 기술했다. 이들의 결혼 생애담에서 나타난 특성들을 제시하면 다음과 같다.

첫째, 결혼이주의 과정은 이주여성들의 기억에서는 '꿈과 기대의 결혼', '기대에 넘친 자랑스러운 국제결혼'으로 구분하여 설명할 수 있다. 우선 꿈과 기대의 결혼이주는 '한국 남성에 대한 긍정적인 호감', '자국과 자국 남자들에 대한 부정적인 생각', '경제적 풍요로움 추구와 친정에 대한 경제 원조'로 구분할 수 있다. 또한 준비 없는 결혼의 과정은 '매매혼과 중매혼의 추억 없는 결혼', '결혼과 결혼 상대에 대한 사전 지식 미흡'으로 내용을 구분하여 제시할 수 있다.

둘째, 짧은 결혼생활 과정에서 결혼이주여성들은 모두 자신의 생애에서 '기억하고 싶지 않은 시간'으로 상징화하고 있었다. 특히 결혼 당사자인 배우자와의 관계에 대해 불편하고 힘들었던 부부관계로 규정했으며, 이 관계에서 '언어소통의 어려움과 문화 간 차이', '전남편의 가정폭력과 과도한 간섭', '가장으로서의 책임감 결여'라는 경험을 기억으로 재생했다. 또한 이들의 결혼생활에 가장 큰 영향을 미친 시부모를 포함한 시댁 식구들에 대해 '내 편이 없는 시댁 식구'로 규정하고 '배려나 존중이 결여된 시댁 가족'과 '부부관계에 대한 시가의 과도한 개입 혹은 방관'으로 분류할 수 있었다.

셋째, 가정해체로 인한 이혼과 자립의 과정에서는 이혼을 전쟁의 시작, 자립과정을 홀로서기 연습으로 주제화했다. 이혼과정의 경우 결혼이주여성들은 '전남편의 폭력으로 시작된 가정해체', '이혼의 원인으로 작동된 경제적 어려움', '처가에 대한 무시', '언어소통 장애와 상호문화 이해 미흡'으로 생애담 경험을 토로했다. 자립과정의 경우는 불확실한 미래에 대해 염려하고 있었는데, 특히 이 과정에서 이주여성들의 경험은 '전남편과의 단절, 홀로서기의 시작', '쉼터로의 도피와 디딤터에서의 행복 찾기', '경제적 자립과 자녀 양육에 대한 걱정'으로 구분 지을 수 있다.

이와 같은 결혼이주여성의 가정해체에 관한 생애담의 결과는 앞부분에 제시한 선행연구의 시사점을 충족하고 있다고 본다. 선행연구에 나타난 이주여성의 이혼과정은 개인적 요인과 사회적 요인이 상호작용하는 복합적 과정으로서 파악해야 한다는 것과 시간적으로 결혼 이전과 결혼생활, 이혼과정과 이혼 이후의 과정을 총체적으로 조망해야 함을 강조한 바 있다. 이 연구의 경우 연구참여자들의 생애담 기술을 위해 편의상 시간적으로 구분하여 제시했지만, 실제로 생애담이란 사건의 인과관계가 연속적으로 나타나야 하기 때문에 분절적으로 이들의 경험을 기술했다기보다 국제결혼의 동기가 결혼과정의 이혼 그리고 자립과정까지 연속적으로 연계됨을 나타내고 있다.

특히 이주여성들의 국제결혼 동기가 단지 경제적 이유이기보다 출신국의 환경을 극복하고 자기계발을 하려는 기대와 도전으로 나타나고 있다. 결혼과정에서도 지배를 받거나 억압받는 존재가 아니라 과감하게 가정해체를 통해 주체적인 삶을 선택한 존재로 규정짓고자 한다. 이들은 자신의 결혼이 결코 실패라고 생각하지 않는다. 불확실한 미래에 대한 두려움을 갖고 있지만, 이들에게 이혼은 자신의 도전성을 시험받고 자아실현을 주체적으로 실현할 수 있는 계기로 생각하고 있다. 디딤터 같은 공적 자원의 도움은 한국 사회에서 한부모 이주여성으로서 역할을 감당하는 데 도움이 되고 있다.

우리에게 이혼은 때로 생애과정에서 실패와 좌절로 평가되기도 한다. 그렇다고 모든 이혼이 불행하지는 않다. 결혼의 동기를 실현하는 데 있어 이혼이 긍정적으로 작동되기도 한다. 차라리 전쟁 같은 결혼생활에 종지부를 찍고 이혼이라는 생애 전환점을 통해 자유와 평화를 찾아 자아실현을 할 수 있는 계기를 갖기도 한다. 또한 연구자들이 수행한 결혼이주여성 생애담 연구는 이들의 트라우마를 치유할 수 있는 질적 자료로도 사용할 수 있다고 본다.

연구자들이 만난 한부모 이주여성들은 가정해체에 대해 자기발전을 위한 '슬픈 사건'으로 인식하고 있었다. 또한 면담과정에서 이주여성들은 자신의 삶을 돌아보며, 긍정적인 자아를 발견하고 성장하고 있음을 확인하고 있었다. 자신의 생애담을 이야기하는 과정에서 담담하고 의연하지만 많은 눈물을 보였다. 이주여성들이 보인 슬픔의 정서는 과거의 선택과 결혼생활에 대한 회한이라기보다 객관적인 자아와 마주하는 치유과정으로 볼 수 있다. 우리는 계속해서 그녀들의 이야기를 들어야 한다. 그들은 자신의 이야기를 출신국의 친정 가족이나 친구들에게 하기 어려워한다. 그 이유는 자신이 선택한 한국행이 기대와 꿈으로 가득했기에 불행한 일들을 차마 전하지 못하기 때문이다. 이제 우리는 그들이 꿈을 찾도록 지켜봐주어야 하고, 적어도 안정적인 삶을 이루어나가도록 사회적인 지지를 아끼지 않으며 함께해야 한다. 연구자들은 이들이 디딤터를 떠나 어떻게 우리 사회 속에서 꿈을 실현해나가고 있는가를 확인하는 과제를 안고 있다. 그들이 여성으로서, 어머니로서 주체적인 삶을 이루어나가기를 응원하며, 다음 면담에서 그녀들의 눈물이 아닌 행복한 웃음을 기대한다.

맺음말

총서 5권은 한국에 거주하는 결혼이주여성을 중심으로 그들의 생애담을 통해 여성의 주체적 삶에 대해 연구했다. 노동이주와 결혼이주의 경계가 분명하지 않음에도 불구하고 국민국가의 입장에서 결혼이주여성은 노동이주여성과 법제도적으로 차별된 영역으로 편입된다는 점에서 특수한 존재들로 여겨진다. 결혼이주여성은 더 이상 제한된 사회서비스를 제공받는 단기 노동자가 아니라 한국인의 아내이자 어머니의 신분으로 한국에 장기간 거주하게 될 존재이기 때문이다. 이러한 이유로 한국 사회에서 결혼이주여성에 대한 관심은 크게 확대되어왔다. 특히 결혼이주여성과 자녀들이 주요 가족구성원인 '다문화가족'에 대한 정부의 지원정책은 결혼이주여성이 한국 가족에 소속될 것을 바탕에 둔다. 결혼이주여성은 한국 사회의 저출산 · 고령화 현상을 해결하기 위한 일종의 인구학적 대안으로 나타났기 때문이다. 그러나 이러한 정부의 지원정책에서 결혼이주여성 개인의 삶을 둘러싼 복합적이면서 다층적인 그들의 '이야기'는 배제되었다(최승은, 2019). 따라서 이 책에서는 결혼이주여성의 이야기를 듣고 그들의 삶에서 나타나는 다양한 경험을 공유하고자 한다.

한국 사회에서 살아가는 이주민들의 이야기를 통해 이주민을 타자화하는 사회적 인식을 전환하고, 서로를 존중하는 사회적 통합의 계기가 될 것으로 기대한다. 한국 사회의 이주민 중 결혼이주여성을 중심으로 연구한 이 책은 총 4장으로 구성되었고, 각 장에 대한 요약과 공존의 다문화 사회를 위한 시사점을 제시하면 다음과 같다.

1장은 '초국적 이주와 여성'이라는 주제 하에 현대사회 이주의 변천과 이주의 체계, 결혼이주여성의 현황과 정책, 그리고 결혼이주여성을 둘러싼 이론적 논의를 살펴보았다. 젠더(gender)와 페미니즘(feminism), 주체성(subjectivity), 행위자-네트워크 이론(Actor-Network Theory), 그리고 정체성 협상 이론(Identity Negotiation Theory)은 결혼이주여성의 삶을 이해하기 위한 이론이다. 복합적이고 다층적인 결혼이주여성들은 초국적 이주를 통해 문화를 결합하고 교차하는 행위자들이다. 이러한 결혼이주여성들의 경험들을 고찰함으로써 여성들의 다양한 관계를 이해할 수 있다. 나아가 이주여성과 한국여성들 사이의 연대뿐만 아니라 이주여성들 사이의 연대를 위한 가능성들을 생산해낼 필요가 있다. 또한 결혼이주여성들이 새로운 문화에서 정체성 협상을 하는 것은 '상호적 행동변화'라고 볼 수 있다. 오늘날의 세계는 초국적 이주시대를 맞으면서 개인과 개인, 개인과 사회를 설명하는 많은 이론과 분석 틀이 존재하기 시작했다. 정체성 협상 이론은 우리의 삶 속에서 서로 이해관계로 인해 발생하는 충돌과 갈등을 조정하는 데 기여한다. 그것은 인간이 사회적 존재이기에 끊임없이 타자와 상호작용을 하게 되고, 그 과정에서 자신의 정체성을 협상하고 재구성하기 때문이다.

2장은 '결혼이주여성의 주체적인 관계 맺기'에 관한 생애담 연구로, 결혼이주여성을 사회적 약자나 시혜적 대상이 아닌 시공간적으로 이질적이고 다원적인 삶의 환경 속에서도 '주체적 인간'으로서 자신의 삶을 주도해가는 주체로 바라보고 관계성에 초점을 맞추었다. 개인의 삶은 시간적 실재 속에서 상호작용하며 자아가 발달하고 사회적 경험들이 삶 속에서 통합되어가는 과정이다. 결혼이주여성이 시공간적으로 이질적이고 다원적인 삶의 환경 속에서도 '주체적 인간'으로서 자신의 삶을 주도해가는 삶의 여정을 살펴보는 것은 의미 있는 작업이다. 이 장에서 결혼이주여성들은 가정, 지역, 사회라는 공간 속에서 다양한 주체적 삶의 모습들을 보여주었다. 그들은 주체적으로 자신의 삶을 선택하고 어려움에 대해 기꺼이 감내하면서 가족을 지키고자 노력하고 있었다. 그들은 대부분 다문화가족지원센터를 통해 정보 습득을 하고 있었으며 취업에 대한 욕구가 높았다. 따라서 다문화가족지원센터 중심으로 다양한 교육지원이 지속적 · 체계적으로 이루어질 필요가 있으며 내실 있는 체계적인 취업교육이나 인적자원개발이 이루어져야 한다. 결혼이주여성들은 이주를 경험하면서 정체성의 위기, 삶의 불안감 속에서 심각한 스트레스를 경험할 수밖에 없다. 그들의 행복한 삶을 위해서는 그들에 대한 교육이 단순히 한국어교육, 한국문화교육의 차원을 넘어서 단계별 · 유형별 심리치료 상담 프로그램, 부모교육, 인권교육, 미디어교육, 세계시민성 교육 등이 도입되어야 한다. 또한 결혼이주여성들은 성인이 되어 한국에 진입했기 때문에 그들의 성공적인 사회통합을 위한 다양한 취업교육 및 성인 교육 프로그램의 개발이 필요하다.

3장은 '결혼이주여성의 모성과 어머니 되기'에 관한 생애담 연구로,

'이주민'과 '어머니'라는 두 가지 삶의 자리를 견뎌내야 하는 결혼이주여성들의 현실과 한국 사회에서 어머니로서의 삶의 과정을 통해 '어머니 되기'의 경험을 탐구했다. 결혼이주여성은 한국인 남성과 결혼하고 한국인 자녀를 낳은 어머니임에도 불구하고 장소와 인종, 성이라는 중첩된 장벽에 직면하며 힘들게 살아가는 사회적 약자로 존재하고 있다. 그러나 이 장에서는 결혼이주여성이 한국의 모성 규범과 문화 속에서 자녀 양육의 어려움을 겪는 타자로서가 아니라 한 국민으로서 그 위치와 정체성을 조정하고 협상하는 행위 주체임을 보여주었다. 한국에서 살아야 하는 결혼이주여성들은 한국 문화를 적극적으로 수용하고 정착하기 위해 새로운 정체성 정립을 필요로 하거나 과감하게 본국에서 형성된 정체성을 토대로 한 아이의 강인한 어머니로 거듭나야 하기 때문이다. 결혼이주여성들은 자신이 성장한 문화와 다른 한국에서도 자녀를 위해 투쟁하는 주체자로서 어머니의 역할을 수행하고 있으며, 이국땅에서 소외되고 사회적 약자로 살아가지만 자신의 아이가 위험에 처하거나 누군가에게 폭력을 당했을 때는 강인한 모성애를 발휘했다. 모성은 역사적 상황 속에서 만들어진 사회적 · 문화적 구성물로 그 시대 여성들의 역할을 규정하고 통제하는 이데올로기라고 할 수 있다. 따라서 시대의 흐름과 변화 속에서 지금껏 만들어진 모성 이데올로기의 환상을 깨고 각자의 주관적인 삶에서 새로운 모성을 형성해나가는 것이 필요하다.

4장은 '결혼이주여성의 이혼과 홀로서기'에 관한 생애담 연구로 결혼이주여성들의 국제결혼 동기, 결혼생활 과정에서 나타난 가정해체 원인, 그리고 이혼과 아울러 시작되는 자립과정에서 겪는 경험에 주목했다. 결혼이주여성들에게 '결혼'은 그들의 생애에서 큰 도전이다. 그러나

'이혼'은 더 큰 도전이며, 개인사에 있어서 엄청난 사건이다. 남편이라는 존재로부터의 외면, 이혼이라는 낙인과 더불어 이주여성이라는 삼중고를 안을 수밖에 없다. 개인에게 이혼은 곧 가정해체를 의미하며, 당사자의 자존감을 떨어뜨리고, 경제적 어려움, 심리 · 정서적 상실감에 직면하게 된다. 이러한 이혼과정은 개인적 요인과 사회적 요인이 상호작용하는 복합적 과정으로서 파악해야 한다. 더욱이 자녀를 맡는 경우 자녀 양육과 생계를 책임지는 이중역할을 경험하게 된다. 또한 이혼은 전반적인 가족체계에도 장기간 혼란스러운 영향을 미치고, 가족구성원들로 하여금 관계를 재구성하도록 하며, 새로운 역할을 분담하게 된다. 이러한 자립의 과정에서 결혼이주여성들이 홀로 일어서는 모습은 여성의 주체성을 보여준다. 결혼이주여성들이 자신의 목소리를 낼 때 보인 슬픔의 정서는 과거의 선택과 결혼생활에 대한 회한이라기보다 객관적인 자아와 마주하는 치유과정으로 볼 수 있다. 우리는 계속해서 그녀들의 이야기를 들어야 한다. 그리고 이제 우리는 그들이 꿈을 찾도록 지켜봐주어야 하고, 적어도 안정적인 삶을 이루어나가도록 사회적인 지지를 아끼지 않으며 함께 해야 한다.

주류 사회로부터 소외되고 타자화되고 있는 결혼이민자를 비롯한 다문화 구성원의 구체적인 삶을 이해하고, 나아가 정주민과 이주민이 함께 공존할 수 있는 새로운 사회적 합의가 필요하다. 결혼이주여성의 주체적 삶에 대한 이야기를 각 장에서 들어볼 수 있었다. "경청은 수동적 행동이 아니다. 특별한 능동성이 경청의 특성이다. 이를 위해서는 우선 타자를 환영해야 하고, 타자의 다름을 긍정해야" 한다(한병철, 2017). 이러한 타자에 대한 윤리성은 집단으로서의 인류에 대한 접근보다는 개별적 존재에 관심을 가져야 한다. 이 세계에 존재하는 것은 각각의 인간이며, 우리의 윤리는 인간 존재에 대한 책임에서 시작(Arendt, 1996)되기 때문이다.

결혼이주여성의 다양한 생애사적 경험들은 정치경제적 · 사회문화적 등 다양한 층위에서 발현된다. 이들이 전해주는 생애사의 의미는 개인의 기록에 대한 자료로 제한되는 것이 아니라 사회와 개인의 상호작용을 재구성하여 더 나은 사회로의 진보를 향해 나아갈 수 있게 한다. 다문화사회는 다양한 다문화구성원들을 분리할 수 없다. 편견과 차별을 양산하는 다문화정책이 아닌 결혼이주여성이 지역사회와 함께 성장할 수 있는 수요자 중심의 지원정책으로 추진되어야 할 것이다.

또한 초국적 이주를 한 여성들의 생애담 이야기가 담긴 연구가 사회적 인식과 정부의 지원정책에도 반영되어야 한다. 결혼이주여성들을 '다문화'라는 하나의 용어로 호명하기에는 한 사람, 한 사람이 가지고 있는 삶은 너무나 다양한 모습을 하고 있다. 정책의 방향이 일방적인 '시혜'를 넘어 인간에 대한 존중을 담아낼 수 있기를 바란다.

참고문헌

갈라노바딜노자 · 박미숙 · 김영순(2016). 「우즈베키스탄계 고려인 결혼이주여성의 자녀 이중언어교육 방식에 대한 사례연구」, 『교육문화연구』 22(2), 317-342.

강미연 · 장인자(2009). 「필리핀 결혼 이주여성의 '엄마되기': 경험을 중심으로 본 정체성의 문화정치」, 『현대사회와 문화』 28, 73-103.

강복정(2012). 「한국의 다문화가족정책 및 서비스의 현황분석-다문화가족지원센터 사업을 중심으로」, 『다문화 사회연구』 5(1), 143-184.

강선자 · 손수민(2011). 「영아기 자녀를 둔 국제결혼 이주여성의 결혼만족도와 자녀 양육에 대한 인식: 결혼이주여성 4인의 사례연구를 중심으로」, 『열린유아교육연구』 16(6), 161-188.

강승묵(2016). 「국제결혼중개계약과 혼인신고의 문제점과 해결방안」, 『한양법학』 27(3), 77-100.

강영안(2001). 『주체는 죽었는가』. 서울: 문예출판사.

강유진(2013). 「결혼이주여성의 사회적 관계와 관련요인」, 『한국가정관리학회지』 31(4), 47-64.

강현석 · 김경식 · 박창언 · 백상수 · 조영남 · 주동범 · 황윤세(2015). 『통합방법연구의 기초』, 파주: 아카데미프레스.

강혜령 · 어성연(2015). 「농촌거주 다문화가정의 자녀출산과 양육경험: 결혼이주여성과 시어머니의 목소리를 중심으로」, 『유아교육학논집』 19(6), 395-422.

곽윤정(2013). 「다문화가정 어머니와 유아자녀를 위한 정서지능 프로그램의 효과 연구」, 『유아교육학논집』 17(2), 305-322.

구차순 · 박순자(2013). 「국제결혼 남성의 결혼해체 과정에 관한 연구」, 『사회과학연구』 28(3). 45-74.

김경숙 · 김민경(2014). 「국내 결혼이주여성의 어머니 동화과정」, 『Journal of Korean Academy of Nursing』 44(1), 1-12.

김경주(2010). 「이주의 여성화와 국제결혼 이주여성 정책 방향」, 『한국자치행정학보』 24(2), 144-166.

김동엽(2008). 「필리핀의 정당정치와 민주적 정치발전」, 『동남아시아연구』 18(2), 33-67.

김미라(2018). 「모성의 확장과 재사유: TV드라마 마더를 중심으로」, 『한국극예술연구』 61, 333-368.

김미영(2015). 「에릭슨의 심리사회 발달적 인간 고찰」, 『사회복지경영연구』 2(2), 27-42.

김민경 · 김경숙(2014). 「중국유학생의 문화적응스트레스, 우울이 음주문제와 사회부적응에 미치는 영향 — 자아탄력성의 조절효과를 중심으로」, 『아동복지연구』 12(2), 23-41.

김민영(2014). 『결혼이주여성의 어머니 되어가기』, 계명대학교 대학원 박사학위논문.

김민정(2012). 「필리핀 여성의 젠더화된 이주: 한국의 사례」, 『한국여성학』 28(2), 33-74.

김병숙 · 안윤정 · 송혜령(2010). 「결혼이주여성의 직업적응 프로그램 개발 및 효과」, 『한국심리학회지: 여성』 15(2), 235-258.

김보성 · 김향수 · 안미선(2014). 『엄마의 탄생』, 서울: 오월의봄.

김세서리아(2009). 「한국 가족에서 모성과 여성의 일에 대한 철학적 고찰: 자녀교육을 중심으로」, 『한국여성철학』 12, 31-58.

김성례(2004). 「한국 여성의 구술사: 방법론적 성찰」, 조옥라 · 정지역 엮음. 『젠더, 경험, 역사』, 서강대학교 출판부.

김순남(2014). 「이주여성들의 결혼. 이혼의 과정을 통해서 본 삶의 불확실성과 생애지도의 재구성」, 『한국여성학』 30(4), 189-231.

김연수(2012). 「여성결혼이민자의 삶의 만족에 관한 연구: 가족관계, 사회적 지지및 문화적응과의 관계를 중심으로」, 『한국가족복지학』 38, 229-256.

김연수 · 박지영(2010). 「여성결혼이민자의 문화적응경험 연구」, 『한국가족복지학』 30, 269-297.

김연희 · 이교일(2017). 「초국적 삶의 주체로서 결혼이주여성의 전환경험과 미디어 행위자네트워크 역할: 중국출신 여성을 중심으로」, 『아시아여성연구』 56(1), 107-153.

김영경 · 이정향(2014). 「결혼이주여성의 사회자본에 관한 연구」, 『한국지역지리학회지』 20(2), 163-175.

김영순 · 김진희 · 강진숙 · 최승은 · 정지현 · 오세경 · 정경희 · 정소민 · 김창아 · 김민규 · 조진경 · 조현영 · 김기화 · 임한나(2017). 『질적연구의 즐거움』, 서울: 창지사.

김영순 · 오영훈 · 정지현 · 김창아 · 최영은 · 정소민 · 최승은 · 조영철(2016). 『처음 만나는 다문화교육』, 성남: 북코리아.

김영옥(2010). 「인정투쟁 공간/장소로서의 결혼이주여성 다문화공동체: '아이다'마을을 중심으로」, 『한국여성철학』 14, 31-64.

김영옥 · 한재희(2014). 「결혼이주여성들의 결혼생활에서 나타나는 불안 경험에 대한 연구-경기도 S의 필리핀여성들을 중심으로」, 『상담학연구』 15(6), 2581-2602.

김영천(2006). 『질적연구방법론 I』, 서울: 문음사.

김영철 · 박덕규(1996). 『한국교육비전 2020: 세기의 대전환』, 서울: 한국교육개발원.

김유진 · 오성배(2013). 「국제결혼 이주 여성의 자녀 교육열 탐색」, 『한국교육문제연구』 31(3), 135-160.

김윤희(2012). 『산후조리원 경험과 산후 조리원 동창생 모임을 통해 본 어머니 되기 의미 고찰』, 전남대학교 석사학위논문.

김이선(2014). 「다문화가족의 초국적 가족연계망 현황과 미래 전망」, 『ISSUE PAPER』 2014, 1-21.

김이선 · 김영란 · 이해응(2016). 『다문화가족의 구성 변화와 정책 대응 다각화 방안』, 서울: 한국여성정책연구원.

김이선 · 마경희 · 선보영 · 최호림 · 이소영(2010). 『다문화가족의 해체 문제와 정책과제』, 서울: 여성가족부.

김인선 · 배화옥(2012). 「결혼이주여성 한국인 남편의 결혼적응에 관한 연구」, 『사회과학연구』 28(3). 1-21.

김정흔(2017). 「한국 다문화가족정책 통합에 대한 현장전문가의 인식: 다문화가족지원센터와 건강가정지원센터의 통합을 중심으로」, 『다문화교육연구』 10(2), 89-124.

김지영 · 안성훈(2014). 『내국인 남성의 국제결혼 피해실태와 대책』, 서울: 한국형사정책연구원.

김지은(2007). 「한국인 아내 만들기」, 『비교문화연구』 13(2), 41-72.

김태영(2014). 「한국에서 거주하는 다문화가정 여성들의 자녀 양육 및 교육인식에 대한 비교 연구」, 『열린부모교육연구』 6(2), 55-70.

김태임 · 권윤정 · 김미종(2012). 「결혼이주여성의 모성경험에 관한 현상학적 연구—도시거주 이주여성을 중심으로」, 『여성건강간호학회지』 18(2), 85-97.

김필성(2015). 『교사의 교육과정 재구성 경험에 관한 내러티브 탐구』, 경북대학교 대학원 박사학위논문.

김현미(2004). 「'친밀성'의 전지구적 상업화: 한국의 이주 여성 엔터네이너의 경험」, 『여성이론』 (11), 68-102.

______(2006). 「국제결혼의 전지구적 젠더 정치학」, 『경제와 사회』 70, 10-37.

______(2010). 「결혼이주여성의 가정 만들기: 문화 접경지대 번역자로서의 이주여성」, 『비교한국학』

18(5), 145-172.

김효숙 · 이경화(2017). 「비판적 문식성 교육을 통한 결혼이주여성의 주체성 형성에 관한 실행연구」, 『아시아교육연구』 19(2), 543-572.

김효순(2013). 「사회적 일자리사업에 참여한 결혼이주여성의 임파워먼트 경험에 관한 탐색적 연구: 사회복지공동모금회사업을 중심으로」, 『보건사회연구』 33(1), 327-355.

김희순(2019). 『생애사를 통해 본 베트남결혼이주여성의 이혼 연구』, 숭실대학교 대학원 박사학위논문.

김희복(1990). 「한국인의 교육열 탐색」, 『경성대학교논문집』 11(3), 1-14.

나영이(2016). 『베트남 결혼이주여성의 자녀교육에 관한 문화기술적 연구』, 이화여자대학교 대학원 박사학위논문.

나카지마 카즈코(1998). 『이중언어와 다언어의 교육』, 박정은 · 조항록 · 최용기 역(2012). 서울: 한글파크.

문경연(2011). 「'국민의 배우자'에서 벗어난 여성들: 한족 결혼이주여성들의 결혼과 이혼사례를 중심으로」, 『한국문화인류학』 44(2), 71-112.

문성훈(2014). 『인정의 시대』, 서울: 사월의책.

민가영(2011). 「결혼이주여성의 다문화정책 수용과정과 그 효과에 관한 연구」, 『사회과학연구』 22(1), 83-104.

박경태(2009). 『인종주의』, 서울: 책세상.

박미은 · 신희정 · 이미림(2012). 「결혼이주여성의 취업경험에 관한 현상학적 연구」, 『사회과학연구』 23(4), 213-244.

박미정 · 엄명용(2015). 「결혼이주여성 이혼경험 연구」, 『한국 사회복지학』 67, 33-60.

박범종(2017). 「다문화가족과 사회통합을 위한 지방정부 역할」, 『동북아문화연구』 51, 285~307.

박봉수 · 김영순(2018). 「중국계 결혼이주민의 자녀 이중언어 교육 경험에 관한 연구」, 『한국언어문화학』 15(1), 93-120.

박선영(2007). 「사회복지실천에서 클라이언트의 초기 임파워먼트에 관한 탐색적 연구: 저소득층 여성가장을 중심으로」, 『사회과학논총』 26(1), 173-192.

박순영(1998). 「인류진화사 모델에 나타나는 여성의 모습: 변한 것과 변하지 않은 것」, 『한국문화인류학』 31(2), 519-557.

박신규 · 이성희(2015). 「여성결혼이민자의 가족해체과정 분석 및 지원방안: 전북지역사례를 중심으로」, 『다문화와 평화』 9(2). 112-135.

박아청(1988). 『Erikson 아이덴티티론』, 서울: 교육과학사.

박재규(2009). 「국제결혼 여성이민자 및 남편의 가족생활 적응 연구: 경기지역을 중심으로」, 『보건과 사회과학』 26, 137-163.

______(2011). 「국제결혼 여성이민자의 가족해체 및 특성 분석」, 『한국 사회학회 사회학대회 논문집』, 303-320.

박재용(2017). 『모든 진화는 공진화다: 경이로운 생명의 나비효과』, 서울: MID.

박지영(2010). 「자살로 가족을 잃은 유가족의 생존경험에 관한 해석학적 현상학 사례연구」, 『정신보건과 사회사업』 36, 203-231.

박찬옥 · 이은경(2012). 「출신 국가별 다문화가정 어머니의 자녀 교육관 및 부모 역할 인식」, 『다문화콘텐츠연구』 12, 65-94.

박현선 · 이채원 · 노연희 · 이상균(2012). 「다문화가정의 이중언어 · 이중문화적 양육환경이 자녀 발달에 미치는 영향: 어머니 양육참여의 매개 효과를 중심으로」, 『사회복지연구』 43(1), 365-388.

방미란 · 이정희 · 이지애 · 정지윤 · 박세영 · 안옥심 · 박숙희 · 김영희(2000). 「산욕초기 어머니 됨과 돌봄 자신감」, 『여성건강간호학회지』 6(2), 291-304.

변경원 · 최승은(2015). 「이야기를 통해 타자와 교류하는 주체 — Taylor의 인정 이론을 넘어 Ricoeur의 이야기 정체성을 통한 결혼이주여성의 정체성 형성가능성」, 『교육문화연구』 21(4), 37-59.

변경원(2016). 결혼이주여성의 주체적 정체성 형성과 구약 성서의 '룻과 나오미'이야기 해석 — Ricoeur의 미메시스 이론을 중심으로 — . 교육문화연구, 22(1), 287-307.

서연주(2013). 「결혼이주여성 스토리텔링 양상과 '이주어머니' 형상화 방안모색: 2000년대 다문화 소재 서사를 중심으로」, 『한국문예창작』 12(3), 219-243.

______(2010). 「개인의미도법: 박물관교육을 위한 질적연구 조사방법」, 『박물관교육연구』 4, 63-82.

서재복 · 임명희(2018). 「베트남 결혼이주여성의 사회적 참여, 사회적 지지, 임파워먼트 및 삶의 질의 구조적 관계」, 『국제이해교육연구』 13, 157-181.

설동훈 · 김윤태 · 김현미 · 윤홍식 · 이혜경 · 임경택 · 정기선 · 주영수 · 한건수(2005). 『국제결혼 이주여성 실태조사 및 보건 · 복지지원정책방안』, 서울: 보건복지부.

설동훈 · 한건수 · 이승미 · 심경섭(2015). 『2015년 국제결혼 중개업체 이용자 및 피해자 조사연구』. 서울: 여성가족부.

성지혜(2015). 「결혼이주여성의 노후생활 준비에 관한 연구: 대구지역 베트남 결혼이주여성을 중심으로」, 『여성연구』 88(1), 83-115.

성현란(2011). 「남편의 성역할 고정관념. 다문화 감수성 및 아내문화 수용이 결혼이주여성의 문화적응. 결혼 및 삶의 만족도에 미치는 영향」, 『사회문제』 17(2). 219-239.

손미향 · 최희경(2018). 「결혼이주여성과 이혼한 한국남성의 결혼 해체 경험에 관한 연구」,

『여성학연구』 28(1), 113-154.

손승아(2000). 「첫 어머니 됨의 체험연구」. 서울여자대학교 박사학위논문.

신경림 · 조명옥 · 양진향(2004). 『질적 연구 방법론』, 서울: 이화여자대학교 출판부.

신란희(2005). 『국제결혼 여성의 가족, 일 그리고 정체성: 우즈베키스탄과 필리핀 여성의 생애사 연구』, 서울대학교 석사학위논문.

신송이(2017). 『집단이야기치료를 통한 양육초기여성의 정체성 변화 경험에 관한 연구: 모성이데올로기를 중심으로』, 연세대학교 박사학위논문.

신은숙(2005). 『제도적 모성에 대한 갈등과 협상으로서의 저출산』, 숙명여자대학교 교육대학원 석사학위논문.

심미경(2015). 「다문화가정 이혼남성 사례연구」, 『다문화와 평화』 9(1), 20-41.

심영희 · 정진성 · 윤정로(1999). 『모성의 담론과 현실』, 서울: 나남.

안진(2013). 「결혼이주관련 법제의 문제점과 개선방안에 대한 일고찰: 결혼이주여성의 인권의 관점에서」, 『법학논총』 3(1), 41-74.

안채순(2010). 『다문화가정 어머니의 영유아 건강관리행위 예측모형 구축』. 고려대학교 대학원 박사학위논문.

안현주(2006). 『한국남성과 국제결혼한 이주여성의 가정폭력 경험과 대응: 여성주의적 관점을 중심으로』. 신라대학교 대학원 석사학위논문.

양옥경(2007). 「서울거주 국제결혼이주여성의 사회적응 지원방안」, 『서울정책 포커스』 27, 1-20.

여성가족부(2014). 『포괄적 가족서비스 제공 방안 마련을 위한 토론회 자료집』, 서울: 여성가족부.

______(2016). 『2015년 다문화가정 실태조사결과』.

______(2016). 『2016년 건강가정 · 다문화가족지원센터 통합서비스 사업설명회 자료집』, 서울: 여성가족부.

______(2017). 『2017 다문화가족지원 사업안내』, 서울: 여성가족부.

______(2019). 『2019년 가족사업안내 제1권』, 서울: 여성가족부.

염지숙(2003). 「교육연구에서 내러티브 탐구의 개념, 절차, 그리고 딜레마」, 『교육인류학연구』 6(1), 119-140.

오현선(2007). 「한국 사회 여성 이주민의 삶의 자리와 기독교교교육적 응답」, 『기독교교육논총』 15, 247-281.

유영은(2007). 「결혼이주여성의 생활문화적응에 관한 사례연구와 지원방안: 경기도 북부지역을 중심으로」, 명지대학교 사회복지대학원 석사학위논문.

유향선 · 봉진영 · 윤재희(2011). 「결혼이주여성의 자녀 언어 지도 경험에 관한 고찰」,

『유아교육학논집』 15(2), 109-133.

윤동화(2013).「결혼이주여성의 가족해체 경험에 관한 질적 연구」,『한국 사회복지 질적 연구』 7(2), 37-58.

윤재희 · 유향선(2011).「결혼이주여성의 어머니하기」,『다문화콘텐츠연구』 11, 41-80.

윤택림(2001).『한국의 모성』, 서울: 미래인력연구원 지식마당.

윤향희(2017).「한 · 베 가정 내 베트남 여성의 경제적 지위와 역할이 모국송금에 미치는 영향」,『다문화콘텐츠연구』 25, 77-101.

윤현석 · 안성훈(2015).「한국남성의 국제결혼 피해실태 및 대책에 관한 연구」,『인문사회』 6(4), 173-192.

윤형숙(2004).『국제결혼 배우자의 갈등과 적응: 한국의 소수자 실태와 전망』, 서울: 한울.

______(2005).「외국인 출신 농촌주부들의 갈등과 적응」,『지방사와 지방문화』 8(2), 299-339.

윤혜미(2009).「결혼이민자 가족을 위한 임파워먼트 기반의 사회복지실천연구」,『한국 사회복지학』 61(4), 85-108.

이경숙(2006).「혼종적 리얼리티 프로그램에 포섭된 '이산인'의 정체성: 〈러브人 아시아〉의 텍스트 분석」,『한국방송학보』 20(3), 239-276.

이경혜(1982).「산욕기 산모의 모성 역할에 대한 인식과 간호요구에 대한 연구」,『간호학회지』 12(2), 67-79.

이광규(1975).『한국가족의 구조분석』, 서울: 일지사.

이귀옥 · 이혜련(2006).「아동의 이중언어 경험과 마음이론 발달」,『한국심리학회지』 19(4), 77-92.

이규호(2005).『사회화와 주체성』, 서울: 연세대학교 출판문화원.

이근무 · 김진숙(2009).「국제결혼한 남성들의 생애사 연구: 7인의 새로운 디아스포라(neo-diaspora)이야기」,『한국 사회복지학』 61(1), 135-162.

이동후(2006).「텔레비전이 재현하는 아시아」,『텔레비전이 재현하는 아시아』 18(1), 9-35.

이민경(2015).「중국 출신 고학력 결혼이주여성들의 자녀교육을 통해서 본 정체성 재구성: 대구 · 경북 지역 이주여성을 중심으로」,『한국교육학연구』 21(2), 147-171.

이민아(2013).「계획적 무자녀 가족: 한국 사회에서 아이 갖기의 의미와 가족주의의 역설」,『한국 사회학』 47(2), 143-176.

이삼식 · 박종서 · 김필숙 · 김형석(2007).『국제결혼이주여성의 결혼 · 출산 행태와 정책 방향』, 서울: 한국보건사회연구원.

이선형(2013).『한국 결혼이주여성의 모성과 정체성: 구술생애사 분석을 중심으로』, 서울대학교 대학원 박사학위논문.

이성림 · 차희정(2013). 「한국 내 결혼이주 여성의 다문화 체험과 정체성 구성_결혼이주 여성 수기를 중심으로」, 『한중인문학연구』 38, 163-186.

이애련(2010). 「결혼이주여성의 가정생활문화 이해 및 적응에 관한 사례연구: 서울지역 어린이집 어머니를 대상으로」, 『한국가족자원경영학회지』 14(4), 299-321.

이영은(1991). 「산욕기 초산모의 간호목표달성 합의가 어머니 역할 수행에 대한 자신감과 만족도에 미치는 영향에 관한 실험적 연구」, 이화여자대학교 대학원 박사학위논문.

이영희(2013). 「국제결혼 한 한국남성의 경험에 대한 단일사례 연구」, 『현대사회와 다문화』 3(1). 38-73.

이용재(2012). 「결혼이주여성의 시민적 권리에 관한 고찰: 제도적, 비제도적 차별을 중심으로」, 『다문화와 인간』 1(2), 235-268.

이유나(2015). 「다문화가정 결혼이주여성의 '어머니 되어가기'에 관한 질적연구: 일본인 어머니를 중심으로」, 『한국일본교육학연구』 20(1), 65-85.

이은경(2018). 「엄마되기 과정에서의 전환학습 경험에 대한 자전적 내러티브 탐구」. 아주대학교 교육대학원 석사논문.

이은숙(1992). 「산욕기 초산모의 어머니 역할획득에 관한 연구」, 『모자간호학회지』 2(1), 5-20.

이은아(2012). 『도시 결혼이주여성의 경제적 위치와 모성의 확장적 구성/제구성에 관한 연구』, 이화여자대학교 대학원 박사학위 논문.

______(2013). 「도시 결혼이주여성의 어머니 노릇과 정체성, 자녀교육 경험을 중심으로」, 『한국여성학』 29(3), 115-146.

이은정(2015). 「우즈베키스탄 고려인의 귀환이주」, 『지방사와 지방문화』 18(1), 219-249.

이은주(2010). 「결혼이주여성 남편의 문화적 민감성. 부부의사소통/ 성역할 태도가 결혼 만족에 미치는 영향에 관한 연구」, 『사회과학연구』 26(4), 45-71.

이은주 · 전미경(2014). 「출신국의 사회 · 문화적 맥락에서 이해한 베트남 결혼이주여성의 적응경험 연구」, 『한국가정관리학회지』 32(5), 63-86.

이종각(2003). 『교육열 올바로 보기』, 서울: 원미사.

이지연(2018). 『베트남 출신 결혼이주여성의 자녀 양육 경험: 위계의 교차 위에 놓여있는 이중만족사회화』, 서울대학교 대학원 박사학위논문.

이진희 · 배은경(2013). 「완벽성의 강박에서 벗어나 '충분히 좋은 어머니'로: 위니캇의 유아정서발달이론과 어머니노릇을 중심으로」, 『페미니즘연구』 13(2), 35-75.

이채원 · 박현선 · 노연희 · 이상균(2013). 「한국 사회에서 결혼이주여성의 어머니역할 찾아가기 과정: 근거이론적 접근」, 『한국가족복지학』 41, 251-279.

이해경(2015). 「결혼이주여성의 이혼 후 삶의 경험에 관한 연구」, 『한국가족복지학』 47, 29-54.

이형하(2010). 「농촌지역 결혼이주여성의 지역사회활동 참여경험에 관한 질적 연구」, 『한국 사회복지학』 62(3), 219-245.

이혜경(2005), 「혼인이주와 혼인이주 가정의 문제와 대응」, 『한국인구학』 28(1), 73-106.

이혜림(2018). 「결혼이주여성의 문화적응과 사회 · 경제적 참여에 관한 연구」, 성균관대학교 대학원 박사학위논문.

이흔정(2004). 「내러티브의 교육과정적 의미 탐색」, 『한국교육학연구』 10(1), 151-170.

이희영(2005). 「사회학 방법론으로서의 생애사 재구성」, 『한국 사회학』 39(3), 120-148.

장명림 · 장혜진 · 이세원(2011). 『다문화가정 부모와 유아를 위한 이중언어 프로그램 시범적용 및 모니터링(연구보고서 2011-01-2)』, 서울: 한국교육개발원 육아정책연구소.

장명선 · 장은애(2010). 『다문화가족지원서비스 전달체계의 효율화 방안 연구』, 서울시 여성가족재단 연구사업보고서, 2010-정책개발-019.

장순복 · 송주은(2000). 「신생아 비디오 상영이 포함된 가정간호가 초산모의 양육능력에 미치는 영향」, 『여성건강간호학회지』 6(1), 54-66.

장온정 · 박정윤(2009). 「결혼이민자 가정 한국인 남편의 가족관련 가치관 및 문화 적응태도가 결혼적응에 미치는 영향」, 『가족과 문화』 21(2), 1-27.

장인실(2013). 「국제결혼이주여성의 출신국가별 자아정체감 연구: 마르시아의 정체감 지위이론을 중심으로」, 『교육종합연구』 11(4), 315-339.

장호광(2017). 「칼뱅의 인간론에 있어서 '주체성' 이해」, 『한국개혁신학』, 56, 48-83.

전홍주 · 배소영 · 곽금주(2008). 「결혼이민자 가정에서 이루어지는 자녀 교육지원의 실제와 의미: 필리핀과 일본 어머니들의 사례를 중심으로」, 『가족과 문화』 20(3), 161-186.

정기선(2008). 「결혼이주여성의 한국이주특성과 이민생활적응: 출신국가별 차이를 중심으로」, 『인문사회과학연구』 20, 69-103.

정순둘 · 김경미 · 박선영 · 박형원 · 최혜지 · 이현아(2012). 『사회복지와 임파워먼트』, 서울: 학지사.

정예리(2011). 『해체가족 여성결혼이민자와 그 자녀의 삶 : 필리핀 여성을 중심으로』, 중앙대학교 대학원 박사학위논문.

정현주(2009). 「경계를 가로지르는 결혼과 여성의 에이전시: 국제결혼이주연구에서 에이전시를 둘러싼 이론적 쟁점에 대한 비판적 고찰」, 『한국도시지리학회지』 12(1), 109-121.

조일준(2016). 『이주하는 인간, 호모 미그란스』, 서울: 푸른역사.

조현미(2017). 「베트남출신 결혼이주여성의 혼인경로에 따른 혼인동기와 가족과의 관계분석」, 『사회과학 담론과 정책』 10(1), 143-166.

조혜정(1988). 『한국의 여성과 남성』, 서울: 문학과지성사.

차윤석(1996). 「비전 적합성, 임파워먼트, 그리고 조직유효성 간의 관계에 관한 연구」, 서울대학교 대학원 석사학위논문.

채순옥(2013). 「국제결혼 한국남성들의 결혼해체 피해 경험 연구」, 백석대학교 대학언 박사학위논문.

채연숙 · 권미자(2017). 「가족의 회상과 기억을 통해 복원된 어머니상: 신경숙의 '엄마를 부탁해'에서 어머니 삶을 근거로」, 『예술인문사회융합멀티미디어논문지』 7(3), 77-85.

천선영(2002). 「'어머니되기'의 새로움: 열망과 두려움 사이에서」, 『사회이론』 22, 285-332.

최대희(2015). 「베트남 결혼이주여성의 '어머니됨'의 의미 연구」, 『디아스포라연구』 9(2), 233-256.

최미경(2014). 「베트남 해체 가족 이주여성의 홀로서기 과정에 관한 경험연구」, 『한국가족복지학』 45, 199-227.

최병두(2015). 「행위자-네트워크이론과 위상학적 공간 개념」, 『공간과사회』 53, 125-172.

______(2018). 『초국적 이주와 환대의 지리학』, 서울: 푸른길.

최병두 · 김연희 · 이희영 · 이민경(2017). 『번역과 동맹: 초국적 이주의 행위자-네트워크와 사회공간적 전환』, 서울: 푸른길.

최승은(2019). 「이주 어머니(migrant mother)의 자녀 교육 경험에 관한 연구: 동남아시아 출신 결혼이주여성을 중심으로」, 『여성연구』 101(2), 77-109.

최윤경 · 양미선 · 도남희 · 박혜원 · 이진숙 · 정윤경(2011). 『다문화가정의 영유아발달 실태 및 맞춤형 지원 방안(연구보고서 2011-15)』, 서울: 육아정책연구소.

최재석(1983). 『한국가족제도사연구』, 서울: 일지사.

최주원(2016). 「모성애의 윤리적 이해」, 부산교육대학교 교육대학원 석사학위논문.

최향숙 · 한세영(2011). 「어머니의 완벽주의와 자아개념이 양육신념에 미치는 영향」, 『생애학회지』 1(2), 31-48.

최혜지(2009). 「이주여성의 문화유형과 관련 특성에 관한 연구」, 『한국 사회복지학』 61(1), 163-194.

최호림(2015). 「국제결혼에서 귀환까지: 베트남 여성의 한국행 결혼이주 경험에 관한 연구」, 『동아연구』 68, 143-182.

천혜숙(2001). 「농촌여성 생애담의 주제와 생애인식 양상」, 『한국고전여성문학연구』 2, 227-267.

통계청(2018). 『2017년 다문화 인구동태 통계』.

팜티휀짱 · 김영순 · 박봉수(2014). 「베트남 결혼이주여성의 가족유형에 따른 영유아기 자녀 양육 경험」, 『교육문화연구』 20(4), 137-164.

팜프읏마잉 · 이진희 · 신인숙(2007). 「베트남과 한국 부모의 양육태도에 대한 비교문화연구」, 『아동교육』 16(2), 253-252.

한건수(2006). 「농촌 지역 결혼 이민자 여성의 가족생활과 갈등 및 적응」, 『한국문화인류학』 39(1),

195-219.

한경님(2012).「다문화가정 어머니들의 자녀 양육을 위한 부모교육에 대한 요구」, 『한국영유아보육학』 73, 171-190.

한국가족문화원(2005).『21세기 한국 가족』, 서울: 서광사.

한국여성연구소(2005).『새여성학 강의』, 서울: 동아일보사.

한명숙(2017).「국제결혼가정 초등학생의 이중언어능력 함양 방안」,『청람어문교육』64, 303-333.

한병철(2017).『타자의 추방』. 서울: 문학과지성사.

홍성표 · 하헌주 · 김종수(2012).「결혼이주여성의 사회경제적 이혼결정요인」,『한국인구학』35(3). 169-189.

홍영숙(2007).『다문화가정이 봉착한 자녀교육 문제와 시사점』, 광주대학교 교육대학원 석사학위논문.

______(2013).「한국 초등학교에서 비원어민 영어교사로 살아가기: 교사 정체성 형성을 중심으로」, 『영어어문교육』19(4). 427-453.

______(2015).「내러티브 탐구에 대한 이해」,『내러티브와 교육연구』3(1), 5-21.

______(2015).『내러티브 연구 방법론의 이해와 실제』. 숭실대학교 부부가족상담연구소 질적 연구 워크숍 자료집.

______(2018).「군 휴학 경험과 관련한 한 남자 대학생의 살아내는 이야기 탐구」,『교육문화연구』 24(2), 139-157.

황정미(2009).「'이주의 여성화'현상과 한국 내 결혼이주에 대한 이론적 고찰」,『페미니즘 연구』9(2), 1-37.

______(2010).「결혼이주 여성의 사회연결망과 행위전략의 다양성」,『한국여성학』26(4), 1-38.

______(2012).「다문화 사회와 '이주어머니(migrant mother)' — 모성 담론의 재구성과 어머니의 시민권에 관한 고찰」,『아시아여성연구』51(2), 103-142.

황해영 · 김영순 · 이춘양(2018).「가정폭력을 경험한 결혼이주여성의이혼에 관한 내러티브 탐구」, 『학습자중심교과교육연구』18(23), 909-927.

Ahmed, S. (2000). Strange encounters: Embodied others in post-coloniality. London, England: Psychology Press.

Anderson, B. (2000). Doing the dirty work?: The global politics of domestic labour. Basingstoke, England: Palgrave Macmillan.

Antonovsky, A. (1960). The social meaning of discrimination. Phylon, 21(1), 81-95.

Apple, R. (2006). Perfect motherhood: Science and child rearing in america. New Brunswick, NJ: Rutgers University Press.

Arendell, T. (2000). Conceiving and investigating motherhood: The decade's scholarship. Journal of Marriage and the Family, 62(4), 1192-1207.

Arendt, H. (1996). *The Human Condition.* 이진우 역(2017). 『인간의 조건』, 파주: 한길사.

Baker, C. (1996). Foundations of bilingual education and bilingual education and bilingualism. Clevedon, UK: Books.

Banzragch, N. (2011). Mongolian Marriage Migrant Women's Pluralistic Struggle of Recognition in Korea. Mongolian studies, 30, 1-36.

Basch, L., Schiller, N. G., & Blanc, C. S. (1994). Nations unbound: Transnational projects, Postcolonial Predicaments and Deterritorialized Nation-States. London and New York: Routledge.

Berry, J. W. (1970). Marginality, stress and ethnic identification in an acculturated Aboriginal community. Journal of Cross-Cultural Psychology, 1(3), 239-252.

______ (1974). Psychological aspects of cultural pluralism: Unity and identity reconsidered. Topics in Culture Learning. 2, 17-22.

______ (1990). Psychology of acculturation. In J. Berman (Ed.), Cross-Cultural Perspectives: Nebraska Symposium on Motivation (pp. 201-234). Lincoln, England: University of Nebraska Press.

______ (1997). Immigration, acculturation and adaptation. Applied Psychology: An International Review, 46, 5-34.

Bialystok, E. (1988). Levels of bilingualism and levels of linguistic awareness. Developmental Psychology 24(4), 560-567.

Blankenhorn, D. (1995). Fatherless America: Confronting our most urgent social problem. Scranton, PA: Harper Collins Publishers.

Bobak, I. M., Lowdermilk, & Jensen, M. D. (1995). Maternity and gynecologic care: An introduction to parenting (4th ed.). St. Louis, MO: C.V. Mosby.

Bogardus, E. S. (1949). Cultural Pluralism and Acculturation. Sociology and Social Research 34(2), 125-129.

Bourdieu, P. & Wacquant, L. (1992), An Invitation to Reflexive Sociology, Chicago, IL: University of Chicago Press.

Bourdieu, P. (1990). The logic of practice. Redwood city, CA: Stanford university press.

Boyd, M. (1989). Family and personal networks in migration, International Migration Review, Special Silver Anniversary Issue, 23(3), 638-670.

Braun, V., & Clarke, V. (2006). Using thematic analysis in psychology. Qualitative Research in Psychology, 3(2), 77-101.

Brigevich, A. (2012). Peeling back the layers: territorial identity and EU support in Spain. Regional & Federal Studies, 22(2), 205-230.

Butler, J. (2008). Gender Trouble. 조현준 역(2008). 『젠더 트러블』, 서울: 문학동네.

Callon, M. (2005). Why virtualism paves the way to political impotence: A reply to Daniel Miller's critique of "The laws of the market". Economic sociology: European electronic newsletter, 6(2), 3-20.

Callon, M., & Caliskan, K. (2005). New and old directions in the anthropology of markets. Wenner-Gren Foundation for Anthropological Research, New York, 9.

Casmir, F. L. (1984). Perception, cognition, and intercultural communication. Communication, 13(1), 1-16.

Castles, S. (2004). The factors that make and unmake migration policy, International Migration Review, 38(3), 852-884.

Castles, S. & Miller, M. J. (2013). The age of migration: International population movements in the modern world. London and New York: Macmillan International Higher Education.

Chodorow, N., & Contratto, S. (1989). The fantasy of the perfect mother. Rethinking the family: Some feminist questions. Longman, New York, 54-75.

Choi, Y. J. (2016). Immigrant women's acculturation stress and coping strategies in Korea: A qualitative analysis. International Journal of Intercultural Relations, 55, 79-85.

Clandinin, D. J. & Connelly, F. M. (2000). Narrative inquiry: Experience and Story in Qualitative Research. San Francisco, CA: Jossey-Bass Publishers.

Collins, P. H. (2000). Gender, black feminism, and black political economy. The Annals of the American Academy of Political and Social Science, 568(1), 41-53.

Constable, N. (2005). Introduction: Cross-border marriages, gendered mobility, and global hypergamy. Cross-border marriages. Gender and mobility in transnational Asia, 1-16.

Cooley, C. S. (1902). Human nature and the social order. NY: Scribner's.

Creswell, J. W. (2007). Qualitative Inquiry and Research Design (2nd ed.). 조흥식 · 정선욱 · 김진숙 · 권지성 역(2010). 「질적 연구방법론: 다섯 가지 접근」, 서울:

학지사.

Crotty, M. (1996). Phenomenology and nursing research. 신경림 · 공병혜 역(2001). 「현상학적 연구」, 서울: 현문사.

Denzin, N. K. (1970). The Research Act: A Theoretical Introduction to Sociological Methods. Chicago, IL: Aldine.

Durham, M. G. (2004). Constructing the "new ethnicities": Media, sexuality, and diaspora identity in the lives of South Asian immigrant girls. Critical Studies in Media Communication. 21(2), 140-161.

Elliott, A. (2001). Concepts of the self. 김정훈 역(2007). 『자아란 무엇인가』, 서울: 삼인.

Ezzy, D. (2002). Qualitative analysis: Practice and innovation. London: Routledge.

Freeman, C. (2011). Making and faking kinship: Marriage and labor migration between China and South Korea. Ithaca, NY: Cornell University Press.

Frenk, J. V. (2011). Negotiating Identities: Developing Adaptative Strategies in an Ever Changing Social Reality. Saarbrücken, Germany: Lap Lambert.

Galinsky, E., Bond, J. T., & Friedman, D. E. (1996). The role of employers in addressing the needs of employed parents. Journal of Social Issues, 52(3), 111-136.

Garson, G. D. (2009). Narrative analysis. Retrieved March 12, 2009, from http://faculty.chass.ncsu.edu/garson/PA765/narrativ.htm

Gaulejac (de), V. et I. Taboada-Léonetti (1994). La lutte des places. Paris, France: Desclée de Brouwer.

Gee, J. P. (2001). Identity as an analytic lens for research in education. In W. C. Secada (Ed.), Review of Research in Education, 25, 99-125.

Giddens, A. (2009). The Transformation of Intimacy: Sexuality, love and Eroticism in Modern Societies. 배은경 · 황정미 역 (2001), 『현대사회의 성 · 사랑 · 에로티시즘』, 서울: 새물결.

Giddens, A., Sutton, P. W. (1992). Sociology (1st Ed.). 김용학 외 역(1996). 『현대사회학』, 서울: 을유문화사.

_____ (2013). Sociology (7th Ed.). 김용학 외 역(2014). 『현대사회학』, 서울: 을유문화사.

Gillin, J., & Raimy, V. (1940). Acculturation and personality. American Sociological Review, 5(3), 371-380.

Glesne, C. (2006). Becoming qualitative researchers: an introduction (3th ed.). Boston: Allyn & Bacon.

Goffman, E. (1959). The presentation of self in everyday life. Garden City, NY:

Doubleday-Anchor.

_____ (1961). Encounters: Two studies in the sociology of interaction. Oxford, England: Bobbs-Merrill.

Goodwin, S., & K. Huppatz (2010). The Good Mother in Theory and Research: an Overview. The Good Mother: Contemporary Motherhoods in Australia. Sydney, Australia: Sydney University Press.

Gorden, R. L. (1975). Interviewing: Strategy, Techniques, and Tactics. CA: The Dorsey Press.

Graves, T. (1967). Psychological acculturation in a tri-ethnic community. South-Western Journnl of Anthropology, 23(4), 337-350.

Grbich, C. (2007). Qualitative data analysis: An introduction. Thousand Oaks, CA: Sage.

Guarnizo, L. E., Portes, A., & Haller, W. (2003). Assimilation and transnationalism: determinants of transnational political action among contemporary migrants. American journal of sociology, 108(6), 1211-1248.

Guermond, Y., & Guérin-Pace, F. (2006). Identité et rapport au territoire. L'Espace g é ographi q ue, 4(35), 289-290.

Hall, S. (1984). Culture, the Media and the 'Ideological Effect' Mass Communication and Society. Eds. James Curran, Michael Gurevitch and Janet Woollacott. pp. 315-43. London: Edward Arnold.

_____ (1990). Cultural Identity and Diaspora. In J. Rutherford (ed.) Identity: Community, Culture, Difference, pp. 222-237. London: Lawrence & Wishart.

_____ (1992). The question of cultural identity. In S. Hall, D. Held and A. McGrew (eds) Modernity and Its Futures, Cambridge, England: Polity Press.

Hatch, J. A. (2008). *Doing Qualitative Research in Education Settings.* 진영은 역(2008). 『교육상황에서 질적연구 수행하기』. 서울: 학지사.

Henrich, J. (2004). Cultural Group Selection, Coevolutionary Process and Large scale Cooperation. Journal of Economic Behavior and Organization, 53, 3-35.

Hochschild, A. R. (2000). Global care chains and emotional surplus value. On the edge: Living with global capitalism, 3(5), 130-46.

Hollifield, J. (2004). The emerging migration state, International Migration Review, 38(3), 885-912.

Honneth, A. (1994). Kampf um Anerkennung. 문성훈 · 이현재(역)(2011). 인정투쟁, 고양: 사월의책.

Hooks, B. (1989). Talking back: Thinking feminist, thinking black. Boston, MA: South End Press.

Howes, L., & Hammett, D. (2016). Negotiating identities and emotional belonging- S han in northern Thailand. Emotion, Space and Society, 19, 21-28.

Hsieh, M. H. (2006). Identity Negotiation Among Female Chinese International Students in Second-Language Higher Education. College Student Journal, 40(4), 870-885.

IOM (2019). International Organization for Migraion. http://iom.or.kr

Jensen, O. B., & Richardson, T. (2004). Making European space : mobility, power and territorial identity. Abingdon-on-Thames, England: Routledge.

Johnson, D. W., & Johnson, R. T. (2002). Multicultural Education and H uman R elations. 김영순 외 역(2010). 『다문화교육과 인간관계』, 파주: 교육과학사.

Johnston, D. D., & Swanson, D. H. (2006). Constructing the "Good mother": The experience of mothering ideologies by work status. Sex Roles, 54(7), 509-519.

Jordan, B. and Düvell. F. (2003). Migration: The Boundaries of Equality and Justice. Cambridge, England: Polity.

Judith K. Brown (1970). A Note on the Division of Labor by Sex. American Anthropologist, 72, 1073-1078.

Kaufmann, J.-C. (2004). L'Invention de soi, Une théorie de l'identité. Paris, France: Armand Colin.

Khan, H. I. (1996). The Mysticism o f Sound and Music. 황정선 · 이정은 역(2012). 『소리와 음악의 신비』, 창원: 슈리 크리슈나타스 아쉬람.

Kim, Y. G., Son, I. S., and Kim, S. S. (2015). Association between discrimination and self-rated health among marriage migrants in South Korea. Health and Social Welfare Review, 35(3), 421-452.

King, R. (2002). Towards a new map of European migration, International Journal of Population Geography, 8(2), 89-106.

King, R., & Christou, A. (2011). Of counter-diaspora and reverse transnationalism: return mobilities to and from the ancestral homeland. Mobilities, 6(4), 451-466.

Koniak-Griffin, D., Logsdon, M. C., Hines-Martin, V., & Turner, C. C. (2006). Contemporary mothering in a diverse society. Journal of Obstetric, Gynecologic & Neonatal Nursing, 35(5), 671-678.

Kreckel, J. (2014). Heiratsmigration: Geschlecht und Ethnizität. Baden-Baden, Germany: Tectum Verlag.

Larrain, J. (1994). Ideology and cultural identity: Modernity and the third world presence. 김범춘 외 역(2009). 「이데올로기와 문화정체성: 모더니티와 제3세계의 현존」, 서울: 모티브북.

Latour, B. (2005). Reassembling the Social. An Introduction to Actor-Network-Theory, New York: Oxford University Press.

Laurence, J., & Vaisse, J. (2007). Int é grer l' slam: La France et ses musulmans, en j eux et r é ussites. Paris, France: Odile Jacob.

Lavi, L. (2013). Making time for national identity: theoretical concept and empirical glance on the temporal performance of national identity. N ations and nationalism, 19(4), 696-714.

Levinas, E. (1969). Totality and Infinity: an Essay on Exteriority. Pittsburgh, PA: Duquesne University Press.

Lorber, J. (1994). Paradoxes of gender. New Heaven, CT: Yale University Press.

Lowdermilk, D. L., & Perry, S. E. (2004). Maternity & women's health care (8th ed). St. Louis, MO: C.V.Mosby.

McCall, G. J., & Simmons, J. L. (1966). Identities and interactions. The Public Opinion Quarterly, 30(2), 271-278.

______ (1978). Identities and Interactions: An Examination o f H uman Associations in Everyday Life. NY: Free Press.

McClelland, D. C. (1965). N achievement and entrepreneurship: A longitudinal study. Journal of personality and Social Psychology, 1(4), 389.

Mead, G. H. (1934). Mind, sel f and society (Vol. 111). Chicago, IL: University of Chicago Press.

______ (1963). Mind, sel f and society. Chicago, IL and London, England: The University of Chicago Press.

Mercer, R. T. (1995). Becoming a mother: Research on maternal identity from Rub into their present. NY: Springer.

Mercer, R. T., & Walker, L. O. (2006). A review of nursing interventions to foster becoming a mother. Journal of Obstetric, Gynecologic, and Neonatal Nursing, 35(5), 568-582.

Mitchell, J. (1984). Women: the longest revolution: essays on feminism, literature and psychoanalysis, p. 291. London, England: Virago.

Nancy J. Chodorow (2008). *The Reproduction of Mothering.* 김민예숙 · 강문숙 역(2008). 『모성의 재생산』, 서울: 한국심리치료연구소.

Negy, C., & Woods, D. J. (1992). The importance of acculturation in understanding research with Hispanic-Americans. Hispanic Journal of Behavioral Sciences, 14(2), 224-247.

Nieto, S. (2009). Language, culture, and teaching: Critical perspectives; 김영순 외 역(2016). 「언어, 문화 그리고 비판적 다문화교육」, 성남: 북코리아.

Oishi, N. (2018). Women in Motion. 이안지영 외 역(2018). 「여성들 이주하다: 지구화, 국가정책, 아시아 노동이주」, 서울: 박영사.

O'reilly, A. (2004). From Motherhood To Mothering: The Legacy of Adrienne Rich's Women Born, NY: State University of New York Press.

Park, S. H. (2011). Effects of social support on stable marriage life in married immigrant women: Focused on mediating effect of a cultural adaptation attitude. Korean Journal of Family Welfare, 16(1), 89-109.

Parreñas, R. S. (2001). Mothering from a distance: Emotions, gender, and intergenerational relations in Filipino transnational families. Feminist studies, 27(2), 361-390.

Pessar, P. R., & Mahler, S. J. (2003). Transnational migration: Bringing gender in. International migration review, 37(3), 812-846.

Phizacklea, A. (1983). One way ticket: Migration and female labour. London: Routledge.

______ (1998). Migration and globalization: A feminist perspective. In The new migration in Europe (pp. 21-38). London: Palgrave Macmillan.

Piper, N., & Roces, M. (2003). Introduction: Marriage and migration in an age of globalization. In Wife or worker? Asian women and migration. Lanham, MD: Rowman & Littlefield Publishers.

Polakow, V. (2005), Immigrant mothers: Child care in the shadows. Who Cares For Our Children?: The Child Care Crisis In The Other America, NY: Teachers College Press.

Portes, A. & Bauch, R. L. (1985). Latin Journey: Cuban and Mexican Immigrants in the United States, Berkeley, CA: University of California Press.

Portes, A. (1997). Immigration theory for a new century: Some problems and opportunities. International migration review, 31(4), 799-825.

______ (1999). Conclusion: Towards a new world-the origins and effects of transnational activities. Ethnic and racial studies, 22(2), 463-477.

Pries, L. (1997). Neue Migration im transnationalen Raum. In L. Pries (ed.) Transnationale Migration, pp. 15-44. Baden-Baden: Nomos publishing.

Putnam, R. (2001). Social capital: Measurement and consequences. Canadian journal of policy research, 2(1), 41-51.

Ramirez, M., Perez, M., Baldez, G., & Hall, B. (2009). Assessing the long-term effects of an experimental bilingual-multicultural programme: Implications for drop-out prevention, multicultural development and immigration policy. International Journal of Bilingual Education and Bilingualism, 12(1), 47-59.

Redfield, R., Linton, R., & Herskovits, M. J. (1936). Memorandum for the study of acculturation. American anthropologist, 38(1), 149-152.

Roca, Z., & Leitão, N. (2010). Territorial identity and development: From topophilia to terraphilia. Land use policy, 27(3), 801-814.

Rossi, Alice (1968). Transition to Parenthood. Journal of Marriage and the Family, 30, 26-39.

Rubin, R. (1976). Maternity nursing stops soon. American Journal of Nursing, 13(1), 1680-1684.

Sam, D. L., & Berry, J. W. (2010). Acculturation when individuals and groups of different cultural backgrounds meet. Perspectives on Psychological Science, 5(4): 472-481.

Save the Children (2011). 『다문화사업의 새로운 패러다임: 다양한국 만들기』, 서울: Save the Children.

Sawyer, L. M. (1999). Engaged mothering: The transition to motherhood for a group of African American women. Journal of transcultural Nursing, 10(1), 14-21.

Schiller, N. G., Basch, L., & Blanc, C. S. (1995). From immigrant to transmigrant: Theorizing transnational migration. Anthropological quarterly, 68(1), 48-63.

Schlenker, B. R. (1985). Identity and self-identification. In B. R. Schlenker (Ed.), The self and social life (pp. 65 - 99). NY: McGraw-Hill.

Shapiro, D. L. (2002). Negotiating emotions. Conflict Resolution Quarterly, 20(1), 67 - 82.

______ (2016). Negotiating the Nonnegotiable. New York. 이진원 역(2017). 「불가능한 협상은 없다」, 서울: 까치글방.

Sherif et al. (1961). Intergroup conflict and cooperation: The Robbers Cave experiment. Rev. ed. Norman, OK: University Book Exchange.

Simirenko, A. (1966). Mannheim's generational analysis and acculturation. The British Journal of Sociology, 17(3), 292-299.

Simons, S. E. (1901). Social assimilation. American Journal of Sociology, 6 (6), 790-

822.

Spiro, M. E. (1955). The acculturation of American ethnic groups. American Anthropologist, 57(6), 1240-1252.

Spry, C., & Hornsey, M. (2007). The Influence of Blind and Constructive Patriotism on Attitudes toward Multiculturalism and Immigration. Australian Journal of Psychology, 59(3), 151-158.

Stets, J. E., & Burke, P. J. (2000). Identity theory and social identity theory. Social psychology quarterly, 63(3), 224-237.

Swann, W. B. (1987). Identity negotiation: Where two roads meet. Journal of Personality and Social Psychology, 53(6), 1038-1051.

______ (2005). The self and identity negotiation. Interaction Studies, 6 (1), 69-83.

Swann, W. B., & Hill, C. A. (1982). When our identities are mistaken: Reaffirming self-conceptions through social interaction. Journal of Personality and Social Psychology, 43(1), 59-66.

Tajfel, H. (1959). quantitative Judgment in Social perception. British Journal of Psychology. 50(1), 16-29.

______ (1963). Stereotypes. Race, 5(2), 3-14.

______ (1970). Experiments in Intergroup Discrimination. Scientific American, 233(5), 96-102.

______ (1972). Social categorization (English translation of 'La catégorisation sociale'). In S. Moscovici (Ed.), Intro-duction a la psychologie sociale, pp. 272-302. Paris, France: Larousse.

______ (1974). Social Identity and Intergroup Behaviour. Social Science In formation. 13 (2), 65-93.

______ (1978). Differentiation between Social Groups. London: Academic Press.

______ (1982). Social Identity and Intergroup Relations. Cambridge, UK: Cambridge University Press. Taylor, A. E. (1911). Varia Socratica, Oxford, pp. 178-267.

Tajfel, H., & Turner, J. C. (1979). An Integrative Theory of Intergroup Con flict, pp. 33-47. In W. G. Austin and S. Worchel(Ed.), The Social Psychology of Intergroup Relations. Monterey: Brooks-Cole.

______(1986). The Social identity theory of intergroup Behavior. In W. Austin and S. Worchel (eds), The Social Psychology of Intergroup Relations. Chicago, IL: Nelson-Hall Publishers.

Taylor, C. (1994). The Politics of Recognition. In A. Gutmann (Ed.), Multiculturalism and Politics of Education. Princeton, NJ: Princeton University Press.

Teske, R. H., & Nelson, B. H. (1974). Acculturation and assimilation: A clarification. American Ethnologist, 1(2), 351-367.

Thurer, Shari L. (1995). Myths of Motherhood : How Culture Reinvents the Good Mother. 박미경 역(1996). 『어머니의 신화』, 서울: 까치.

Thurnwald, R. (1932). The psychology of acculturation. American Anthropologist, 34(4), 557-569.

Ting-Toomey, S. (1988). Intercultural conflict styles: A face-negotiation theory. In Y, Y, Kim and W. Gudykunst (Eds). Theories in intercultural communication. Newbury Park, CA: Sage.

______ (1999). Communicating across cultures. NY: The Guilford Press.

______ (2015). Identity negotiation theory. In J. Bennett (Ed.), Sage Encyclopedia of Intercultural Competence, (Vol. 1). pp. 418-422, Los Angeles, CA: Sage.

Treibel, A. (1999). Migration in modernen Gesellschaften. Soziale Folgen von Gastarbeit, Einwanderung und Flucht, 6.

Tunmer, W., & Myhill, M. (1984). Metalinguistic awareness and bilingualism. In W. Tummer, C. Pratt & M. Herriman (Eds.), Metalinguistic awareness in children: Theory, research, and implication, pp. 169-187. NY: Springer-Verlag.

Turner, J. C. (1985). Social Categorization and the Self-Concept: A Social Cognitive Theory of Group Behaviour, pp. 77-122 In E. J. Laeler (Ed.), Advances in Group Processes: Theory and Research (Vol. 2). Greenwich, CT: JAI.

Turner, J. C., Hogg, M, A., Oakes, P. J., Reicher, S. D., & Wetherell, M. S. (1987). Rediscovering the Social Group: A Self-Categorization Theory. Oxford, England: Blackwell.

Wall, K., & José, J. S. (2004). Managing work and care: a difficult challenge for immigrant families. Social policy & administration, 38(6), 591-621.

Webster L., & Mertova, P. (2007). Using narrative inquiry as a research method. Oxon, Canada: Routledge.

Weinstein, E. A., & Deutschberger, P. (1964). Tasks, bargains, and identities in social interaction. Social Forces, 42(4), 451-456.

Whellis, A. (1958). The Quest for Identity. NY: Norton.

Williams, D. R., and Mohammed, S. A. (2009). Discrimination and racial disparities in health: Evidence and needed research. Journal of Behavioral Medicine, 32(1),

20-47.

Wimmer, A., & Schiller, N. G. (2002). Methodological nationalism and beyond: nation-state building, migration and the social sciences. Global networks, 2(4), 301-334.

Yang, W. S., & Lu, M. C. W. (Eds.) (2010). Asian cross-border marriage migration: demographic patterns and social issues (Vol. 2). Amsterdam, Netherlands: Amsterdam University Press.

Zang, D., & Koda, K. (2011). Home literacy environment and word knowledge development: A study of young learners of Chinese as a heritage language. Bilingual Research Journal, 34(1), 4-18.

국무조정실 · 국무총리비서실(2018). 외국인정책위원회 및 다문화가족정책위원회. 연석회의보도자료(2018.2.12.) http://www.opm.go.kr/opm/news/press-release.do?mode=view&articleNo=86544

다문화가족 지원 포털 다누리(2019). https://www.liveinkorea.kr/

중앙일보(2019. 02. 27). "출산율 0.98명 '최악 저출산'… 韓, 세계 첫 0명대 국가 됐다". https://news.joins.com/article/23397288

찾아보기

ㄱ

가정폭력 252
가정해체 299, 310, 319, 326
가정해체 이주여성 264
가족 38, 39
가족 만들기 45
가족센터 66
가족지원센터 53
개방적 계층 구조 21
결혼 38, 249
결혼문화 249
결혼이주 335
결혼이주여성 13, 37, 40, 41, 42, 43, 44, 45, 46, 87, 93, 96, 140, 168, 187, 213, 236
결혼중개업 288, 292
결혼해체 254
관계형 정체성 82, 85
교육열 228, 229
국민 증명 28
국제결혼 12
국제결혼 적응 255
급진주의 페미니즘 73

ㄴ

남성 사냥꾼 가설 179, 180
낭만적 사랑 38
내러티브 197, 199, 257, 258, 260, 261
내러티브 연구 205
내러티브적 접근 199
내러티브 탐구 258
노동이주 335

ㄷ

다문화가족 335

다문화가족 생애주기 49
다문화가족 서비스 56
다문화가족정책 48, 52
다문화가족지원 156
다문화가족지원 거점센터 62
다문화가족지원법 48, 49, 50, 51, 52
다문화가족지원센터 62
다문화가족지원정책 47
다문화 생활세계 아카이브 104
다문화정책 52
다문화주의 52
다이아몬드형 계층 구조 21
디딤터 273, 277, 322
디아스포라 28, 32

ㅁ

매매혼 282, 288
모성 242
모성 역할 획득 182
모성 이데올로기 173, 175, 176, 178, 240, 242
모성 정체성 184
문화융합 경험 190
문화자본 30
문화적응 100
문화진화 181
민족성 97

ㅂ

발달심리학 175
블랙 페미니즘 73

ㅅ

사례연구 103, 104, 113
사회 계층 구조 21
사회 계층의 구조 21
사회 계층 이동 19
사회자본 30, 158
사회적 고립 237
사회적 자본 162
사회 통합 168
삼각검증 262
상호 공진화 가설 181
상호주체성 76
새로운 인생구조 159
생애담 15, 87, 259, 260, 332
생애사 87
성역할 70
성적 경쟁 179
성 정체성 70
세계화 22
소외극복 196
수행적 정체성 71
신부대금 290, 291

ㅇ

아시아계 결혼이주여성 154

애착이론 176

양육행동 182

어머니 되기 184

어머니 됨 193

어머니의 존재 183

여성 복속 73

여성의 초국적 이동 248

여성 이주 35

여성 채집자 가설 179, 180

역량개발 233

연쇄 이주 162

연쇄이주 30

원주민 문화기술 198

이주 23, 24, 29

이주변천 26

이주여성 디딤터 312

이주여성 쉼터 321

이주여성 자립시설 259

이주의 가속화 25

이주의 여성화 11, 26, 34, 37

이주의 전 지구화 25

이주의 정치화 26

이중언어교육 188, 189, 218, 239

이중언어 코디사업 219

이중적 타자 237

이혼 39, 249, 250

인정투쟁 96, 135, 152

임파워먼트 216, 217

ㅈ

자국 커뮤니티 167

자녀교육 145

자립 327

자립과정 309

자아정체성 212, 213, 224

자유주의 페미니즘 72

장구형 계층 구조 21

장구형과 타원형 계층 구조 21

재생산의 몸 45

전통적인 모성상 177

정체성 95

정체성 협상 82, 84

정체성 협상 이론 80

젠더 34, 35, 70, 71

젠더적 수행성 71

주체성 75, 76, 164, 185, 186, 212, 213

주체적 삶 113, 170

주체적인 삶 333

주체적 행위성 120

중매혼 282, 288

중심주제 분석법 262

중위 구조 31

ㅊ

차별 227
초국적 형태 165
초국가주의 32
초국적 이주 69, 251, 336

ㅌ

타원형 계층 구조 22
타자의 윤리 76

ㅍ

페미니즘 72
폐쇄적 계층 구조 21
포스트모던 페미니즘 74
피라미드형 계층 구조 21

ㅎ

한국건강가정진흥원 59
한국 생활 304
한부모 이주여성 330
행위자-네트워크 이론 77
혼합 190
휴먼 트래피킹 23

저자소개

김영순(金永洵) kimysoon@inha.ac.kr

독일 베를린자유대학교에서 문화학, 교육학, 언어학 등을 수학하고 문화학 박사학위를 받았다. 현재 인하대학교 사범대학 사회교육과와 동 대학원 다문화교육학과 교수로 재직하고 있다. 인하대학교 다문화융합연구소 소장, 전국 대학원생 질적연구방법 캠프 촌장, BK21 글로컬 다문화교육연구단 단장, 탈북다문화멘토링 사업단 단장을 맡고 있다. 대표 저서로는 『다문화 생활세계와 사회통합 연구』, 『중국계 이주민의 다문화 생활세계 연구』, 『다문화사회와 공존의 인문학』, 『다문화교육의 이론과 이론가들』, 『처음 만나는 다문화교육』 등이 있으며, 공동 번역서로는 『다문화교육과 인간관계』, 『민주주의와 다문화교육』, 『교사를 위한 다문화교육』, 『언어, 문화 그리고 비판적 다문화교육』, 『상호문화교육의 이해』 등이 있다.

최승은(崔承恩) 219105@inha.ac.kr

오스트리아 빈 대학교와 동 대학원을 졸업하고, 인하대학교에서 다문화교육을 전공하여 교육학 박사학위를 받았다. 경인교육대학교, 목원대학교, 인하대학교에서 강의를 했으며, 현재 인하대학교 다문화융합연구소에서 연구교수로 재직하며 다문화 관련 연구를 수행하고 있다. 주요 공저로는 『처음 만나는 다문화교육』, 『질적연구의 즐거움』이 있고, 공동 번역서로는 『언어, 문화 그리고 비판적 다문화교육』이 있으며, 박사학위 논문으로는 「상호문화교육의 관점에서 본 초등교사의 음악교육 경험에 관한 연구」가 있다. 사회통합을 위한 한국 사회의 이주민에게 지속적인 관심을 갖고 「이주 어머니(migrant mother)의 자녀교육 경험에 관한 연구」, 「베트남 출신 결혼이주여성의 가족 관계에 관한 상호문화적 해석」 등의 논문을 발표했다.

황해영(黃海英) hayinq04@hanmail.net

인하대학교에서 다문화교육 전공으로 교육학 박사학위를 받았다. 현재 인하대학교 다문화융합연구소 연구교수와 다문화 · 탈북 학생 멘토링 사업단 사무국장을 겸임하고 있다. 박사학위 논문으로는 「중국동포 결혼이주여성의 생애경험 탐구: 인정투쟁의 내러티브를 중심으로」가 있으며, 공동 번역서로는 『중국민족지 1, 2, 3』이 있다. 또한 「재한 중국동포 단체 리더의 인정투쟁의 의미」, 「중국결혼이주여성들의 한국에서 양성 평등 경험에 대한 사례 연구」, 「다문화가정 부모를 위한 부모교육 프로그램의 동향 연구」, 「중 · 고등학생 자녀를 양육하는 결혼이주여성의 양육스트레스와 대처방안에 대한 연구」 등의 논문을 발표했다.

정경희(鄭京熹) jungkh414@naver.com

인하대학교 대학원에서 사회교육을 전공했으며, 「대안학교장의 실천적 지식에 관한 생애사 연구」로 교육학 박사학위를 받았다. 이후 동국대학교 교육연구원의 박사후과정을 거쳐 현재 인하대학교 사회교육과에서 강의교수로 재직하고 있다. 또한 한국연구재단에서 주관한 '지속가능발전교육 활용 다문화가정 케어시스템에 관한 융합적 연구'와 '초국적 사회관계망을 활용한 멘토링의 융합연구' 프로젝트에 참여했다. 주요 공저로는 『청소년을 위한 사회 · 문화 핵심 키워드 200』, 『질적연구의 즐거움』이 있다.

김기화(金基華) 217094@inha.ac.kr

인하대학교 대학원에서 아동복지학을 전공했으며, 「부자가족의 적응과정에 관한 연구: 부자가족복지시설에서의 경험을 중심으로」로 생활과학 박사학위를 받았다. 현재 인하대학교 교육대학원 강의교수로 재직하고 있으며, 사회복지학 관련 연구와 강의를 하고 있다. 인천가정법원의 가족상담 위원, 학업중단 전문 컨설팅, 사회복지서비스 평가 및 컨설팅 위원으로 활동하고 있다. 주요 논문으로는 「다문화예비학교의 역할과 개선과제」, 「쉼터 거주경험이 있는 북한이탈주민의 남한사회 적응에 대한 연구」, 「다문화가족의 난타 여가활동 경험에 관한 연구」, 「아동양육시설 생활복지사의 직무경험 분석」 등이 있다.